Bernd Krewer

Jagdhunde in Deutschland

Bernd Krewer

Jagdhunde in Deutschland

Herkunft, Standard, jagdliche Eignung

Zweite, überarbeitete Auflage

BLV

Die Deutsche Bibliothek - CIP-Einheitsaufnahme

Krewer, Bernd:
Jagdhunde in Deutschland : Herkunft, Standard, jagdliche Eignung / Bernd Krewer. - 2., überarb. Aufl. - München ; Wien; Zürich : BLV, 1996
ISBN 3-405-15005-1

BLV Verlagsgesellschaft mbH
München Wien Zürich
80797 München

Lektorat: Gerhard Seilmeier
Herstellung: Hermann Maxant
Umschlaggestaltung: F & H Werbeagentur GmbH, München
Satz: Compusatz GmbH, München
Reproduktion: Repro Ludwig, Zell am See
Druck und Bindung: Druckhaus Neue Stalling, Oldenburg

Printed in Germany · ISBN 3-405-15005-1

INHALTSVERZEICHNIS

VORWORT

Jagd und Jagdgebrauchshundwesen sind in jüngerer Zeit in die Schußlinie der Tierschützer geraten. Vieles, was wir bisher in Ausbildung und Prüfung unserer Jagdgebrauchshunde selbstverständlich praktiziert haben, wurde und wird in Frage gestellt.

An dieser Entwicklung sind wir Jagdgebrauchshundführer nicht ganz unschuldig. Muß ein Vorstehhund, der in einem Wald-Feld-Revier arbeitet, tatsächlich an der lebenden Ente ausgebildet und geprüft werden, wenn er sein ganzes Leben lang nicht mehr ins Wasser und auch für die Zucht nicht in Frage kommt?

Muß ein Setter, der in einem niederwildarmen Revier »zu Hause« ist, viele Male auf Field Trials geprüft werden? Ich meine nein!

Ein Grund für diese Probleme ist der, daß viele Jäger einen Hund besitzen beziehungsweise führen, der für die spezifischen jagdlichen Verhältnisse dieses Jägers wenig oder gar nicht geeignet ist. Überspitzt ausgedrückt: ein Pointer ist in einem Hochwildrevier ebenso unnütz wie ein Schweißhund in einem Niederwildrevier entlang der Rheinschiene.

Dieses Buch soll dem Jäger helfen, einen für seine individuellen jagdlichen Verhältnisse geeigneten Hund zu finden. Wir haben in Deutschland eine große Rassevielfalt bei den Jagdgebrauchshunden und das ist gut so! Denn auch die Geschmäcker der Jäger sind ja verschieden: schwärmt der eine für einen langhaarigen Hund, muß der andere auf die Teppiche zu Hause Rücksicht nehmen und sich des Hausfriedens wegen um einen pflegeleichten, kurzhaarigen Hund bemühen. Möchte der eine einen Hund führen, der auf wenigen Spezialgebieten Herausragendes leistet, gibt sich der andere mit einem »Allround-Hund« zufrieden, wohl wissend, daß dieses »Mädchen für alles« auf den einzelnen Spezialgebieten kaum die Leistung der darin spezialisierten Rassen erreichen wird.

So hoffe ich, daß dieses Buch dem verantwortungsvollen Jäger eine Hilfe ist, wenn dieser einen Jagdhund sucht, dessen Anlagen auf seine spezifischen jagdlichen Möglichkeiten zugeschnitten sind.

Bernd Krewer

VORWORT ZUR 2. AUFLAGE

Vier Jahre sind seit Erscheinen der Erstauflage dieses Buches vergangen. Vier Jahre, in denen auf den Gebieten der Jagdhundzucht und -abführung nichts besser geworden ist, wie sich in dieser Zeit auch auf dem weiten Feld der Jagd nichts zum Guten gewandelt hat. »Lebende Ente« und »Einarbeitung der Erdhunde am lebenden Fuchs« sind weiter heißumstrittene Themen. Auch die dringend notwendige Einheit und Einigkeit der Jäger mit und ohne Jagdgebrauchshund ist nicht Wirklichkeit geworden, und somit haben die Gegner der Jagd und der Ausbildung und des Einsatzes unserer Jagdhunde nach wie vor ein leichtes Spiel.
Im Jagdgebrauchshundverband, dessen Arbeit und Leistung für die Jagd dieses Buch dokumentieren soll, hat sich indes ein grundlegender Wandel vollzogen: Es wird in absehbarer Zeit keine Unterschiede mehr geben in der Wertigkeit der Zuchtvereine für Vorstehhunde und der für die Vielzahl der übrigen, nicht vorstehenden Jagdhundrassen zuständigen Zuchtvereine in ihrem Gewicht auf Entscheidungen und Beschlüsse innerhalb des Dachverbandes.
Dies war ein zwingend notwendiger Schritt, den der Verbandstag 1995 gefaßt hat und der für die Zukunft trotz allem begründeten Pessimismus hoffen läßt.
Seit 1991 sind einige Zuchtvereine für »neue« Rassen in den JGHV aufgenommen worden. Diese neu hinzugekommenen Rassen sind aus drucktechnischen Gründen am Schluß der Rassebeschreibungen »angehängt« worden, obwohl sie in der Systematik dieses Buches an anderer Stelle hätten aufgeführt werden sollen.
Diese 2. Auflage bleibt also dem Anspruch gerecht, alle Rassen im JGHV nach Herkunft, Aussehen und jagdlicher Eignung unter unseren deutschen Jagdverhältnissen zu beschreiben und somit dem Jäger, der unter vorgegebenen Revierverhältnissen einen geeigneten Jagdhund sucht, eine Hilfe zu sein.

Bernd Krewer

GELEITWORT

Vor erst vier Jahren erschien dieses Buch in der ersten Auflage. Wenn nun schon eine neue Auflage nötig wird, dann spricht das sicher für die Qualität des Buches, vielleicht aber auch dafür, daß die seinerzeit im Geleitwort vertretene Bemerkung, daß nur der, der es mit der Jagd wirklich ernst meint und damit nicht am Jagdgebrauchshund vorbeikommt, der wirliche Jäger sei, so ernst genommen wurde, wie sie gemeint war.
Konrad Andreas, langjähriger Zuchtwart des Vereins Hirschmann, hat dazu unmißverständlich gesagt:

Niemals möchte ich es wagen,
ohne guten Hund zu jagen;
wo er fehlt, wo's immer sei,
wird die Jagd zur Luderei!

Zeitlos zutreffend für jegliche Jagd!
Die neue Auflage ist entsprechend der Entwicklung erweitert. Sowohl bei den verschiedenen Rassen und Schlägen, als auch im Beitrag zur Entwicklung des Jagdgebrauchshundewesens. Immerhin dürfen wir zwischenzeitlich froh und stolz sein über die Wiedervereinigung, die ja auch auf dem Sektor des Jagdgebrauchshundewesens stattgefunden hat und gute Impulse gegeben hat.
Nach wie vor stellt dieses Buch für jeden Interessierten eine gute Quelle dar, das zu finden, was er sucht. Da dürfte kein Wunsch offenbleiben, sowohl für den interessierten Jungjäger/in, als auch für den erfahrenen Hundeführer, der vielleicht eine Hundevorstellung im größeren Rahmen darstellen muß.
Bei aller Theorie des Themas ist vom Autor stets der Bezug zur Praxis gesucht und gefunden worden. Dahinter stehen vier Jahrzehnte Praxis, vor allem auf der Rotfährte. Das ist der besondere Wert dieses Buches!
Tradition des Jagdgebrauchshundverbandes verpflichtet uns Hundeführer als Diener der Jagd. Dieses Buch kann alle, die dazu guten Willens sind, sicherlich unterstützen!

Christoph Frucht
Präsident des Jagdgebrauchshundverbandes

DIE ENTWICKLUNG DES DEUTSCHEN JAGDGEBRAUCHSHUNDWESENS

Heinrich Uhde
Ehrenpräsident des Jagdgebrauchshundverbandes

In diesem ersten Kapitel geht es nicht um eine Darstellung der gesamten geschichtlichen Entwicklung des Jagdhundewesens schlechthin, vielmehr um die des *deutschen* Jagdgebrauchshundwesens, und zwar in dem Umfang, als man es hinlänglich organisiert ansehen kann. Dabei sind diese Organisationsformen abhängig von der geschichtlichen Entwicklung in Deutschland und der wiederum davon abhängigen Entwicklung der Jagd. Das Jagdhundewesen mag zum Teil eigenen Gesetzmäßigkeiten unterliegen, nicht zu trennen ist es von der Jagdausübung, die es prägt und nach deren Erfordernissen es sich zu richten hat. Ein Blick auf das Jagdgebrauchshundwesen eines Landes zeigt, was für eine Einstellung seine Jäger zur Natur und zu den in ihr lebenden Kreaturen haben. In dem Bestreben, jeglichen Jagdhund zu fördern, der dem Wild Leiden zu ersparen oder zu verkürzen in der Lage ist, spiegelt sich das Postulat der neueren deutschen Jagd überhaupt wieder: immer der ethischen Verpflichtung der ihr anvertrauten Natur gegenüber gerecht zu werden.
Die Entwicklung organisierter Jagdkynologie in Deutschland ist etwa um die Mitte des vorigen Jahrhunderts anzusiedeln, wie auch zur damaligen Zeit die neuere deutsche Jagdgeschichte ihren Ausgang nahm. Noch bis zum Jahr 1848 war das Jagdrecht ein Regal der Landesherren. Nunmehr wurde es nach der Revolution zum untrennbaren mit Grund und Boden verbundenen Recht des Grundeigentümers. In der Folgezeit wurden die wesentlichsten das Rechtsgebiet auch heute noch prägenden, jagdlichen Rechtsinstitute ausgebildet, wie das Revierjagdsystem, die Schonzeit, der Jagdschein und das Wildschadensrecht. Das Reichsjagdgesetz vom 3.7.1934 schloß diese Entwicklung des materiellen Jagdrechts ab. Dabei fanden zwei wesentliche Rechtsinstitute ihren Platz in der jagdlichen Gesetzgebung, nämlich der Abschlußplan und der öffentlich, rechtliche, mit besonderen Befugnissen ausgestattete Zusammenschluß aller Jäger, die »Deutsche Jägerschaft«.
Im Jahr 1945 löste der damalige Kontrollrat diese »Deutsche Jägerschaft« auf, in der amerikanischen und französischen Besatzungszone wurde das Reichsjagdgesetz außer Kraft gesetzt, in der britischen Zone blieb es zunächst weiterhin gültig, die Rechtsentwicklung in der sowjetisch besetzten Zone, der späteren DDR, verlief auf undemokratischen Bahnen.
Auf dem Bundesgebiet wurde durch das Grundgesetz eine einheitliche gesetzliche Ordnung des Jagdwesens wieder möglich, 1952 wurde das Bundesjagdgesetz verabschiedet.

Die Märzrevolution und ihre geschichtlichen Folgen

Vor der Revolution des Jahres 1848 betrieb die Jägerei an den Fürstenhöfen die Zucht, Ausbildung und Haltung der Jagdhunde, zu deren Unterhaltung häufig die Bauern herangezogen wurden. Vielfach wurden Jägerhöfe instituiert, an denen schon nach ganz bestimmten Prinzipien Leistungszucht betrieben wurde. All das, was sich nicht bewährte, wurde als »nicht lebenswert« angesehen und nur der Hund, der in der jagdlichen Praxis sein Leistungsvermögen erwies, hatte die Chance, sich zu vermehren. Aus schriftlichen Überlieferungen ist bekannt, daß die Jägerei sich schon sehr bemühte, die Leistungen ihrer Hunde und ihre Abstammung festzuhalten, um eine Art gezielter Zucht zu ermöglichen.

Zunächst die französische Revolution, dann die Kriege Napoleons und letztendlich die Revolution des Jahres 1848 unterbrachen diese kontinuierliche Entwicklung, das Bürgertum nahm sich infolge der erwähnten gesetzlichen Änderung der Privilegien der herrschenden Klasse an, die Rechte des Bürgertums erstreckten sich nun auch auf die jagdlichen Regalien, einschließlich des Jagdhundewesens. Die Pflegestätten der Jagd und des Jagdgebrauchshundwesens wurden aufgelöst und das erfahrene Personal verlor Brot und Arbeit. Wie auf dem Gebiet des Jagdwesens überhaupt breitete sich auch auf der Ebene des Jagdgebrauchshundwesens ein Chaos aus, das laut zeitgenössischer Autoren nur noch aus Trümmern bestand.

Man sollte meinen, daß in dieser mißlichen Lage das deutsche Jagd- und Gebrauchshundwesen nun einen eigenen Weg ging, nämlich die Entwicklung eines Jagdgebrauchshundwesens fortzutragen, das den deutschen Revierverhältnissen entsprach und den in diesen Revieren bestehenden Notwendigkeiten gerecht wurde. Statt dessen warf man die Blicke über den Kanal und versuchte, die in England herrschenden Verhältnisse in Deutschland einzuführen. Während in vorrevolutionärer Zeit sich der deutsche Jäger mit seinem Schweißhund und auch dem Vorstehhund beschäftigte (den Vorstehhund in jeder Richtung hin ausbildete und ihn zum »Mädchen für alles« machte), ging das Bestreben der Engländer dahin, ihre Hunde zu spezialisieren. Etwa zur Mitte des 18. Jahrhunderts kam der kurzhaarige Vorstehhund in England auf, und zwar als »Old Spanish Pointer«, da er angeblich aus Spanien importiert worden sein soll. Man beschreibt diesen Hund als plump und wenig ausdauernd, langsam wie auch bösartig, jedoch wird seine vortreffliche Nase gerühmt. Um die geschilderten Mängel auszugleichen, wurde er offenbar mit dem Foxhound gekreuzt, es entstand der uns allen bekannte und oft gerühmte »Pointer«. Es war ein Hund mit einer schnellen, energischen Suche, mit enormer Ausdauer und fest verankertem Vorstehen. Diese Eigenschaften förderte man bewußt durch die einseitige Ausbildung und Zucht dieses Hundes, dessen Arbeit sich ausschließlich auf das Suchen und Vorstehen im Felde beschränkte, während die Arbeit nach dem Schuß anderen Hunden, beispielsweise den Retrievern und Spaniels überlassen wurde.

In der ersten Hälfte des 19. Jahrhunderts breitete sich, insbesondere in Norddeutschland, eine Art »Anglomanie« aus mit der Folge, daß die einheimischen Hunderassen und Schläge einschließlich der den Revierverhältnissen angepaßten besseren alten Stämme der deutschen Vorstehhunde fast verdrängt wurden. Insbesondere um Hannover herum wurde die Einführung englischer Hunde am eifrigsten betrieben. Hannover stand seit Georg I. in unmittelbarer Beziehung zu England, unter der Regierung des Königs Ernst August wurde 1839 in Hannover der »Verein zur Einführung englischer Hunde und Kreuzung derselben mit den hiesigen Rassen« gegründet, der Verein ist auch bekannt als »Hannoverscher Jagdverein«. Trotz einer nicht zu übersehenden Opposition gegen die Bestrebungen dieses Vereins setzte dieser seine »veredelnde Tätigkeit« fort; an die Führung von Stammbüchern oder Ausstellungen dachte man jedoch offenbar noch nicht. Sehr lange lebte dieser Verein nicht, im Revolutionsjahr 1848 löste er sich auf.

Es war also nicht das Revolutionsjahr 1848 mit seinen geschichtlichen Folgen, das für das Verschwinden der deutschen Vorstehhunderassen ursächlich war, vielmehr waren zu diesem Zeitpunkt die den deutschen Revierverhältnissen entsprechenden Hunde bereits weitgehend an den Rand ihrer Existenz gedrückt, im Vormarsch begriffen waren sogenannte »Halbbluts«.

Während sich in den Jahren nach der Revolution die jagdlichen Verhältnisse und die rechtliche Ordnung konsolidierten, brachte man der Jagdhundezucht, ja dem Jagdgebrauchshundwesen insgesamt wenig Verständnis entgegen, es blieb zunächst ohne entsprechende Beachtung. Die Reste deutschen Hundematerials hatten zunächst keine Chance, sich fortzuentwickeln. Die Idealisten hatten untereinander kaum Kontakt, sie lebten weit entfernt voneinander und es gab keine zentralen Veranstaltungen zum Austausch von Erfahrungen oder zum Pläneschmieden. Den meisten Jägern war überhaupt nicht bewußt, über was für hervorragendes Jagdhundematerial man dereinst verfügte und in was für einer jagdkynlogisch desolaten Lage man sich befand.

Nicht alle Jäger gaben sich jedoch dieser allgemeinen Lethargie hin. Vielmehr fügte es das Schicksal glücklich, daß eine Anzahl von Männern, die hervorragende Jäger und damit auch Jagdhundeleute waren, sich der Situation bewußt wurden und Initiativen ergriffen, die bis heute fortwirken. Es ist bezeichnend, daß sich diese Männer des damals einzigen Mediums, des Buches bedienten, um ihre Gedanken zu verbreiten, die Jägerei und die Hundeleute wachzurütteln und das Jagdgebrauchshundwesen wieder zu einer Bewegung zu machen und in die richtigen Bahnen zu lenken. Besonders zu nennen sind hier:
CARL EMIL DIEZEL, KARL REHFUSS, OTTO VON RIESENTHAL und SIGISMUND FREIHERR VON ZEDLITZ und NEUKIRCH.

Carl Emil Diezel (1779–1860)

Carl Emil Diezel und die großen Altmeister des Jagdgebrauchshundwesens

Der gebürtige Oberfranke CARL EMIL DIEZEL beschreibt als 80jähriger den Beginn seines Lebenslaufes in der »Allgemeinen Forst- und Jagdzeitung«, deren Mitarbeiter er für vier Jahrzehnte gewesen ist, wie folgt: »Ich bin am 8. Dezember 1779 geboren. Mein Vater war protestantischer Pfarrer zu Irmelshausen im Grabfelde (Unterfranken/Bayern) und ein ungleich besserer Redner als ich, meine Mutter eine Tochter des herzoglich-coburgischen Oberstleutnants von HELDWITT ZU HELDWITT. Ich habe sie leider nicht gekannt, da sie in ihrem ersten Wochenbette schon starb. Ich hatte einen Kandidaten der Theologie zum Lehrer, und es ging so ziemlich gut vorwärts, würde aber noch um vieles besser gegangen sein, wenn die lateinischen und griechischen Buchstaben nicht bisweilen eine frappante Ähnlichkeit mit jenen Sperlingen gehabt hätten, die ich nach beendeten Schulstunden bei gutem Wetter mit dem Blasrohre sehr fleißig zu dezimieren pflegte.« DIEZEL studierte in Jena und Leipzig Sprach- und Naturwissenschaften, wurde 1806 Dozent für Fechtkunst, Jagdkunde und neuere Sprachen an der Privatforstschule Zillbach in Sachsen und wurde 1809 in den würzburgischen, später königlich-bayrischen Forstdienst als Beamter übernommen. Neben Beiträgen zur Jagdpoesie und Artikeln in der Jagdpresse schrieb er das zweibändige Werk »Fragmente für Jagdliebhaber«, »Die Waldschnepfe« und als sein Hauptwerk »Erfahrungen auf dem Gebiete der Niederjagd«, die berühmte, viele Neuauflagen erlebende »Diezels Niederjagd«, die bis heute als wertvolles, wissenschaftliche Erkenntnisse mit Erfahrungen der Praxis verknüpfendes Standardwerk gilt. DIEZEL sammelte reiche jahrzehntelange praktische Erfahrungen als Niederwildjäger mit dem Hunde, ohne den er sich eine erfolgreiche Jagdausübung überhaupt nicht vorstellen konnte. Sowohl gute als auch schlechte Hunde gingen durch DIEZELS Hand, er richtete Hunde ab für sich und für andere.

In der ersten Auflage seines Standardwerkes widmet er von 572 Seiten dem Vorstehhund allein 137, in der nächsten Auflage sind es schon 157. DIEZEL lehnte das sogenannte spielende Lernen der Hunde »als Fehlleistung« ab und erteilte der damals noch gebräuchlichen »barbarischen Dressur« eine Absage. Er benutzte den »Zwang« als Ausbildungsmittel, das sich nach psychologischen Grundsätzen dem jungen Hund individuell anzupassen hatte. Von besonderer Bedeutung erscheint in jener Zeit seine Forderung, einen deutschen Vorstehhund für die Feld-, Wasser- und Waldjagd zu schaffen, einschließlich des Verlorenbringens und der Nachsuche auf Rehwild. Er beschreibt den vielseitigen deutschen Vorstehhund so: »Bewunderungswürdig sind die Eigenschaften, welche die Natur, gleichsam mit ausgezeichneter Freigiebigkeit, diesen Tieren verliehen hat. Sollten jemals die übrigen Rassen sämtlich aussterben, ... man würde sich bald überzeugen, daß er alle anderen Hunde entbehrlich mache ..., denn wie äußerst beschränkt ist das, was selbst die vorzüglichsten unter diesen Hunden leisten, gegen die Klugheit des Hühnerhundes, gegen die Gewandtheit, mit welcher er sich in allen Funktionen, die man ihm aufträgt, zu schicken weiß, gegen den bewundernswürdigen Gehorsam, welchen man einen unbedingten nennen kann, und den er selbst in den schwierigsten Fällen mit wahrer Selbstverleugnung seinem Führer leistet! Bei allen übrigen Hunden, welche bei der Jagdpraxis eine Rolle spielen, kann dieser Gebrauch nur einseitig genannt werden, und im Grunde findet bloß Benutzung des natürlichen Instinktes derselben statt, da eigentliche Lenksamkeit und voller Gehorsam im ungefesselten Zustande bei so vielseitiger Verwendung bloß der Vorstehhund zeigt.«
Am 25. August 1860 verstarb DIEZEL im Alter von mehr als 80 Jahren in Schweb-

heim bei Schweinfurt, wohin er wegen seines ersten Revieres besondere Beziehungen hatte.

So wie DIEZEL in einer Zeit des Aufbruchs und dem Beginn einer neuen Jagdgesinnung das Jagdgebrauchshundwesen definierte und ihm mit Vehemenz den ihm zukommenden Platz zuwies, stritt OTTO VON RIESENTHAL ebenfalls in dieser Richtung und beeinflußte die neue Gesinnung wesentlich. OTTO VON RIESENTHAL, Forstmann und Jagdschriftsteller, geboren 1830 und gestorben 1898, unterlegte seinem Hauptwerk, »Das Waidwerk« das Leitmotiv, das auch den heutigen Jägergenerationen nicht unbekannt ist:

»Dies ist des Jägers Ehrenschild
Daß er beschützt und hegt sein Wild
Waidmännisch jagt wie's sichs gehört
Den Schöpfer im Geschöpfe ehrt.«

Ein weiterer diesem Spruch von RIESENTHAL angehängter Vers enthält das dem Jagdgebrauchshundwesen bis heute bestimmende Grundmotiv:

»Behüt's vor Mensch und Tier zumal,
verkürze ihm die Todesqual!
Sei außen rauh, doch innen mild, –
dann bleibet blank dein Ehrenschild!«

Von gleicher ethischer Grundeinstellung wie seine Zeitgenossen war der jüngere KARL REHFUS, bekannt unter dem Pseudonym *Oberländer*, geboren am 25. Oktober 1855, Fabrikant aus Kehl, starb er 1926 in seinem Vaterhause. Von der Pike auf erlernte er das jagdliche Handwerk und erlebte gleichermaßen das Schöne und das Bedrückende an der Jagd. Ihm waren von seinen jagdlichen Erziehern besonders strenge Maßstäbe eingepflanzt, so daß sein so geschärftes Gewissen zur Triebfeder seiner jagdlichen Verantwortung wurde, der er sich nicht entziehen konnte. Er sah sich einfach gezwungen, »das Messer an die am Körper des deut-

Carl Rehfus-Oberländer (1855–1926)

schen Waidwerks fressenden Pestbeulen zu setzen.« Diese kämpferische Bereitschaft durchzieht das gesamte literarische Schaffen OBERLÄNDERS. Neben kaum überschaubaren Veröffentlichungen in der Jagdpresse schrieb er die Bücher »Der Lehrprinz«, »Quer durch deutsche Jagdgründe«, »Durch norwegische Jagdgründe«, »Eine Jagdfahrt nach Ostafrika« sowie »Herbstblätter« und das »Jägerhaus am Rhein«. Das Jagdgebrauchshundwesen beeinflußte er insbesondere durch sein bedeutendes Erstlingswerk »Die Dressur und Führung des Gebrauchshundes«, das noch zehnmal aufgelegt wurde. Es ist ein klassisches Buch über die Waidgerechtigkeit und bildet eines der Fundamente, auf denen das deutsche Jagdgebrauchshundwesen bis in die Gegenwart ruht.

Der damalige Schriftleiter der »Deutschen Jäger-Zeitung«, HUGO VON SOTHEN, erkannte rechtzeitig die Bedeutung und Fähigkeit OBERLÄNDERS und ermöglichte ihm den Weg in die Öffentlichkeit, indem er ihm in Aufsätzen und Artikeln Gelegenheit gab, seine Ansichten zu äußern. Später schuf sich OBER-

LÄNDER unter dem Motto »Waidwerk – nicht Sport!« ein eigenes Sprachrohr in »Oberländers Jagd-Zeitung – Organ der praktischen Jägerei«, deren erste Ausgabe 1896 erschien.

Zukünftiges waidgerechtes Jagen war für OBERLÄNDER untrennbar verbunden mit der Jagdgebrauchshundbewegung, die er mit der Jägerei in einer Art Not- und Schicksalsgemeinschaft verbunden sah, um dem Wilde Qualen zu ersparen. Ihm ging es auch um die Schaffung eines Prüfungssystems für öffentliche Leistungsprüfungen; er initiierte maßgeblich die erste Prüfungsordnung für eine Gebrauchsprüfung (spätere VGP) und regte auch als Anlageprüfung der Jährlinge eine »verdeutschte Jugendsuche« im Gegensatz zum englischen Derby an. OBERLÄNDER verfocht auch die von ihm aufgegriffene Anregung zur Schaffung eines deutschen Gebrauchshundstammbuches und förderte diese Idee nach Möglichkeit.

In seinem Werk über den Jagdgebrauchshund begründet OBERLÄNDER die waidmännische Notwendigkeit der Jagdhundeführung und gibt schlüssige Anleitungen zu einer ersten Jagdhundeabrichtung, nicht zu verwechseln mit niedlicher Spielerei. Als in der mittlerweile entstandenen jagdkynologischen Organisation des beginnenden 20. Jahrhunderts die obligatorische Einführung der Verlorenbringerprüfung auf natürlicher Wundspur diskutiert wird, lehnt OBERLÄNDER aus Überzeugung dies angesichts der Masse der zu prüfenden Hunde aus jagdethischen Gründen ab, er wandte sich vehement dagegen, daß auch nur ein Stück Wild zum Einüben der Qual einer absichtlichen Verletzung ausgesetzt wurde. Man erwog, diese Prüfungen »Oberländer Verlorenbringerprüfung« zu nennen. Er lehnte dies ab, sein Ruf war ihm zu wertvoll und plädierte zeitlebens für künstliche Spuren und Fährten bei Dressur sowie Prüfung.

OBERLÄNDERS Ansichten zur Bedeutung des Jagdgebrauchshundwesens und seine Ausführungen zur Ausbildung der Hunde blieben nicht ohne Widerspruch, es kam zu Auseinandersetzungen mit zeitgenössischen Autoren, später entzündete sich noch Kritik an ihm. Einer der bedeutendsten Jagdkynologen, die sich zeit- und teilweise an OBERLÄNDER »rieben«, war LUDWIG MÉREY V. KAPOS MÉRE, bekannt unter dem Schriftstellernamen *Hegendorf*. Er wurde am 21. Januar 1872 in Wien geboren und starb am 12. Dezember 1938 bei München. Nach forstlicher und jagdlicher Ausbildung verwaltete er jahrzehntelang große Niederwildreviere in der Ostmark, in Österreich und Baden. Sein großer Erfahrungsschatz hat seinen Niederschlag in vielen Veröffentlichungen zur Niederwildhege wie auch in Sachbüchern gefunden. Seine besondere, lebenslange Liebe galt dem Jagdgebrauchshund, für den er sich wie OBERLÄNDER einsetzte. Wie OBERLÄNDER galt sein Bemühen auch, in der allgemeinen Jägerschaft das Bewußtsein für die jagdethische Verpflichtung, gute Hunde zu führen, zu wecken. Bei der Ausbildung vieler Hunde wurde ihm die Fragwürdigkeit der um die Jahrhundertwende propagierten Parforce-Dressur bewußt und schon in der ersten Auflage seines berühmten Buches »Der Gebrauchshund« (gegenwärtig in der 14. Auflage vorliegend) führt er aus: »Die Erziehung unserer Hunde ist ein der Pädagogik verwandtes Gebiet; mit pädagogischen Grundsätzen müssen wir durch die Erziehung von Jugend auf eine Grundlage schaffen, die es ermöglicht, den Hund seiner Bestimmung in höchster Vollkommenheit zuzuführen. Wie es unmöglich ist, die Erziehung eines einzelnen Menschen nach irgendeinem Schema vorzunehmen, so ist dies auch bei der Erziehung des Hundes verwerflich; wir werden mit ihm das höchstmöglich-

ste Ziel erreichen, wenn wir vom psychischen Standpunkt aus seine Eigenschaften kennengelernt haben ...«
In der Ausgabe 2/1937 der österreichischen Jagdzeitschrift »St. Hubertus« finden wir eine Würdigung OBERLÄNDERS durch HEGENDORF, die seine Bedeutung bis in die Gegenwart hinein eindrucksvoll unterstreicht:

> »Es hieße dem Lebenswerk des großen Meisters jagdlichen Schrifttums, Oberländer, nicht gerecht werden, wollte man als Wertmesser einzig und allein, wie das so vielfach geschah, nur sein Schaffen und Wirken auf rein jagdkynologischen Gebiete in den Brennpunkt der Betrachtung stellen. Gewiß, dieses allein würde schon genügen, um zu erkennen, daß ihm als Reorganisator des deutschen Weidwerks die größte Bedeutung insofern zukommt, da er durch die Verwirklichung des vielseitigen Gebrauchshundes, den herrlichen v. Riesenthalschen Weidspruch in die Tat umzusetzen suchte, der darin ausklingt, ›den Schöpfer im Geschöpf‹ zu ehren!«

Die Erreichung dieses erhabenen Zieles machte aber eine tiefgehende Einflußnahme auf die Weidmannschaft notwendig, um die vorwaltende Absicht in den Herzen derselben zu verinnerlichen. OBERLÄNDER hätte das Los des Predigers in der Wüste geteilt, würde er sich ausnahmslos nur auf den Hinweis der Notwendigkeit des Hundes zur weidgerechten Jagdausübung beschränkt haben. Nein, er mußte tiefer schürfen.

> »Hat uns Oberländer schon durch seine literarischen Auserlesenheiten ein unvergängliches Vermächtnis hinterlassen, dessen Wert für die Allgemeinheit mit Worten überhaupt nicht auszudrücken ist, so ist ja genügsam bekannt, daß schon sein Ruhm von dem einzigartigen Werke: »Die Dressur und Führung des Gebrauchshundes« ableitet, wodurch sich Oberländer unsterblich gemacht hat. Hierzu hat allerdings »Hegewald« im nimmermüden Schaffen und Kämpfen den Boden vorbereitet, in welchem Oberländer, in richtiger Erkenntnis des großen Bedürfnisses, der Notwendigkeit und Wichtigkeit, den vielseitigen deutschen Gebrauchshund zu schaffen, eine goldene Saat hieinsenkte, die reiche Früchte trug. Das Erscheinen dieses Buches wirkte wie ein befruchtender, warmer Frühlingsregen. Der Gebrauchshundgedanke keimte und sproßte, wuchs mächtig empor, durchflutete die deutschen Lande und hat sich zu der gewaltigen, imposanten Bewegung entwickelt, die wir heute allerorts anzustaunen Gelegenheit haben. Daher wird mit dem deutschen Gebrauchshund der Name »Oberländer« unvergänglich verbunden bleiben...
> Was für mich schließlich Oberländer bedeutet, habe ich erst kürzlich dargelegt, als mich der Hubertusverlag ersuchte, dem Zeißschen Buch: »Deutsche Weidmannssprache« einen kurzen biographischen Hinweis beizusteuern. Ich schrieb: Das Andenken an Oberländer machen wir in dem Maße unvergessen, wenn wir bestrebt sind, auf den von ihm errichteten Fundamente wieder zu arbeiten. Dies macht es erforderlich, daß wir seine Lehrgrundsätze durch die Erkenntnisse neuzeitlicher Forschung und durch die in der Praxis erhärteten Erfahrungen weiter ausbauen. Nur auf diese Weise gelangen wir im Sinne und Geiste Oberländers zu einer Höherentwicklung der psychischen und physischen Eigenschaften unserer Hunde, die im Verlaufe von vier Jahrzehnten, dank dem hoch-

beachtenswerten Zuchtfortschritt Wandlungen durchgemacht haben, die mit dem »Einst« nicht mehr vergleichbar sind. Damit ehren wir den Meister! . . .«

Jahre vor OBERLÄNDER, an den im übrigen auch heute noch der 1893 gegründete »Jagdgebrauchshundverein Oberländer« mit dem Sitz in Karlsruhe erinnert, wirkte »Hegewald«, der als eigentlicher Schöpfer des Jagdgebrauchshundwesens gilt und auch als solcher von Oberländer anerkannt und verehrt wurde.

Sigismund Freiherr von Zedlitz und Neukirch »Hegewald« (1838–1903)

Hegewald – Initiator der »Gebrauchshundbewegung«

SIGISMUND FREIHERR VON ZEDLITZ UND NEUKIRCH wurde am 24. Mai 1838 auf Schloß Neukirch am Riesengebirge geboren, er starb am 8. Juli 1903 in Halle. Ein Teil des Neukircher Forstes hatte den Namen »Hegewald«, dem Freiherr VON ZEDLITZ seinen Schriftstellernamen entlieh und unter dem er in der jagdkynologischen Welt bis heute ein Begriff ist. HEGEWALD war von Kindesbeinen an ein passionierter Jäger und wandte sich nach seinem Militärdienst der Jagdschriftstellerei zu, nachdem er sich durch das Studium jagdlicher Klassiker ein geistiges Fundament dafür geschaffen hatte. Zunächst wurde HEGEWALD Schriftleiter des »Waidmann« in Leipzig und wechselte später in die Redaktion der Deutschen Jäger-Zeitung in Neudamm über. Hier waren es der Hauptschriftleiter HUGO VON SOTHEN, der sich auch später OBERLÄNDERS annahm, und der Verleger, Kommerzienrat NEUMANN, die HEGEWALD förderten. 1891 wurde ihm von NEUMANN die Schriftleitung und die Herausgabe von »Das Waidwerk in Wort und Bild« übertragen, das von »Illustrierte jagdliche Unterhaltungsblätter« und Beilage der »Deutschen Jäger-Zeitung« viele Jahrgänge erlebte. Von den ihm so mitgegebenen Möglichkeiten, sich zu artikulieren, machte HEGEWALD nicht zimperlich Gebrauch. Er setzte sich mit den Mißständen seiner Zeit auseinander, begnügte sich jedoch nicht mit Kritik, sondern wies auch Wege und Möglichkeiten zur Überwindung der Schwierigkeiten auf. Nicht nur in fast unüberschaubaren Veröffentlichungen kämpfte HEGEWALD für seine Gedanken zum Jagdgebrauchshund, 1881 erschien auch sein grundlegendes Werk »Der Gebrauchshund zur Jagd«, dem 1889 die »Entwicklungsgeschichte der Deutschen Kynologie« folgte. Aus seiner Feder stammen weiterhin »Eignet sich der englische Fieldtrialhund als vielseitiger Gebrauchshund für die deutsche Jägerpraxis?« und »Den Hühnerhund (Dachs- und Schweißhund) schnell und sicher auf Schweiß einzuarbeiten.«
Der Zeitgeist der letzten Jahrzehnte des vergangenen Jahrhunderts auf dem Gebiete des Jagdwesens und der Kynologie sind zutreffend von HEGEWALD in seinem

Vorwort des Jahres 1881 zu seinem Buch charakterisiert, dieses Vorwort sei daher auszugsweise zitiert:

»Auf dem Gebiete des Deutschen Jagdwesens hat sich während des letzten Decenniums, wie auf keinem zweiten Felde der National-Oeconomie, ein geradezu beispiellos dastehender Aufschwung kund gegeben.
Der »Allgemeine Deutsche Jagdschutz-Verein«, welcher nun mehr seit Jahren seine segensreiche Thätigkeit für alle Gauen Deutschlands entwickelt, ist das verdienstvollste Werk, dessen Ursprung vom »Waidmann« aus, in Gemeinschaft mit dem bekannten Afrika-Reisenden Herrn Grafen Krockow, ins Leben gerufen wurde.
Nicht minder großartig erscheint der kynologische Fortschritt, welchen zuerst angeregt zu haben, das specielle Verdienst des Herausgebers und Verlegers vom »Waidmann« ist. Herr Paul Wolff war es nämlich, wie Herr R. Jenne und bedeutende Kynologen versichern, der, in uneigennütziger Liebe zur Sache, Herrn J. Jenne, einen zweiten hochgebildeten Leipziger Buchhändler, zu bewegen wußte, vereint mit ihm das vortreffliche Fachblatt »der Hund«, Organ für Züchter und Liebhaber reiner Racen, in eleganter Ausstattung erscheinen zu lassen und ins Leben zu rufen, nachdem sich Herr P. Wolff volle sieben Jahre lang mit der Idee getragen, das Material studiert und hierfür vorgearbeitet hatte.
Hannover war die Wiege unseres unter dem Präsidium des Herrn Grafen Waldersee, schnell berühmt gewordenen »Vereins zur Veredelung der Hunderacen in Deutschland« und des »Deutschen Hunde-Stammbuchs«, herausgegeben von demselben Verein unter der energischen Leitung und Redaction des Vereins-Sekretärs, Herrn Emil Meyer.
Hannover, die altehrwürdige Deutsche Stadt an der Leine, steht seit alters her im Ruf, das »edle Waidwerk« gerecht und treu gepflegt zu haben, auch in der Jagdhundfrage leuchte der Name »Hannover« historisch glänzend hervor durch seine altberühmte Hannover'sche Jägerhofrace edler Schweißhunde. Nicht minder ist und war in bezug auf Vorstehhunde Hannover groß. Führte doch der um die Jagd hochverdiente deutsche Altmeister, Dr. Ziegler-Hannover, die besten deutschen Hühnerhunde, welche je auf Deutschem Boden gearbeitet haben, bei seiner fachgerechten Virtuosität in praktischer Ausübung der Federwildjagd.
Die »hirschgerechte Jägerei Hannovers« ist sprichwörtlich geworden. Namen wie Dr. Ziegler, Prinz Wilhelm zu Solms, Oberforstmeister Quensell, Graf zu Inn- und Knyphausen, Graf Hardenberg leben in den Herzen aller Deutschen Jäger und noch blutet unsere offne Wunde, hervorgerufen durch den Tod des berühmten Fachmanns, Forstdirektor Dr. Burckhardt.
Ich beschränke mich auf eine kurze Aufzählung derjenigen Hauptmomente der Hundefrage, die durch besagten Verein und durch genannte Herren angeregt oder theilweise bereits gelöst wurden:

1. Begründung eines absolut für Deutschland nöthigen Hunde-Stammbuchs.
2. Bildung von Zweig-Vereinen und Gesellschaften behufs Züchtung und Prüfung von Hühnerhunden und Dachshunden.
3. Einführung und Ausbreitung von öffentlichen Hunde-Ausstellungen und Prämiierungen nach rationellen Grundsätzen.
4. Inscenirung der Frühjahrs-Preissu-

chen auf Paarhühner im Felde behufs Prüfung der Vorzüglichkeit der Nase für Zuchtzwecke.

5. Import und Zucht von leistungsfähigen Hunden fremder Länder.
6. Bekämpfung des sogenannten Hundeschwindels, wie er von schamlosen Händlern seit Jahren betrieben wird.
7. Aufklärung und Anregung durch Wort und Schrift im Gebiete der Kynologie, dieses nicht minder wichtigen Factors im Jagdwesen, denn der Jäger ohne Hund ist in meinen Augen nur ein halber, mit dem unbrauchbaren Hund aber gar kein Jäger!
8. Conservirung, Pflege und Hebung unserer edlen Deutschen Hunderacen, insonderheit:
   a) des Deutsche Hühnerhundes, vor dem einst Herr von Wildungen, Forstmeister Hofmann-Weimar, Oberlandforstmeister Hartig ihren Birkhahn, ihre Waldschnepfe und ihre Rebhühner schossen, der Diezel den Rehbock apportierte, vor dem Dr. Ziegler sein Federwild erlegte, den der capitale Jagdmaler Schulz zu seinen Entenjagden benutzte, welchem Oswald's berühmte Dressur-Methode gewidmet ist.
   b) des Deutschen Schweißhundes, welcher als Vermächtniß Fleming's, Döbel's, Dietrich's aus dem Winckel und des Grafen Mellin auf uns überkam, dem Grafen von Waldersee, der »Jäger«, unsterbliche Lieder dichtet,
   c) des Deutschen Dachshundes, dieses unverdrossenen, schneidigen Raubzeugvertilgers.

Trotz all dieser großartigen Schöpfungen, Bestrebungen und Erfolge fehlt dem deutschen Jäger noch ein Gegenstand, nach welchem sein Herz sich täglich heißer sehnt, nach welchem das Bedürfniß von Stunde zu Stunde brennender wird: ein wirklich vielseitig brauchbarer, leistungsfähiger Gebrauchshund im Holz, um den Waldverderbern aller Art für immer den Garaus zu machen, um die leeren Jagdtaschen der Holzjäger zu füllen, um ihnen in allen Lagen ein möglichst treuer, zuverlässiger, brauchbarer Helfer und Begleiter zu sein.

Ausdrücklich voranzuschicken erlaube ich mir, daß der Gebrauchshund nicht von mir ins Leben gerufen werden soll, um die unverdorbenen Hühnerhunde, die Meister der Suchjagd im offenen Terrain, etwa aus dem Felde zu schlagen; ganz im Gegentheil, er soll gerade auf dem entgegengesetzten Wirkungskreis erhalten und nur als periodischer Lückenbüßer auf der Feldjagd Verwendung finden. Der Schwerpunkt der Leistungen des Gebrauchshundes ist daher auch weniger in Pointer- und Setter-Arbeit zu finden, vielmehr im geraden Gegentheil, nämlich in Retriever- (Aportirhund=) und Land- und Water-Spaniel- (Land- und Wasser-Stöberer=) Arbeit; ferner soll er Leithund-Arbeit auf den Mann lernen, um dadurch auch dem Forstwesen Segen zu bringen, endlich gelegentlicher, aber durchaus fermer Schweißhund und zuverlässigster Gehilfe des Jägers auf der Krähenhütte sein.

Neben diesen meinen Angaben möchte ich noch darauf hinweisen, daß wohl jeder praktische Jäger schon die Erfahrung gemacht hat, wie auch Hunde zweifelhaften Hühnerhundblutes in Folge zweckentsprechender Dressur, großer Mühe, die sich ihre Herren mit ihnen gaben, für vielseitigeren Jagdbetrieb sich heranbilden ließen und Vorzügliches geleistet haben.«

Das Augenmerk sei auf die Bemerkung HEGEWALDS bezüglich des Pudelblutes gerichtet, denn hier deutet sich gedanklich an, was später unter seinem Einfluß in die Praxis umgesetzt wurde: Um einen besonders tüchtigen Gebrauchshund zu bekommen, wiederholte man Ende des vorigen Jahrhunderts bewußt das, was in früherer Zeit bewußt oder unbewußt zu den rauhhaarigen Vorstehhundschlägen geführt hatte, man kreuzte nämlich den englischen Vollblutpointer schweren Schlages mit dem harthaarigen schweren Königspudel, um einen vielseitigen Gebrauchshund zu schaffen. An die Stelle des alten Schafpudels trat also der Königspudel, und der mittelalterliche Jagdhund wurde durch den Pointer ersetzt. Der ursprünglichen Verbindung von Pudel und Pointer wurde später vermehrt Pointerblut zugeführt, und Hegewald oder Oberländer gründeten als Ergebnis dieser Bemühungen 1897 den »Verein Pudelpointer«.

Auf die Rolle HEGEWALDS bei der Begründung des Deutschen Gebrauchshundestammbuches wird an anderer Stelle noch einzugehen sein, wie auch auf den Einfluß, den er auf das Prüfungssystem hatte. An dieser Stelle muß jedoch dennoch erwähnt werden, daß HEGEWALD vor seinem Tode noch angeregt hatte, eine Eignungsprüfung für Junghunde im Herbst zu installieren; eine Prüfung, der Zeit und dem Inhalte nach zwischen der Anlageprüfung im Frühjahr und der späteren Gebrauchsprüfung. Anlaß und Inspiration für diese seine Gedanken waren die ehemaligen Vorstellungen des Prinzen SOLMS, die von DR. PAUL KLEEMANN aufgegriffen und für Deutsch Kurzhaar 1906 als »Solms-Prüfungen« realisiert wurden. Nach der Solms-Prüfung des Jahres 1919 wurde auf Vorschlag DR. HILBRIGS nach entsprechenden Entwürfen von einer geschlossenen Prüfungsordnung im Jahre 1920 die erste Hegewald-Zuchtprüfung in Lübbenau abgehalten, der sich bis 1938 jährliche Wiederholungen anschlossen, nach einer Zwangspause im Jahr 1949 wurde dann die 20. Hegewald-Zuchtprüfung in Hamm durchgeführt, von da an wieder in stetiger Reihenfolge bis in die Gegenwart alljährlich.

Hegewald Gedenkstein

Neben der »Hegewald-Zuchtprüfung« erinnern auch Gedenksteine an den »Altmeister«. Nach vergeblichen verschiedenen Anläufen wurde im Jahr 1923 die Grabstelle Hegewalds mit einem Märkischen Findlingsblock als Gedenkstein ausgestaltet, der den zweiten Weltkrieg nicht überdauerte. Anläßlich der 22. Hegewald-Zuchtprüfung 1951 in Hamm wurde, um die Erinnerung an Hegewald aufrechtzuerhalten, in Rhynern ein neuer Gedenkstein gesetzt. Weitere Gedenksteine wurden errichtet und eingeweiht: Am 3.10.1991 im Schloßpark von Lübbenau/Spreewald durch die VDD-Gruppe »Niederlausitz« und 23. September 1992 in Markt Baudenbach (Nordbayern) aus Anlaß des 90. Geburtstages des VDD, der 60. »Hegewald« und Gründung des Weltverbandes Deutsch-Drahthaar.

An Hegewald erinnert schließlich auch die sogenannte »Hegewald-Fanfare«, die seit 40 Jahren auf den Hegewald-Prü-

fungen und anderen jagdkynologischen Veranstaltungen zu hören ist. Sie wurde von dem Kapellmeister P. PRAGER komponiert und anläßlich der 23. Hegewald-Zuchtprüfung in Peine uraufgeführt.
Wenn die Wege zur »offiziellen« deutschen Kynologie auch über den in seiner Gesamtheit nicht sehr nutzbringenden Umweg über die »Anglomanie« ging, so darf jedoch nicht übersehen werden, daß zur Zeit des Umbruchs in der Mitte des vorigen Jahrhunderts der Weg zu den späteren Organisationsformen mitbereitet wurde durch die zeitlich vorgelagerten Versuche in England, durch allgemeingültige Bestimmungen auf das Hundewesen einzuwirken.
Um Schwankungen der Rassencharaktere zu begegnen und auch ihrer Ausartung vorzubeugen, wurden in England schon zu Beginn des 19. Jahrhunderts allgemeingültige Bestimmungen auf die zu unterscheidenden Rassekennzeichen, die »points«, aufgestellt, denen ein jeder Hund entsprechen mußte, wenn er in das »Stud book« aufgenommen und zu Preisbewertungen auf den Ausstellungen und bei Prüfungen zugelassen werden wollte. Die erste »Internationale Schau von Jagd- und anderen Hunden« fand mit 1687 Nennungen Ende Mai 1863 in Klington statt. Im gleichen Jahr fand in Thüringen, in Apolda, im Juli der erste Hundemarkt statt, auf dem auch Jagdhunde »gehandelt« wurden. Im selben Jahre fand auch in Deutschland die erste Hundeausstellung anläßlich einer großen landwirtschaftlichen Schau in Hamburg statt, zu ihr waren 247 Hunde gemeldet. Es wurde noch kein Unterschied zwischen englischen und deutschen Rassen gemacht, insbesondere versuchte man wohl noch, dem englischen Vorbild nachzueifern. Wiederum angegliedert an eine landwirtschaftliche Ausstellung fand 1869 in Altona eine Ausstellung statt, diesmal unter dem Präsidium des damaligen Bundeskanzlers Graf von BISMARCK. Auch hier traf man noch keine Unterscheidung zwischen englischen und deutschen Hunden. Bei der Hamburger Ausstellung des Jahres 1876 dominierten immer noch die englischen Rassen, deutsche Hunde waren offensichtlich kaum erschienen, indessen wurde zwischen dem anwesenden Fachpublikum der Wunsch laut, die deutschen Rassen bei weiteren Ausstellungen mehr in den Vordergrund treten zu lassen. Als Folge der mangelnden Beschäftigung mit dem deutschen Hundematerial wurde die »Eliteausstellung« des Vereins »Hector« im Jahr 1878 zu Berlin noch kein Erfolg, indessen kam es zu einer Art Bestandsaufnahme und zu Gesprächen über den weiter zu beschreitenden Weg.
Eine größere Anzahl deutscher Vorstehhunde wurde Ende Mai 1878 auf einer Frankfurter Ausstellung gezeigt, die Rassenvielfalt und das Auseinanderdriften der Exterieurs ließ den Wunsch zur Förderung der Einheitlichkeit wiederum recht laut werden. Der Beschluß, einen »Verein zur Reinzüchtung deutscher Jagdhundrassen« zu stiften, wurde nicht in die Wirklichkeit umgesetzt, Ende 1978 konstituierte sich jedoch in Hannover unter dem Vorsitz von GRAF VON WALDERSEE der schon erwähnte »Verein zur Veredelung der Hunderassen für Deutschland.«
Sechs Jahre vorher hatte sich schon und insoweit wiederum positiv auf die deutschen Verhältnisse einwirkend in England der erste Club, der jeweils dort mit dem bestimmten Ziel der Veredelung der dortigen Hunderassen auftrat, konstituiert. Es war der Kennel-Club, der 1874 auch das erste Stammbuch (K.C. Stud book) veröffentlichte. In der Satzung, die man sich gab, waren auch Bestimmungen über die Einrichtung und Beschickung von Ausstellungen und Prüfungen im Freien (Field trials) enthalten.

Bei diesen »Field Trial Meetings« richtete man zunächst nach dem »Heat-System«, später nach dem »Spotting-System«. Bei dem ersteren konkurrierten zwei gute Hunde in einer Suche (Stake), der unterliegende Hund schied aus, ohne mit einem Preis bedacht zu werden, den er unter Umständen verdient hätte. Ein anderer Hund konnte bei diesem Prüfungssystem durch eine Anzahl unbedeutender Stakes bis in das Endtrial vordringen, bei dem in aller Regel der erste Sieger auch der beste blieb. Das Spotting-System wurde angenommen, um diesem etwas unfairen Prüfungswesen abzuhelfen, es wurden nunmehr die Richter berechtigt, nach der ersten Runde ihre Auswahl zu treffen, unabhängig davon, ob ein Hund gesiegt hatte oder nicht.

Mit diesem englischen Prüfungssystem wurden zunächst auch in Deutschland Prüfungen abgehalten, beispielsweise im Mai 1876 in Halle an der Saale, im selben Jahre bei Leipzig, im Mai 1878 bei Bernburg und im September 1878 bei Staßfurt, jeweils vom »Hühnerhund-Prüfungsclub« Staßfurt ausgerichtet. Im April 1878 veranstaltete auch der »Verein zur Veredelung der Hunderassen für Deutschland« bei Hannover ein Field-Trial, in den folgenden Jahren schlossen sich andere an, insbesondere im Norden Deutschlands.

Erstes Stammbuch des Hannoverschen Vereins

Am 11. Januar 1879 zeigte der Hannoversche Verein die Errichtung eines »Stammbuches« an, in dem deutsche und andere Nationalitäten eingetragen werden konnten, man begann Rassen im einzelnen zu unterscheiden und zu beschreiben. Auch der Berliner Verein »Hector« entschloß sich, ein Hundestammbuch anzulegen.

Diese Bestrebungen wurden konkreter anläßlich einer Versammlung im Rahmen der 1. Internationalen Ausstellung von Hunden aller Rassen Ende Mai 1879, veranstaltet vom Hannoverschen Verein. 888 Hunde waren gemeldet, es war die bedeutendste Ausstellung bis dahin in Deutschland. Die für diesen Zweck einberufene Versammlung unter dem Vorsitz des Generals Graf von Waldersee erledigte nunmehr im einzelnen die Rassezeichen der deutschen Jagdhunde, die Rassezeichen der nicht zur Jagd verwandten Hunde wurden auf der nächsten Ausstellung des Vereins »Hector« in Berlin festgeschrieben.

Ein halbes Jahr später zeigte der Verein zu Hannover an, daß das von ihm herausgegebene »Deutsche Hundestammbuch« außer den Stammbäumen der Hunde auch die offiziell anerkannten Rassezeichen enthalten würde, ferner die Statuten des Vereins, die Reglements für Ausstellungen, Preis- und Prüfungssuchen sowie eine Beschreibung der im Verlaufe eines Jahres abgehaltenen Ausstellungen und Suchen. Die aufgestellten Rassezeichen waren Beurteilungsgrundlage auf den nun folgenden Ausstellungen und wurden von den Preisrichtern konsequent beachtet mit der Folge, daß die Hunde ein immer mehr einheitliches äußeres Erscheinungsbild zeigten.

Vorausgegangen war die Gründung einer Institution, die bis in die zweite Hälfte der dreißiger Jahre dieses Jahrhunderts Einfluß auf das Jagdgebrauchshundwesen nehmen sollte. Am 26. April 1879 trafen sich in Hannover die Vertreter von zunächst fünf Vereinen, nämlich dem »Verein zur Veredelung der Hunderasse für Deutschland«, dem Verein »Hector« zu Berlin, dem »Club zur Prüfung von Hühnerhunden« zu Straßfurt, dem »Norddeutschen Hetzclub« zu Hamburg sowie dem Verein »Nimrod« zu Oppeln. Diese Vereine gründeten zur

Verfolgung der schon genannten Zwecke eine Kommission, in die die Gründungsvereine und die später hinzugekommenen jeweils einen Delegierten entsandten, woraus sich der Name des Zusammenschlusses, nämlich »Delegiertenkommission« (DC) erklärt. Erster Vorsitzender war der General und spätere Feldmarschall GRAF VON WALDERSEE, es wurde eine besondere Stammbuchkommission mit dem Sitz in Hannover berufen, womit das Generalsekretariat des Hannoverschen Vereins seine Existenzberechtigung verlor. Es wurde das vom Hannoverschen Verein herausgegebene »Deutsche Hunde-Stammbuch« fortgeführt, wie auch weitere Initiativen aufgenommen und weitergetragen wurden.

Die Bemühungen und Bestrebungen trugen Früchte: In der Folgezeit vermehrten sich die Ausstellungen sowie Preis- und Prüfungssuchen. 1886 fand die erste Schweißhundprüfung in der Göhrde bei Hannover statt, Dachsschliefen wurden zunächst vom Berliner Jagdclub eingerichtet, später in Hannover wie auch vom Berliner Teckel-Club vervollkommnet.

Es waren Jagdhundvereine, die die Delegiertenkommission zum Leben erweckt hatten, es waren auch Jagdhundvereine, die später hinzukamen und das Stammbuch förderten, ihre Gründer und geistigen Väter waren sicher auch von dem Wunsche beseelt, das Beste für das Jagdgebrauchshundwesen zu tun. Die Wege, die in der Folgezeit eingeschlagen wurden, deckten sich jedoch nicht mit den grundsätzlichen Ideen der zitierten Väter der Jagdgebrauchhundbewegung. Die DC bekämpfte jede Dezentralisierung und Neugründung, die aus ihrem Blickwinkel als »Zersplitterung« verworfen und bekämpft wurde. Die DC strebte eine Konzentration des gesamten Zuchtwesens in einem Zuchtbuch für Elitehunde, dem Deutschen Hunde-Stammbuch, an. Die immer mehr und unübersehbar werdende sportliche Überbetonung des Ausstellungswesens und der diktatorische Boykott bei den Jagdhundrassen ließ das Jagdgebrauchshundwesen letztendlich andere Wege gehen. KORTHALS setzte den Bestrebungen der DC den 1888 gegründeten Griffon-Club und dessen 1889 erschienenes Stammbuch für Drahthaarige Vorstehhunde entgegen, ähnlich verhielt sich der zweite Spezialclub, der ebenfalls 1888 errichtete Teckel-Club, der 1889 seine ersten Schliefen in Köln abhielt und 1891 den ersten illustrierten Band des Deutschen Teckel-Stammbuches mit 391 Eintragungen herausbrachte. Ähnlich verhielt sich Deutsch-Drahthaar, Pudelpointer und Deutsch-Kurzhaar. Der Grundsatz der Förderung dieser neuen Rassen war, sie den Züchtern anzuvertrauen und auf Familien- und Linienzucht aufzubauen. Es wurde der Begriff »Durch Leistungsfähigkeit zum Typus« begründet.

Gründung des »Vereins für Prüfung von Gebrauchshunden zur Jagd«

Die Entwicklung in Deutschland ließ bei den maßgeblichen Jagdkynologen der damaligen Zeit die Überzeugung reifen, daß ihre Bestrebungen keinen Bestand haben würden, wenn es nicht gelänge, eine allumfassende Organisation zu schaffen, die das Jagdgebrauchshundwesen jenseits aller sportlichen Nuancen unter einem Dach vereinigte und die auf diese Art geschaffene Kraft nutzen würde, das für richtig erkannte Gedankengut in die Jägerei zu tragen. Ein besonders bedeutsamer Schritt auf diesem Wege war die Gründung des »Vereins für Prüfung von Gebrauchshunden zur Jagd« am 23. August 1891 in Berlin durch HEGEWALD, OBERLÄNDER, VON SOTHEN, MÄHLITZ, RITZ, VON LÖBENSTEIN u. a.

Hugo von Sothen

Baron von Löbenstein-Sallgast

Dieser Verein schuf eine erste Prüfungsordnung für Gebrauchsprüfungen und eröffnete in seiner Satzung die Möglichkeit, daß sich Gleichgesinnte woanders zusammenfinden und »Zweigvereine« gründen könnten. Das Beispiel machte Schule und es entstanden weitere Vereine die später das Fundament der angestrebten Organisation werden sollten.

Am 10. Februar 1899 war es dann endlich so weit, es wurde der »Verband der Vereine für Prüfung von Gebrauchshunden zur Jagd« gegründet. Gründungsmitglieder waren der

»Verein für Prüfung von Gebrauchshunden zur Jagd« (Sitz Berlin gegründet 1891),

»Verein der Hundefreunde in Bromberg« (1893),

»Südverein für Prüfung von Gebrauchshunden zur Jagd« (Sitz in Heidelberg, 1893),

»Kynologische Club für Nordwest-Deutschland – Verein für Prüfung von Gebrauchshunden zur Jagd« (Sitz in Harburg a. E., 1895),

»Ostverein für Züchtung und Prüfung von Gebrauchshunden zur Jagd« (Sitz in Königsberg i. Pr., 1896),

»Lausitzer Verein für Prüfung von Gebrauchshunden zur Jagd« (Sitz in Kottbus, 1896),

»Verein für Prüfung von Gebrauchshunden zur Jagd in der Neumark« (Sitz in Küstrin, 1896),

»Verein schlesischer Jäger und für Prüfung von Gebrauchshunden« (1861),

»Klub Wodan-Gera« (1896),

»Verein der Pudelpointer-Züchter« (Sitz in Darmstadt, 1897) sowie,

der »Verein Deutsch-Drahthaar« (Sitz in Berlin, 1897).

Zum ersten Vorsitzenden des Verbandes wurde Baron R. VON LÖBENSTEIN-SALLGAST gewählt, zu seinem Stellvertreter wurde Dr. BRÖSIKE berufen und zum Schriftleiter HUGO VON SOTHEN.

Die Verbandsversammlung gibt sich im folgenden eine Satzung, in deren § 1 es heißt:

> »Der ›Verband der Vereine für Prüfung von Gebrauchshunden zur Jagd‹ hat seinen Sitz in Berlin. Er stellt sich

W. von Arnim-Lützlow

Dr. Paul Kleemann

die Aufgabe, einen festen Zusammenschluß aller derjenigen Vereine zu bewirken, welche durch Prüfung von Gebrauchshunden das weidgerechte Jagen fördern wollten.

Seine Ziele sucht er zu erreichen durch:

1. Festsetzung einer gemeinsamen Prüfungsordnung,
2. Führung des ›Deutschen Gebrauchshund-Stammbuches‹ D. G-St. B.).

Der Vorstand des Verbandes besteht gem. § 8 der Satzung aus dem Vorsitzenden, dem stellvertretenden Vorsitzenden, dem Schriftführer, dem stellvertretenden Schriftführer, der zugleich Schatzmeister ist, und fünf Beisitzern.«

In der Versammlung des Jahres 1904 wird der Vorstand satzungsgemäß neu gewählt, der Vorsitzende und sein Stellvertreter werden wiederum berufen, 1. Schriftführer wird Oberstleutnant von PODEWILS, sein Stellvertreter und Schatzmeister DR. MATSKO aus Berlin, zu Beisitzern werden berufen die Herren VON SOTHEN, Graf VON BERNSTORFF, Rittmeister BIELER, Rittmeister GURADZE und Stabsarzt a. D. DR. ECKERT.

Der Vorstand des Jahres 1904, auf drei Jahre gewählt, wird in der Hauptversammlung vom Februar 1907 einstimmig wieder gewählt. Auch das Jahr 1910 bringt keine Veränderung in der Zusammensetzung mit der Ausnahme, daß an Stelle DR. ECKERTS Regierungsrat DR. STRÖSE in den Vorstand berufen wird. Ende 1910 verstirbt der Beisitzer im Vorstand des Verbandes, HUGO VON SOTHEN, an dessen Stelle DR. PAUL KLEEMANN in den Vorstand »kooptiert« worden ist.

In der Verbandsversammlung 1912 legt Dr. BROSICKE krankheitsbedingt sein Amt nieder, auf Vorschlag des Vorsitzenden VON LÖBENSTEIN wird DR. PAUL KLEEMANN einstimmig zum zweiten Vorsitzenden gewählt. Im Jahr 1913 erfolgt durch Zuruf eine Wiederwahl des gesamten Vorstandes. Die 16. Verbandsversammlung im Februar 1914 in Berlin sollte die letzte vor einer vierjährigen Zwangspause sein, die 17. Verbandsversammlung fand erst wieder am 22. Februar 1920 in Berlin statt. Während der Kriegszeit hörte eine Verbandstätigkeit und auch eine

Tätigkeit der dem Verband angeschlossenen Vereine fast auf, nur einzelne größere waren infolge ihrer großen Mitgliederzahl in der Lage, fast alljährlich Gebrauchshundprüfungen abzuhalten, beispielsweise der Berliner Gebrauchshundverein, der Club Kurzhaar Dresden, der Verein Pommerscher Jäger, der Verein Westfälischer Jäger und der Hessische Jagdclub. Der Verbandsvorstand wurde nach dem Kriege einschließlich des für den verzogenen Rittmeister GURADZE kooptierten Majoratsbesitzers VON RAMIN durch Zuruf wieder gewählt.
Im Jahr 1923 steht der langjährige Vorsitzende VON LÖBENSTEIN nicht mehr zur Wiederwahl. Er schlägt vor, die in der Satzung vorgesehenen fünf Beisitzer künftig wegfallen zu lassen, um eine Erleichterung des Geschäftsbetriebes zu ermöglichen. Die Versammlung beschließt, die Zahl von fünf auf einen zu verringern, die Neuwahlen berufen den Rittergutsbesitzer WILHELM VON ARNIM – LÜTZLOW zum 1. Vorsitzenden, zum stellvertretenden Vorsitzenden Sanitätsrat DR. PAUL KLEEMANN, zum Schriftführer und Schatzmeister den Syndikus DR. ACHILLES aus Berlin und stellvertretenden Schriftführer und Schatzmeister wiederum den Geheimen Regierungsrat DR. STRÖSE.
Wegen undurchsichtiger Geldgeschäfte wird DR. ACHILLES von seinen Ämtern suspendiert, DR. STRÖSE übernimmt die Aufgaben. 1926 werden der Vorsitzende und sein Stellvertreter wiedergewählt, zum Schrift- und Kassenführer wird DR. STRÖSE berufen. In der Stammbuchkommission sind so bekannte Namen wie DR. MÜLLER-LIEBENWALDE und KONRAD ANDREAS-NEUDAMM zu finden, Stammbuchführer ist nach wie vor GEORG STOCKFLETH. VON LÖBENSTEIN wird zum Ehrenvorsitzenden berufen. Die satzungsgemäße Wahl des Jahres 1929 ergibt eine Bestätigung der führenden Vorstandsmitglieder.
Auf dem Verbandstag 1931 wird offenbar, daß sich offensichtlich zwischen dem Vorsitzenden VON ARNIM und den Vorstandsmitgliedern KLEEMANN, STRÖSE, SCHÄFER und SPAAS unüberbrückbare Gegensätze entwickelt haben, die die Letztgenannten veranlassten, den Verbandsvereinen brieflich mitzuteilen, daß sie sich außerstande sähen, mit dem Verbandsvorsitzenden fernerhin zum Wohle des Verbandes zu wirken. Die Vorstandsmitglieder legten ihre Ämter in die Hand des Verbandstages zurück. Auch der Vorsitzende VON ARNIM stellt sein Amt zur Verfügung, was zur Folge hat, antragsgemäß eine Neuwahl des gesamten Vorstandes stattfinden zu lassen. Es kommt zu einer Kampfabstimmung zwischen dem bisherigen Vorsitzenden VON ARNIM und dem von DR. STRÖSE vorgeschlagenen Generalmajor a. D. WOBRING aus Stettin VON ARNIM, geht mit 131 Stimmen zu 55 Stimmen als Sieger aus der geheimen Wahl hervor und der Verbandstag bedrängt nun STRÖSE, der gegenwärtig für den Verband unentbehrlich sei, sich dem Verband nicht zu verschließen. Nach einstimmig erfolgter Wiederwahl erklärt STRÖSE, sich genötigt zu fühlen, die Wahl im Interesse des Großen und Ganzen anzunehmen. Stellvertretender Vorsitzender wird VON OERTZEN-BÄBLITZ.
1934, im Jahre der nächsten satzungsgemäßen Neuwahlen wird kein Vorsitzender mehr gewählt, es steht vielmehr die »Wahl des Führers und der Kassenprüfer« auf der Tagesordnung. Der bisherige Vorsitzende VON ARNIM gibt den Vorsitz an VON OERTZEN ab, worauf auf Vorschlag aus der Versammlung als »Führer« VON ARNIM durch Zuruf gewählt wird. Dem anwesenden Führer des Reichsverbandes für das Deutsche Hundewesen (RDH), Herrn GLOCKNER, wird die Bitte übermittelt, den gewählten Führer sofort zu bestätigten; GLOCKNER kommt diesem Wunsche nach. VON AR-

NIM nimmt dankend die Wahl an. Zu seinen Mitarbeitern beruft er alsdann die bisherigen Mitglieder des Verbandsvorstandes.
Im Juni 1935 wird VON ARNIM von der Reichsverbandsführung von seinem Posten abberufen. In der 31. Verbandsversammlung vom Februar 1936 hat VON OERTZEN die Möglichkeit, dem abwesenden VON ARNIM für seine 12jährige Leitung »der Fachschaft« ehrlichen Dank auszusprechen. Seinem und dem zielbewußten Arbeiten des Geheimrats STRÖSE sei es zu verdanken, daß heute die »Fachschaft Jagdgebrauchshundwesen« wie ehedem der Gebrauchshundverband fest und sicher stehe.
Mittlerweile hatte sich nämlich im Zuge des Reichsjagdgesetzes auch eine Neugliederung des Jagdgebrauchshundwesens ergeben. Es wurde eine Einheitsorganisation im deutschen Hundewesen unter autoritärer Führung befohlen, nämlich der »Reichsverband für das Deutsche Hundewesen« (RDH). Dieser RDH umfaßte das »Deutsche Kartell für Hundewesen«, die Delegiertenkommission (DC) und den »Verband zur Prüfung von Gebrauchshunden zur Jagd.« Dieser war zur »Fachschaft für das Jagdgebrauchshundwesen im RDH« geworden.
In Vereinbarung mit der Reichssportführung wurde jedoch mit Erlaß vom 11. Januar 1937 durch den Reichsjägermeister folgendes verfügt:

»Im Interesse einer erfolgreichen Jagdgebrauchshundzucht und der notwendigen engen Zusammenarbeit zwischen dem Reichsbund Deutscher Jägerschaft und den Jagdhundfachschaften ist zwischen dem Herrn Reichssportführer und mir folgende Vereinbarung getroffen worden:

1. Mit Wirkung vom 1.1.1937 werden die Fachschaft Jagdgebrauchshundwesen und die Züchterfachschaften von ihrer bisherigen Unterstellung unter den RDH befreit, an die Deutsche Jägerschaft angeschlossen und meiner Dienstaufsicht unterstellt.
2. Den jagdlichen Gebrauchshund- und Züchterfachschaften wird es freigestellt, sich weiter an den Ausstellungen des RDH zu beteiligen.
3. Mit vorstehender Regelung wird die im Februar 1935 getroffene Regelung ungültig.«

Arnd von Oertzen

Ein weiterer Erlaß vom gleichen Tage gab den Jagdhundfachschaften den Rahmen und die Grundlage für die notwendige Gestaltung der Neugliederung. Auszugsweise hieß es darin:

»Anweisung über die Durchführung des Anschlusses der Jagdgebrauchshundfachschaften und der Züchterfachschaften an den Reichsbund Deutscher Jägerschaft:
Ohne einen *brauchbaren Jagdhund ist eine waidgerechte Jagdausübung nicht möglich.*

Die mit Wirkung vom 1.1.1937 dem »Reichsbund Deutscher Jägerschaft« angeschlossenen und meiner Dienstaufsicht unterstellten Jagdhund-Zucht- und Prüfungs-Fachschaften haben die Aufgabe, den deutschen Jägern die benötigten, brauchbaren Jagdhunde zu beschaffen. Ich erwarte von den Fachschaften, daß sie sich restlos für diese Aufgabe einsetzen.... Über den Ausbau der Leistungsprüfungen und Leistungs- und Zuchtstammbücher erfolgt besondere Anweisung.

Den Jagdhundfachschaften bleibt es freigestellt, sich nach direkter Vereinbarung von Fall zu Fall mit dem RDH weiter an den Ausstellungen des RDH zu beteiligen. Die Abhaltung eigener Jagdhundausstellungen ist den angeschlossenen Fachschaften nicht gestattet. Unter das Verbot fallen nicht die zur Formbewertung notwendigen Schauen, die möglichst in Verbindung mit Leistungs- oder Zuchtprüfungen abzuhalten sind.«

Doch zurück zunächst zum Jahr 1936. Auf der 31. Versammlung jenes Jahres im »Bayernhof« zu Berlin stand notwendigerweise die Neuwahl des Reichsobmannes der Fachschaft Jagdgebrauchshundwesen an. Einstimmig wurde von VON OERTZEN zum Reichsobmann gewählt und berief die bisherigen Vorstandsmitglieder zu seinen Mitarbeitern, zum stellvertretenden Obmann wurde Oberregierungs-Medizinalrat DR. KIESSLING berufen. Es fand wohlgemerkt keine Wahl statt, denn nach der Satzung vom 3. Februar 1936 hatte der Reichsobmann »den Führerrat« zu berufen, der den Reichsobmann zu beraten hatte.

Am 15. Februar 1937 begrüßt VON OERTZEN die Teilnehmer herzlich auf dem 1. Verbandstag, der »nach der langersehnten Unterstellung des Jagdgebrauchshundwesens unter die Deutsche Jägerschaft stattfindet.« Der Vertreter des Reichsjagdamtes, Oberjägermeister OSTERMANN, ergreift hierzu das Wort und weist nach, daß der Anschluß des gesamten Jagdhundwesens an die Deutsche Jägerschaft sich im Laufe der Entwicklung als »notwendig« erwiesen habe. OSTERMANN führt aus, daß die Verwirklichung der Hegewald'schen Ideen angestrebt werde, nämlich die Zusammenfassung aller Jagdgebrauchshunde in einem Leistungs-Stammbuch, es solle auch die Führung eines einheitlichen Zuchtbuches mit Abteilungen für die einzelnen Jagdhundrassen erreicht werden. Dringender Wunsch des Reichsjagdamtes sei der Anschluß aller Vorstehhund-Fachschaften und ihrer Bezirks- und Gaugruppen an den Jagdgebrauchshundverband (so hieß nun der ehemalige Verband der Vereine zur Prüfung von Gebrauchshunden zur Jagd).

Der seit 27 Jahren im Verbandsvorstand tätige Geheimrat DR. STRÖSE trat von seinem Posten zurück, an seiner Stelle wurde Fräulein M. HUNDT mit der Schrift- und Kassenführung beauftragt.

Auf der Verbandsversammlung des Jahres 1938 scheiden die Mitglieder VAN GÜLPEN und KÖBSELL aus dem Verbandsführerrat aus, VON OERTZEN beruft Herrn HERMANN EISERHARDT zum stellvertretenden Schriftführer und Schatzmeister. VON OERTZEN gibt weiter bekannt, daß er anläßlich der Verbandsprüfung in Mühlenbeck den Herren Oberstjägermeister SCHERPING und Oberjägermeister OSTERMANN die höchste Auszeichnung des Verbandes, die Statuette des Sperlingschen Gebrauchshundes, hat übergeben können.

1939 steht die Neuwahl des Reichsobmannes an. VON OERTZEN legt die Leitung der Versammlung in die Hände seines Stellvertreters DR. KIESSLING, der die Wiederwahl des Reichsobmannes durch Zuruf vorschlägt. Dieser Vorschlag wird einstimmig angenommen. Oberjägermeister OSTERMANN als Vertreter des Reichsjagdamtes erteilt sofort die für die Wahl nötige Bestätigung und hofft auf weitere vorbildliche Zusammenarbeit.

Der nächste Verbandstag war auf den 5. Februar 1940 einberufen, er mußte in letzter Stunde abgesagt werden. Nach einer Verfügung des Reichsjägermeisters vom 8. September 1939, die der Verbandsführung nicht bekannt war, waren die Jagdbehörden angewiesen, vorläufig keinerlei Versammlungen, wie z. B. Trophäenschauen, Jägerappelle und Hegeringversammlungen einzuberufen. Unter dieses Verbot fiel auch die Verbandsversammlung. Der Reichsobmann VON OERTZEN gibt einen kurzen schriftlichen Bericht, in dem unter anderem mitgeteilt wird, daß der Ehrenvorsitzende VON LÖBENSTEIN-SALLGAST im hohen Alter am 26. Mai 1939 in die ewigen Jagdgründe hinübergewechselt sei. Schon lange vor Gründung des Verbandes habe er mit seinem »Lausitzer Verein« geholfen, den Grundstein zu legen für »unser heutiges Gebrauchshundwesen und seit Gründung des Verbandes im Jahr 1899 hat er durch 22 Jahre den Verband geführt, aus kleinen Anfängen die starke Vereinigung geschaffen, die wir heute haben.«

Auch im Jahr 1941 kann ein Verbandstag nicht abgehalten werden, es liegt wiederum ein kurzer Bericht des Reichsobmannes vor. VON OERTZEN führt u. a. aus: »Und eine der markantesten Persönlichkeiten des Jagdgebrauchshundwesens trugen wir zu Grabe: den verdienstvollen früheren Obmann der Fachschaft DK und langjährigen Mitarbeiter im Vorstand des Jagdgebrauchshundverbandes DR. PAUL KLEEMANN, der trotz hohen Alters bis in seine letzten Lebensmonate in stärkster Anteilnahme unsere Tätigkeit verfolgte.« Im Band 39 des Deutschen Gebrauchshundstammbuches (auf das im einzelnen noch eingegangen wird) gedenkt VON OERTZEN auch des langjährigen Schriftleiters des DGStB, GEORG STOCKFLETH, der 76-jährig, 31 Bände des DGStB bearbeitet hat.

Erster Verbandstag nach dem Kriege

In der Folgezeit nahmen kriegsbedingt die jagdlichen und damit auch die jagdkynologischen Aktivitäten ab, bis sie gänzlich zum Stillstand kamen. Dennoch blieb die Idee deutschen Jagdgebrauchshundwesens erhalten, der Jagdgebrauchshundverband hörte nicht auf zu existieren. Er ist damit eines der wenigen Organisationen, die seit ihrer Gründung in ununterbrochener Folge auch nach dem letzten Weltkrieg fortbestanden und von keiner Besatzungsmacht oder deutschen Stelle aufgelöst wurden. Auch in den schwersten Zeiten hielten die Jagdgebrauchshundleute untereinander Verbindung, wenn auch die Verkehrswege zerstört waren und es kaum Möglichkeiten gab, sich untereinander zu verständigen. Hunger, Flüchtlingselend, die Sorge um die Vermißten, Hunger und Not nahmen die Kräfte der Menschen in Anspruch, in den Revieren jagten die Besatzungsmächte. Es ist daher fast unglaublich, daß schon in den Jahren 1946/47 und 48 neben einigen Verbandsjugendprüfungen und Herbstzuchtprüfungen schon wieder mehrere Verbands-Gebrauchsprüfungen stattfanden. Auf Initiative zahlreicher Gebrauchshundmänner hatte sich unter der Führung von O. E. EBELING ein »Geschäftsführender Arbeitsstab« (G. A.) gebildet, der den Auftrag hatte, den ersten Verbandstag nach dem Kriege vorzubereiten. Die Männer um O. E. EBELING wurden unterstützt durch DR. KIESSLING. EBELING lud nach wohldurchdachter Vorbereitung zum 15. Januar 1949 in

Erster Verbandstag nach dem Zweiten Weltkrieg am 15. Januar 1949 in der Unterschweinstiege in Frankfurt am Main.

die »Unterschweinstiege« (ein Lokal in der Nähe von Frankfurt am Main) ein. Der letzte Verbandsvorsitzende von OERTZEN-BÄBLITZ, Reichsobmann, war beim Einmarsch der Russen freiwillig aus dem Leben geschieden, desgleichen die letzte Geschäftsführerin des Verbandes, Fräulein HUNDT.

Dieser Verbandstag, im 50. Jahre nach der Gründung des Jagdgebrauchshundverbandes, wurde eröffnet durch eine Ansprache des Präsidenten des Landesjagdverbandes Hessen, DR. EITMANN, als Vorsitzender des zuständigen Landesverbandes des DJV. EBELING gibt einen kurzen Bericht über die Vorbereitungen des Verbandstages. Seine Vorschläge, die Satzungen von vor 1933 anzunehmen und die rein sachlichen und redaktionellen Änderungen dem neuen Vorstand zu überlassen sowie die Zahl der Beisitzer im Vorstande zu erhöhen, werden einstimmig angenommen. Der Sitz des Verbandes wird von Berlin nach Hamburg verlegt. EBELING benennt als mögliche Verbandsvorsitzende die Herren OSTERMANN, ROMMESWINKEL und ZILLIKENS. OSTERMANN wird gewählt. DR. KIESSLING wird einstimmig zum Ehrenvorsitzenden ernannt. Zum zweiten Vorsitzenden wird Direktor ROMMESWINKEL einstimmig gewählt, zum Geschäftsführer HERMANN EISERHARDT. Zum Stammbuchführer wird EBELING berufen. Als Beisitzer in den Vorstand werden gewählt KARL SEIDLER aus Mannheim, FRANZ ZILLIKENS, ASPERSCHLAG, sowie ROLLENHAGEN aus Feucht bei Nürnberg, BERNHARD SIECKMANN aus Recklinghausen sowie als Vertreter der Ostzone Herr GRANDERATH. Die erste Stammbuchkommission nach dem zweiten Weltkriege setzt sich zusammen aus STRASSMANN, RUSCHEN, ANDREAS und SPIESS.

Der Vorsitzende OSTERMANN schlägt vor, daß neben dem Jagdgebrauchshundverband die Spezialjagdhundvereine ebenfalls einen geschlossenen Block bilden und daß über diese beiden Säulen eine Dachorganisation geschaffen werde. Es wird vorgeschlagen, aus den anwesenden Vertretern der Spezialjagdhundvereine eine Kommission für den Aufbau dieser Organisation zu bilden. KONRAD ANDREAS wird beauftragt, die entsprechenden Vorarbeiten zu leisten. Auf der 38. Jahreshauptversammlung im März 1951 in Bingen am Rhein wird dieser Gedanke neu aufgegriffen und erneut festgestellt, daß der Jagdgebrauchshundverband sich bislang nur damit beschäftigte, Zucht und Prüfung der deutschen Vorstehhundschläge zu fördern. Schon jetzt verfolgten jedoch die als Ehrengäste geladenen und nahezu vollständig erschienenen Vorstände der Bracken- und Stöberhundvereine aufmerksam des Verbandes Tun und Lassen. Die von allen Seiten gewünschte, taktisch richtige Annäherung der Jagdhundzüchter an die Vertretung der gesetzgebenden Körperschaften werde sich um so leichter und vollständiger vollziehen, je geschlossener die Vereine auftreten. Der Zusammenschluß sei wohl nur noch eine Frage der Zeit. Folgerichtig berichtet E. VOM STEIN im März 1952 in Goslar aus der Arbeit des Vorbereitungsausschusses für Zusammenschluß der deutschen Jagdhund-Zuchtvereine. VOM STEIN verkündet, daß die Vorbereitungen erfreulicherweise erfolgreich abgeschlossen seien und außer sämtlichen Vorstehhund-Zuchtvereinen jetzt auch die anderen Fachgruppen, nämlich die für Schweißhunde, für Stöberhunde und Erdhunde im JGHV zusammengeschlossen seien. Auf einstimmigen Beschluß wird das DGStB fortan in zwei Abteilungen geführt, nämlich für Vorstehhundprüfungen sowie für Schweiß-, Stöber- und Erdhund-Prüfungen. Im Jahre 1995 schließlich erfolgte eine satzungsgemäße »Gleichstellung« aller Jagdgebrauchshundrassen.

Der Vorsitzende OSTERMANN verkündet an jenem Verbandstage weiterhin, daß Ende März 1952 in Goslar die Gründung der »Internationalen Föderation für das Jagdgebrauchshundwesen« (Fédération

Konrad Andreas

Internationale De La Vénerie Cynologique, F.I.V.C.) vollzogen worden sei. Der Beitritt des Jagdgebrauchshundverbandes zur Internationalen Föderation wird einstimmig beschlossen.

Die Vorstandswahl ergibt die Wiederwahl des 1. und 2. Vorsitzenden, sowie die Wahl VON SIECKMANN, VOM STEIN und ANDREAS als Beisitzer.

Auf der Verbandsversammlung des Jahres 1953 berichtet OSTERMANN über die F.I.V.C., an deren Tagung im Februar er zusammen mit dem Stammbuchführer teilgenommen habe. Auf der ersten Delegiertenversammlung in Basel seien außer Deutschland, Österreich, die Schweiz, Frankreich und Luxemburg vertreten gewesen, es sei die Festlegung einer Richterordnung beraten worden, die Fassung von Bestimmungen über die Verleihung von Abzeichen für Meisterführer sowie über die Führung eines internationalen Leistungsbuches. OSTERMANN erklärt, daß das Verhältnis der rein auf jagdliche Leistungsprüfungen abgestellten F.I.V.C. zu der allgemein kynologischen FCI, zu dem der VDH gehöre und der über das Schau- und Ausstellungswesen zu bestimmen habe, noch ungeklärt sei. Es seien noch viele Fragen in der Schwebe, der Verband beschränke sich bewußt auf die Regelung der Leistungsprüfungen und wolle sich dabei seine Selbständigkeit unter allen Umständen erhalten.

Der stellvertretende Vorsitzende ROMMESWINKEL berichtet über den vergeblichen Versuch, über den DJV und mit dem DJV die Jagdhundhaltung im Bundesjagdgesetz zu verankern. Die Unterstützung durch die Landesjagdverbände sei generell völlig unzureichend gewesen.

Auf dem Verbandstag 1955 wird OSTERMANN zum 1. Vorsitzenden des Verbandes wiedergewählt. Das wiederholt sich 1958, Direktor ROMMESWINKEL, der aus gesundheitlichen Gründen nicht wieder kandidiert, wird zum Ehrenvorsitzenden ernannt, ihm wird die Statuette des Verbandes als höchste Auszeichnung verliehen. 1959 übernimmt WILHELM WÖLL VON EBELING die Stammbuchführung. Auch EBELING wird die Statuette verliehen.

Friedrich Ostermann

ERNST-OSKAR EBELING (am 27. Juli 1899 in Hannover geboren) ist wohl der bemerkenswerteste Mann der unmittelbaren Nachkriegsgeschichte des Jagdhundewesens, der als Motor des Wiederbeginns gewirkt hat. Er haßte die sportlichen Auswüchse auf dem Gebiet des Jagdgebrauchshundwesens und kämpfte für den brauchbaren Hund nach dem Schuß. EBELING war Schriftleiter und Schriftsteller, Präsident des LJV Hamburg, Vorsitzender und Ehrenvorsitzender des Norddeutschen JGV und der DD-Gruppe Hamburg, Präsidialmitglied des DJV und schließlich Stammbuchführer des JGHV. Am 24. Oktober 1960 verstarb EBELING.

1961 wird der Vorsitzende OSTERMANN wiedergewählt, zum stellvertretenden Vorsitzenden CARL SEIDLER, als Beisitzer KONRAD ANDREAS, O. HARTENSTEIN und E. VOM STEIN. Um in späterer Zeit einmal die Möglichkeit zu haben, den Vorstand zu verjüngen, werden DR. SUMMA und Forstmeister EHRGOTT in den geschäftsführenden Vorstand delegiert.

Wenige Tage nach seinem 70. Geburtstag, am 6. Februar 1963, verstirbt der stellvertretende Verbandsvorsitzende SEIDLER, die Verbandsversammlung vom März 1963 wählt satzungsgemäß E. VOM STEIN zum Stellvertreter des Vorsitzenden.

Als Nachfolger des verdienten Stammbuchführers WÖLL wird CLEMENS NOBIS-WICHERDING einstimmig auf dem Verbandstag 1964 zum Stammbuchführer gewählt. Es standen jedoch auch die Gesamtwahlen beider Vorstände und aller Sondergremien auf der Tagesordnung. Der Vorsitzende OSTERMANN stellt trotz vieler Versuche, ihn zu einer neuen Kandidatur zu bewegen, sein Amt zur Verfügung. Die Hauptversammlung vermag sich wegen der Bedeutung der Neuwahl des Vorstandes nicht zu entschließen und findet letztlich einen Ausweg durch den Vorschlag des Stammbuchführers

Alois Schott

WÖLL, wonach der Vorsitzende OSTERMANN einstimmig zum Ehrenvorsitzenden des Verbandes gewählt wird und sich bereit erklärt, den Vorstand ein weiteres Jahr zu leiten. Er stirbt hochbetagt im Jahre 1992.

Nachdem der Gesamtvorstand des Verbandes sich mit anstehenden Wahlen auf einer Sondersitzung beraten hat, wird auf dem Verbandstag 1965 in Goslar der Amtsgerichtsdirektor A. SCHOTT aus Bad Kreuznach mit großer Mehrheit für die nächsten drei Jahre als Verbandsvorsitzender gewählt. Weiterhin werden in den geschäftsführenden Vorstand berufen Herr VOM STEIN als zweiter Vorsitzender sowie die Herren BARELMANN, BLODIG und EHRGOTT als Beisitzer. Unter diesem Vorstand standen Prüfungsordnungen wie immer im Mittelpunkt der Verbandsarbeit, der Verband wurde ein eingetragener Verein (e. V.) und das Verbandsorgan wurde geschaffen.

Einen erfolglosen Anlauf in dieser Richtung hatte schon der Verbandstag 1954 unternommen. Der Sprecher eines 1953 gewählten Presseausschusses legte eine Denkschrift vor, und nachdem der Landbuchverlag GmbH in Hannover, vertreten durch F. VON OEHSEN, ein großzügiges Angebot gemacht habe und ein sehr gut ausgestattetes Probeheft drucken ließ, empfiehlt der Sprecher DR. MEYER namens des Ausschusses, diesen Versuch zu unterstützen. Die Zeitschrift führte den Namen »Der Jagdhund« und sollte alle zwei Monate, zuerst Mitte Mai 1954, erscheinen. Die erste Nummer erschien tatsächlich im Mai/Juni 1954, Nummer 2 erschien im Juli 1954, dann stellte die Zeitschrift ihr Erscheinen ein. Herr VON OEHSEN erklärte auf dem Verbandstag 1955 auf Anfrage, daß er die Weiterführung der Zeitschrift in seinem Verlage nicht übernehmen könne, das Wiedererscheinen des Blattes wird bei wenigen Gegenstimmen und Enthaltungen beschlossen, die Geschäftsstelle wird beauftragt, Verbindungen mit anderen Verlagen aufzunehmen und gegebenenfalls nach bestem Wissen und Gewissen einen Vertrag abzuschließen. Gegebenenfalls ergriffene Initiativen zeitigten jedoch keinen Erfolg. 1964 schließlich konnte der Vorsitzenden OSTERMANN den Verbandstag davon unterrichten, daß der Herausgeber des »Deutschen Jäger«, der F. C. Mayer Verlag in München (ähnlich der früheren Beilage B. der »Deutschen Jägerzeitung«) eine Beilage herausbringen wolle, auf seine Kosten und sein Risiko. Aus diesem Plan wurde die ständige Fachzeitschrift »Der Jagdgebrauchshund«, das offizielle Organ des Jagdgebrauchshundverbandes, welches nunmehr auf mehr als ein Viertel Jahrhundert des Erscheinens zurückblicken kann. Seit dem Januar 1973 wird die Zeitschrift von der BLV-Verlagsgesellschaft in München herausgegeben, die auch vom F. C. Mayer Verlag den »Deutschen Jäger« übernommen und mit der »Pirsch« verschmolzen hat. Erster Schriftleiter des

»Jagdgebrauchshundes« war Dr. CARL TABEL, Nachfolger in der Schriftleitung waren Michael REINARTZ, HORST DETERT und gegenwärtig ist KARL WALCH verantwortlich für das Organ des Verbandes.
Der Verband wurde am 23. Februar 1967 unter dem Aktenzeichen – 19 VR 3209 beim Amtsgericht Bonn eingetragen, die Vorstände hatten jetzt die Bezeichnung Präsidien, der erste und zweite Vorsitzende hießen ab nun Präsident und Vizepräsident, es wurde die Möglichkeit beschlossen, einen verdienten Präsidenten beim Ausscheiden aus dem Amt zum Ehrenpräsidenten zu ernennen. Folgerichtig wurde entsprechend dieser Bestimmung der Ehrenvorsitzende Ostermann vom Verbandstag 1969 zum Ehrenpräsidenten des Verbandes ernennt.
1967 wurde Präsident SCHOTT mit Stimmenmehrheit wiedergewählt, die Herren VOM STEIN, BLODIG und BARELMANN kandidierten nicht wieder. An deren Stelle wurden neu ins Präsidium gewählt Oberforstmeister BRAHMS als Vizepräsident, Postoberamtmann NEDDERMEYER als Obmann für das Prüfungswesen und als Beisitzer JOCHAIM ENGELS neben dem wiedergewählten Oberforstmeister EHRGOTT. Der Stammbuchführer NOBIS-WICHERDING wird einstimmig in seinem Amt bestätigt, gleichzeitig wird er einstimmig als neuer Geschäftsführer gewählt.
Besonders erwähnenswert erscheinen neben dem Prüfungsordnungsgeschehen, die Einrichtung der »Jagdkynologischen Seminare« und die Belebung einer Zuchtforschung.

Erstes jagdkynologisches Seminar

Das erste dieser jagdkynologischen Seminare fand vom 20. bis 23. November 1969 im Jagdschloß Springe statt, als »Erfinder« kann RUDOLF NEDDERMEYER gelten. Neben den Seminaren in Springe treten seitdem Seminare im Süden Deutschlands, die sich in ihrer Gesamtheit bis zum heutigen Tage kontinuierlich bewährt haben. Sinn dieser Einrichtung war ursprünglich die Unterrichtung von Vereinsvorsitzenden und Prüfungsleitern, damit sie sodann von Fachleuten unterwiesen, ihrerseits in ihren heimatlichen Vereinen ihr Wissen und das Erlernte an die Richter weitergeben konnten. Neben dieser Aufgabe, die letztendlich der »Rechtssicherheit« eines einheitlichen prüfungsordnungsgemäßen Richtens von Nord bis Süd dienen sollte, haben die Seminare bislang gezeigt, daß sie wegen der relativen Beschränkung der Zahl der Teilnehmer und wegen des meist hervorragend vertretenen Sachverstandes eine sehr geeignete Plattform sind, jagdkynologische Zeitfragen zu diskutieren und wertvolle Anregungen zu geben.

Zuchtforschung

In der Vergangenheit hat sich der JGHV bisweilen schon mit der Frage beschäftigt, wie allgemein die Jagdgebrauchshundzucht berührende Probleme mit wissenschaftlicher Hilfe zu lösen seien. Ein Zuchtausschuß unter Herrn VOM STEIN bestand, zu durchgreifenden Maßnahmen kam es jedoch nicht. An die Verbandsversammlung 1967 richtete der damalige Hauptgeschäftsführer des DJV VON EGGELING die Erwartung, daß »die im Verband zusammengeschlossenen Zuchtverbände das Stadium des Experimentierens abschließen und sich für die Zukunft darauf konzentrieren, durch Zuchtforschung und Zuchtwahl solche Hunde herauszubringen, die erbmäßig die Veranlagung zum Gebrauchshund nach dem Schuß mitbringen, d. h. frühreife, verknüpfungsbereite, leichtführige Hunde, mit Nase, Spurtreue und Wasserpassion, die ohne die äuße-

ren Druckmittel der Dressur auch in der Hand des mäßigen Durchschnittsführers brauchbare Arbeit leisten ...«.
Nach der Neuwahl von 1969 regte VOM STEIN an, den Zuchtausschuß wieder neu zu beleben, und zu einem wissenschaftlichen Ausschluß zu erweitern. Das geschah auch mit der Berufung von DR. BÖHNE, DR. KUNERT sowie Oberförster HECKER; für die Arbeit dieses Ausschusses wurden im Haushaltsvoranschlag 10000 DM berücksichtigt. Der nunmehrige Professor DR. A. HERZOG vom Institut für Erbpathologie und Zuchthygiene der Justus-Liebig-Universität Gießen hielt ein Referat über »Grundzüge moderner Züchtungsmethoden und Leistungsprüfverfahren in ihrer Anwendung in der Jagdgebrauchshundzucht«, worauf der Ausschuß beauftragt wurde, seine Tätigkeit aufzunehmen, DR. HERZOG wurde beauftragt, »Untersuchungen über Möglichkeiten zur Leistungsprüfung und Erbwertermittlung bei Jagdgebrauchshunden« anzustellen.
Auf dem 57. Verbandstag 1970 in Goslar referiert DR. HERZOG über seine bisherigen Arbeiten und bringt zum Ausdruck, daß eine genetische Analyse, wie sie zur Durchführung des Forschungsvorhabens erforderlich sei, nur möglich sei, wenn das gesammelte Datenmaterial eine ausreichende Streuung aufweise. Aus diesem Grunde sei durch das Institut in Zusammenarbeit mit dem wissenschaftlichen Zuchtausschuß ein anderes Benotungssystem vorgeschlagen und bei 49 Hunden verschiedener Rassen auf HZP erprobt worden. Die Beurteilung durch die Sonderrichter habe insgesamt gesehen tatsächlich die von ihm erwähnte und erwartete Normalverteilung ergeben, nämlich, daß, wie bei jedem biologischen Material, also auch bei Jagdhunden, wenig Spitzentiere zu finden seien, mehr gute, mittelmäßige und auch eine Anzahl schlechter Hunde.
1971 berichtet Oberforstrat BRAHMS über die weiteren Bemühungen zur Zuchtforschung. Dr. HERZOG gibt eine Übersicht über den derzeitigen Stand dieser Forschung, für die unter anderem die Bereiche Welpentest, Epilepsie und Hüftgelenksdysplasie eingeplant seien. Die Auswertung der Prüfungsergebnisse habe sich als unbefriedigend erwiesen, da das bisherige Notensystem zu wenig Aussagewert gegenüber einem differenzierten 12-Punkte-System habe. Überdies habe es sich gezeigt, daß das gesteckte Ziel einer wissenschaftlichen Forschung über Leistungsprüfung und Erbwertermittlung nur erreicht werden könne, wenn sich ein Zuchtwissenschaftler hauptamtlich damit beschäftige. Diese Möglichkeit sei im Augenblick im Institut für Erbpathologie und Zuchthygiene im erforderlichen Umgang wohl personell, aber nicht finanziell gegeben. Wenn der JGHV die Mittel für diese Etatstelle für einen Zeitraum von etwa vier Jahren zur Verfügung stellen würde, hoffe man, daß die Stelle dann etatisiert werden könne. Die Mittel, die der JGHV für diese Zeit aufbringen müsse, würden sich auf 35000 bis 40000 DM belaufen. Über diesen Vorschlag wurde diskutiert, eine Abstimmung erfolgte nicht.
Während somit der JGHV plötzlich vor der Frage stand, auf welche Weise diese erheblichen Mittel für ein weiteres Beschreiten des eingeschlagenen Weges aufzubringen sein würden, hatte der Verbandstag 1971 in Fulda, der erste in Fulda überhaupt, auch ein neues Präsidium zu wählen. Nachfolger des Präsidenten SCHOTT wurde der 1937 geborene Amtsgerichtsrat HEINRICH UHDE aus Burgdorf bei Hannover, die übrigen Mitglieder des Präsidiums wurden in ihren Ämtern bestätigt.
Die nun folgenden Jahre sind gekennzeichnet von zum Teil leidenschaftlichen Diskussionen um die »Zuchtforschung«, eng damit zusammenhängend die Frage der Neufassung der Zuchtprü-

Heinrich Uhde

fungsordnungen. Die Schwierigkeiten des Problems und seine Vielschichtigkeit veranlaßten Präsident UHDE nach der lebhaften Aussprache während des vorangegangenen Jahres im Januar 1972 zu einem Rundschreiben an alle Verbandsmitglieder. Darin heißt es unter anderem: »Nunmehr ist der Zeitpunkt gekommen, endgültig über die Vergabe eines Forschungsauftrages ... zu entscheiden ... Ein weiteres Hinausschieben der Entscheidung erscheint im Hinblick auf die geleisteten Vorarbeiten und im Interesse des Gießener Institutes, das nun wissen muß, woran es ist, nicht vertretbar.

Bei dieser Entscheidung werden drei Problemkreise zu beachten sein.

1. Sind die Grundlagen vorhanden, die eine Inangriffnahme weiterer, langjähriger Forschungsarbeiten rechtfertigen?
2. Ist die Durchführung des Vorhabens in personeller und finanzieller Hinsicht auf die Dauer gewährleistet?
3. Rechtfertigt ein möglicherweise zu erwartendes positives Ergebnis den zu erbringenden Aufwand?«

Vor dem Verbandstag 1972 konnte Präsident UHDE sodann bekannt geben, daß zwischenzeitlich vom Gießener Institut zwei Assistentenstellen beantragt worden seien, deren eine der jagdkynologischen Forschung vorbehalten sei. Dazu komme weiter, daß es üblich sei, Forschungsaufträge jeweils nur auf zwei Jahre zu vergeben. UHDE weist sodann darauf hin, daß sich eine Diskussion des Forschungsauftrages in seinen Einzelgebieten erübrige, wenn von vornherein feststehe, daß die Mittel auch unter den neuen, geänderten Verhältnissen nicht aufzubringen wären. Die Versammlung stimmt daraufhin über eine Finanzierung des Forschungsauftrages mit etwa 40 000 DM für jedes der zwei folgenden Jahre ab. Der Präsident gibt das Abstimmungsergebnis bekannt: »Ich darf feststellen, daß die Versammlung mit Mehrheit ablehnt, zur Zeit den Forschungsauftrag zu erteilen, daß sie nicht bereit ist, die entsprechende Finanzierung vorzunehmen.« Dr. Herzog bestätigt alsdann, daß vom Gießener Institut das gemeinsame Vorhaben als beendet anzusehen sei, was jedoch nicht bedeute, die Forschung an Jagdgebrauchshunden wird überhaupt aufgegeben.

Auch im Jagdgebrauchshundwesen war und ist die Frage nach der »Wesensfestigkeit« der Hunde von besonderer Bedeutung. Daß dieser Frage allein durch »Erbwertforschung« nicht auf die Spur zu kommen sei, hatten Praktiker und Wissenschaftler schon während der Diskussion um den Gießener Forschungsauftrag betont und darauf hingewiesen, daß das wohl zunächst durch Verhaltensforschung versucht werden solle. Besonders eindringlich wurde dies den Delegierten des Verbandstages 1973 durch einen Vortrag des bekannten Fachautors EBERHARD TRUMLER von der haustierkundlichen Forschungsstelle Grubmühle über die »Sozialentwicklung des Junghundes« vor Augen geführt. Präsident UHDE hatte den Delegierten 1973 versprochen, bei der wissenschaftlich-kynlogischen Forschung »weiterhin am Ball« zu bleiben. Getreu diesem Versprechen bat das Präsidium 1973 den Verbandstag zunächst um eine satzungsgemäße Ermächtigungsgrundlage zum weiteren Tätigwerden in dieser Richtung. Nach einer erforderlichen Satzungsänderung erteilte der Verbandstag den Auftrag zur Weiterführung der kynologischen Forschung Erhebungen anzustellen, inwieweit auf dem Gebiet der Verhaltensforschung für das Jagdgebrauchshundwesen Fortschritte zu erzielen seien. Der Verband wurde ermächtigt, dafür nach entsprechenden wissenschaftlichen Institutionen zu suchen und mit diesen gegebenenfalls Konzepte auszuarbeiten, die der Hauptversammlung zur Beschlußfassung vorgelegt werden sollten. Vizepräsident BRAHMS, innerhalb des Präsidiums mit den Fragen der Forschung betraut, lud nach vorherigen, oft nicht einfachen Verhandlungen, im November eine kleine Anzahl von Wissenschaftlern und Praktikern nach Freiburg zu einer Sitzung ein, um mögliche Ziele abzustecken und eine Marschroute zu skizzieren.

Fazit der Freiburger Tagung war die Erkenntnis, daß es unabdingbar sei, die breite Öffentlichkeit mit der Problematik vertraut zu machen und so weit wie möglich mit anderen kynologischen Institutionen zusammenzuarbeiten. Es schlossen sich weitere Tagungen an, der wissenschaftliche Ausschuß wurde neu besetzt, zu den Mitarbeitern gehörten u.a. der Hauptzuchtwart des VDH Dr. WIRTZ und der Chef des Diensthundewesens der Bundeswehr DR. MARX. Auch TRUMLER arbeitete mit.

Ehe die Zuchtforschung nun weiter betrieben wurde, hatte der Verbandstag 1974 satzungsgemäß neu zu wählen, das alte Präsidium wurde bestätigt, an Stelle des Beisitzers ENGELS, der nicht mehr kandidierte, wurde W. KÜPPERSBUSCH berufen.

ENGELS hat sich für das Ende seiner Tätigkeit im Präsidium besondere Verdienste erworben, denn auf seine Anregung hin und unter seiner organisatorischen Federführung feierte der Jagdgebrauchshundverband seinen 75. Geburtstag. Am 23. März 1974 fand im Dom zu Fulda eine Hubertusmesse statt, die Kaplan M. FREIHERR VON LÜNICK, Homberg zelebrierte. In der Niederschrift des Verbandstages heißt es dazu weiterhin: »Alle, die das Glück hatten, an dieser Messe teilnehmen zu können, wurden um ein unvergeßliches Erlebnis bereichert. Die Kurpfälzer Jagdhornbläser, flankiert von Falknern mit Falk und Adler und Jagdreiter im roten Rock, bliesen die liturgische Musik mit einer hervorragenden Präzision und einer bewundernswerten Klangfülle. Die Ansprache von Herrn Prälat Wüstefeld, Paderborn, selbst Jäger, fand aufmerksame Zuhörer.«

In einem kleinen Festakt im Anschluß an die Hubertusmesse im großen Saal der Orangerie gedachten der Präsident und eine Anzahl von Gästen mit Ansprachen des besonderen Tages, die Festansprache hielt JOACHIM GRAF SCHÖNBURG.

Im Mittelpunkt des Verbandstages und selbst am darauffolgenden Sonntag standen Überlegungen zur weiteren Zuchtforschung. TRUMLER, der auf dem Gebiet der Jugendentwicklung des Hundes bereits umfangreiche Untersuchungen angestellt hatte, erachtete es für notwendig und auch für den JGHV für finanziell durchführbar, während eines Zeitraumes von etwa zwei Jahren seine bisherigen Untersuchungen an Dingos, Elchhunden und eventuell auch an anderen Kreuzungen fortzusetzen und so zu erweitern, daß am Ende genügend abgesichertes Material zur Erfassung der Jugendentwicklung des Hundes zur Verfügung stehe mit der Folge, daß alsdann in einer Art Anleitung interessierten Züchtern und Welpenkäufern eine Hilfe gegeben werden könne. Es wird angeregt, einen Lehrfilm über diese Art Grundlagenforschung mit und bei Herrn TRUMLER in der Grubmühle zu drehen. Desweiteren wurde es als unumgänglich angesehen, die wichtigsten und am häufigsten gebrauchten jagdkynologischen Begriffe klar zu erläutern und so fest zu umschreiben, daß sie nach draußen beim »Volk« ankommen und verstanden werden. Jagd- und Fachpresse sowie alle dazu Berufenen müßten mit missionarischem Eifer die so festgelegten Begriffe bekannt und die Öffentlichkeit somit mit ihnen vertraut machen.

Man begibt sich an die Arbeit und ein Jahr später kann auf dem Verbandstag als »Welturaufführung« eine Arbeitskopie des Trumlerschen Films »Geburt und Frühentwicklung des Junghundes« vorgeführt werden, er findet ein sehr positives Echo. In der Verbandszeitschrift sind Deutungen und Erläuterungen der kynologischen Begriffe Wesen, Wesensfestigkeit, Wesensschwäche, Temperament und Charakter- und Nervenkostüm erschienen, sie sind als Beginn auf dem Wege zu sehen, zunächst einmal mit einer Zunge zu sprechen, wenn es um die Verhaltensweisen des Hundes geht. Auf dem Verbandstag 1976 hat der Präsident die traurige Pflicht, die Delegierten vom Ableben seines Vorgängers SCHOTT zu unterrichten. Der 85jährige FRANZ STRASMANN gibt nach 26 Jahren Tätigkeit als Vorsitzender der Stammbuchkommission dieses Amt auf, und sein Nachfolger wird EDWIN ZWICK aus Speyer, der das Amt bis heute inne hat. Wegen beruflicher Überbelastung gibt der Obmann für das Prüfungswesen sein Amt im Präsidium auf, zum Nachfolger wird DR. FRANZ PETERMANN aus Dortmund einstimmig gewählt. Zur Zuchtforschung ist man sich einig, mit der Grundlagenforschung in Freigehegen unter der Leitung von Herrn TRUMLER zu beginnen. Einzelne Zuchtverbände haben sich bereit erklärt, für diesen Zweck kostenlos Welpen zur Verfügung zu stellen. Allerdings sei noch ungeklärt, ob TRUMLER nach seinem Umzug von Grubmühle nach Sulzfeld seine Pläne verwirklichen könne, da es wegen der baulichen Anlagen Differenzen mit den Behörden gäbe. Nach einem Jahr muß der Verbandstag davon unterrichtet werden, daß TRUMLER das Forschungsprojekt Sulzfeld habe aufgeben müssen und sich eine neue Wirkungsstätte suche. Das Band zwischen Trumler und dem JGHV müsse als zerrissen betrachtet werden. In Sulzfeld habe sich jedoch nun eine Auffanggesellschaft gebildet, die es sich zur Aufgabe gestellt habe, die Arbeiten von TRUMLER fortzusetzen. Diese Gesellschaft nenne sich »Gesellschaft für Verhaltens- und Zuchtforschung an Hunden (GVZH)«.

Nach einem Jahre hält der Diplom-Biologe G. KRÄMER von der GVZH vor dem Verbandstag einen Vortrag zum Thema »Welpentests für Jagdhunde, Notwendigkeiten und Möglichkeiten«, worauf sich die Mehrheit der Delegierten für eine Fortführung der Forschung im Sinne des Krämerschen Vortrages ausspricht. Dieses Vorhaben soll mit freiwilligen Beiträgen finanziert werden.

Vom 4. Juli 1978 an übernimmt Herr THIEL ABEL aus Prisdorf die Geschäftsführung von Herrn NOBIS-WICHERDING, der weiterhin als Stammbuchführer tätig ist. Die Neuwahlen ergeben eine Wiederwahl des Präsidenten. Herr EHRGOTT wird an Stelle des nicht mehr kandidierenden ehemaligen Vizepräsidenten BRAHMS zum Vizepräsidenten gewählt, wiedergewählt wird auch Herr DR. PETERMANN als Obmann für das Prüfungswesen und als Beisitzer werden gewählt die Herren FRUCHT und HASSELBRING.

Herr FRUCHT wird im Präsidium nunmehr an Stelle des ausgeschiedenen Oberforstrates BRAHMS federführend mit der Fortführung der Zuchtforschung beauftragt, wozu er 1979 berichten kann, daß die GVZH, ermöglicht durch die finanzielle Unterstützung verschiedener Verbandsvereine, Forschungen zu einer »Früherkennung der Wesensfestigkeit bei Jagdgebrauchshundwelpen« betrieben und dazu einen 27 Seiten starken Forschungsbericht vorgelegt hat.

Da es sich wegen der Fluktuation im Präsidium als wenig sinnvoll erwiesen hat, jeweils ein Mitglied des Präsidiums mit der Öffenlichkeitsarbeit zu betreuen, wird im Jahr 1979 ein Sonderbeauftragter berufen. Der erste Sonderbeauftragte ist KURT WERNICKE aus Ganderkesee, der seinen »Abschied« nimmt, als Präsident UHDE im Jahre 1986 nicht mehr kandidiert, zum Nachfolger wurde damals berufen der Forstamtsrat KREWER, sein Nachfolger wurde 6 Jahre später JÜRGEN ROTTMANN aus Aurich.

Innerhalb des Verbandes fehlt es an Einsicht in das Erfordernis einer Zuchtforschung, ohne daß daraus zunächst die notwendigen Konsequenzen gezogen werden. Der Verband verordnet sich selbst eine Art »Denkpause«, nach einer Tagung in Gießen unter Mitwirkung aller Zuchtvereine bleibt festzustellen, daß es am Elan fehlt und kaum eine für die Fortführung der Zuchtforschung erforderliche breite Mehrheit zu finden sein wird. Der Präsident erklärt auf dem Verbandstag 1981 in Fulda, Verhaltensforschung mit einer so geringen Mehrheit und gegen den Widerstand der beiden größten Zuchtvereine zu betreiben sei von vornherein zum Scheitern verurteilt. Aus diesem Grunde sei das Präsidium zu dem Schluß gekommen, dem Verbandstag den Antrag vorzulegen, das Präsidium von dem 1973 erteilten Auftrag zu entbinden. Nach einer geheimen Abstimmung ergibt sich, daß der Verbandstag mit überwältigender Mehrheit dafür ist, zunächst keine weitere Zuchtforschung zu betreiben.

Der Zweitverein

Ein weiteres Problem deutet sich nunmehr an: Das Problem der sogenannten »Zweitvereine«. Damit kamen auf den JGHV Rechtsfragen zu, mit denen sich der VDH schon seit geraumer Zeit zu befassen hatte. In zunehmendem Maße konstituierten sich nämlich neben den bestehenden Zuchtvereinen weitere Zuchtvereine, die dieselbe Rasse betreuten; im Rahmen des JGHV jedoch meinten, nun damit den satzungsgemäßen Zielen des JGHV zu dienen, was offenbar der »alte« Verein nicht mehr in der Lage sei, zu gewährleisten. Zu diesem Problem holte der Verband Rechtsgutachten ein, nach welchen er als Verband mit einer Monopolstellung auf seinem Gebiet verpflichtet sei, alles zu tun, um konkurrierende Vereine zusammenzuführen. Sollte dieses Vorhaben jedoch am Widerstand eines oder beider Vereine scheitern, könne der Verband das »Einplatzprinzip« anwenden und den Verein als Mitglied aufnehmen oder im Verband belassen, der die satzungsgemäßen Forderungen des Verbandes am besten vertrete.

Konkret hat sich der Verband mit dieser Frage auseinanderzusetzen mit den Zuchtvereinen, die Foxterrier sowie die englischen Vorstehhunde betreuen.

Bei den satzungsgemäßen Neuwahlen

des Jahres 1982 stehen zum zweiten Mal in der Verbandsgeschichte zwei Kandidaten für das Amt des Präsidenten zur Wahl: Der bisherige Präsident UHDE und der bisherige Vizepräsident EHRGOTT. Der geheime Wahlgang ergibt bei einer ungültigen Stimme und ohne Enthaltungen 152 Stimmen für den Kandidaten EHRGOTT und 399 Stimmen für den Kandidaten UHDE, welcher somit als Präsident wiedergewählt ist. Zum Vizepräsidenten wird Herr VAN BRACHT gewählt, einstimmig werden weiterhin in das Präsidium gewählt die Herren DR. PETERMANN, FRUCHT und JICKELI.

Von besonderer Bedeutung ist der Abschied des 85jährigen Dr. CARL TABEL aus der aktiven »Verbandspolitik«, er kandidiert nicht wieder als Vertreter der Jagdgebrauchshundvereine im erweiterten Präsidium des Verbandes. Geboren ist CARL TABEL am 19. Juli 1897 in Schildfeld, Kreis Hagenow in Mecklenburg. Auf dem väterlichen Gut, das über 200 Jahre im Familienbesitz war, verlebte er seine Jugend. Im ersten Weltkrieg wurde TABEL schwer verwundet, nach dem Jurastudium in Rostock wurde er Amtsrichter in Wittenburg. Nach dem zweiten Weltkriege und der Flucht in den Westen fand er eine neue Heimat in Anweiler am Trifels, wo er bis 1962, als er in den Ruhestand trat, als Amtsgerichtsrat wirkte. Er starb dort 1993 als Sechsundneunzigjähriger.

Dr. CARL TABEL war ein »berühmter« Abrichter und Führer von Jagdhunden. Sein enormes Wissen fand seinen Niederschlag in mehreren Büchern sowie in Artikeln und Aufsätzen bis in die jüngste Zeit. Er begründete den DD-Zwinger »Vom Kanonenturm«, der bis in die Gegenwart von seinem Sohn Uwe mit größtem Erfolg fortgeführt wird, Tabel war 12 Jahre lang zweiter Vorsitzender des VDD, dann von 1943 bis 1945 dessen erster Vorsitzender. Er organisierte als Prüfungsleiter die 19. und 28. Hegewald-Zuchtprüfung in Alzey. Der VDD zeichnete TABEL mit der goldenen Vereinsnadel und der DD-Statuette aus. Der Jagdgebrauchshundverband verlieh Dr. TABEL die höchste Auszeichnung, den »pour le mérite« des Verbandes, den an die Stelle der Statuette getretenen »Statuettenteller«. Im März 1973 hatte der Jagdgebrauchshundverband die Ehre und die Freude, Dr. CARL TABEL aus Anlaß der Verleihung des Bundesverdienstkreuzes 1. Klasse mit einem Empfang in Anweiler zu ehren. Aus Anlaß seines 90. Geburtstages trug die 32. Pfälzerwald-Schweißprüfung zu Ehren des Nestors des deutschen Jagdgebrauchshundwesens dessen Namen. Dr. TABEL konnte sich dort und zu Hause in unfaßbarer Geistesfrische und Elastizität der Gratu-

Christoph Frucht (links), Dr. Carl Tabel (rechts).

lanten erfreuen, die Verehrung und Liebe, die diesem einmaligen Menschen entgegengebracht wird, war überall spürbar.

Die sich aus dem Gutachten zum Problem der Zweitvereine ergebenden rechtlichen Konsequenzen werden 1983 satzungsgemäß verankert, wie auch dem Verband in der Satzungsänderung die »Pflege kultureller Belange der Jagdkynologie« übertragen werden. Ausgangspunkt war das Bestreben, Schrifttum über den Jagdgebrauchshund und die Jagdgebrauchshundarbeit zu sammeln und zu archivieren, um dieses für die Zukunft zu erhalten und Interessierten zur Verfügung zu stellen. Mittlerweile hat sich das von den Eheleuten ORTLEPP in Cuxhaven geführte jagdkynologische Archiv schon zu einer Fundgrube für an der Jagdgebrauchshundgeschichte Interessierte entwickelt. Durch Nachlässe und Spenden, konnten der Sammlung wesentliche Bestandteile hinzugefügt werden, das Archiv wird mit Mitteln ausgestattet, die es ihm erlauben, das eine oder andere an altem und neuem hinzuzuerwerben, der Bereich sollte sich auch auf Filme, Videos etc. erstrecken.

Auf dem Verbandstag 1984 in Fulda gibt Präsident UHDE in einer persönlichen Erklärung bekannt, daß er bei den Präsidiumswahlen 1986 nicht wieder als Präsident kandidieren werde. Er stellte fest, daß er bei seinem Ausscheiden aus dem Amt jünger sein wird, als alle bisherigen Präsidenten bei Eintritt in die Verantwortung. Sein Entschluß sei dennoch unumstößlich. UHDE möchte sein Ausscheiden aus einer Position der Stärke heraus selbst bestimmen und nicht auf Grund von Rücktrittsforderungen dazu gezwungen sein, er möchte über seine Zeit freier verfügen können und nach 15 Jahren Präsidentschaft könne die Verbandsarbeit durch ein neues Gesicht und durch andere Ideen neue Impulse erhalten.

Im Jahr darauf wird CLEMENS NOBIS-WICHERDING als langjähriger Stammbuchführer verabschiedet. CLEMENS NOBIS-WICHERDING war seit 1964 Stammbuchführer und in den Jahren 1968 bis 1978 gleichzeitig Geschäftsführer des Verbandes. Am 9. September 1973 war NOBIS-WICHERDING 60 Jahre alt geworden. Ihm war der Statuettenteller als höchste Auszeichnung des Verbandes als äußeres

Von links: Carl Tabel, Dr. Petermann, Edwin Zwick, Frh. von Schorlemer, Noblis-Wicherding.

Ehrenpräsident Heinrich Uhde und Präsident Christoph Frucht.

Zeichen der Dankbarkeit und Verehrung verliehen. NOBIS-WICHERDING war während des Zweiten Weltkrieges Flugzeugführer und Fluglehrer mit Leidenschaft, eine Passion, die ihn auch in etwas fortgeschrittenen Jahren nicht verlassen hat. Eine weitere Passion war (selbstverständlich neben der Stammbuchführung!) die Fotografie, wovon beispielsweise die Bilder im Stammbuch Zeugnis ablegen. Sorgfältig und verantwortungsbewußt sowie mit einem Blick für Menschen hatte NOBIS-WICHERDING seinen Nachfolger schon weit vor seinem Abschied »ausgeguckt«und eingearbeitet. Zum Nachfolger berufen wurde WOLFGANG WISCHMEYER. Nobis starb nach schwerer Krankheit wenige Tage nach seinem 80. Geburtstag am 4. Oktober 1993.

Der Verbandstag 1986 in Nürnberg anläßlich der »Deutschen Jagd- und Fischereiausstellung, Wildtier und Umwelt« brachte das Ende der »Regierungszeit« UHDE. Am Vorabend des Verbandstages vom 1. Juni 1986 gab der JGHV seinem scheidenden Präsidenten einen Abschiedsempfang in der Nürnberger »Frankenhalle“. Die Vertreter der Verbandsmitglieder waren anwesend, wie auch das gesamte Präsidium des Deutschen Jagdschutz-Verbandes mit Dr. G. FRANK an der Spitze. Am Verbandstage selbst verabschiedete sich der Präsident mit einer für seine Verhältnisse ungewöhnlich langen Rede, in der er aus seiner Sicht die Vergangenheit Revue passieren ließ und Vorstellungen für die Zukunft entwickelte. Vizepräsident VAN BRACHT zeichnete UHDE im Rahmen einer kleinen Laudatio mit der Statuette des Sperlingshundes aus, weitere Ehrungen wurden dem Präsidenten zuteil.

In der anschließenden Wahl zum Präsidium wurde zum Präsidenten gewählt der Forstdirektor CHRISTOPH FRUCHT, zum Vizepräsidenten wiederum PAUL VAN BRACHT, DR. PETERMANN wiederum zum Obmann für das Prüfungswesen und als Beisitzer die Herren JICKELI und

Dr. Strahle. In seinem Begrüßungswort nimmt der neue Präsident den Antrag der Landesjägerschaft Niedersachsen auf, den scheidenden Präsidenten zum Ehrenpräsidenten zu ernennen, dem die Versammlung mit Beifall zustimmt.

Am 19. September 1987 verstirbt Vizepräsident Paul van Bracht bei einer Verbandsprüfung, was Ergänzungswahlen zum Präsidium erforderlich macht. Für die Dauer der Wahlperiode wird Paul Jickeli zum Vizepräsidenten gewählt, als Beisitzer rückt der Zuchtwart des Vereins für Deutsche Wachtelhunde, Herr Hecker, nach. Die Neuwahl des Jahres 1990 ergibt eine Wiederwahl des Präsidenten sowie des Obmannes für das Prüfungswesen, zum Vizepräsidenten wird gewählt Herr Friedrich Mohaupt, die Beisitzer Heinrich Hecker und Dr. Gerhard Strahle scheiden aus, neben Paul Jickeli wird gewählt Herr Werner Horstkötter.

Eine der Besonderheiten dieses Verbandstages war der Umstand, daß Präsident Frucht nach vielen Jahren erstmals wieder Vertreter des Jagdgebrauchshundwesens aus der ehemaligen DDR begrüßen konnte. Vorausgegangen war dem Besuch jener Delegation ein Beschluß vom 28. Januar 1990 in Leipzig zur Gründung eines »Jagdhundeverbandes« der ehemaligen DDR. Dieser Verband sollte sich als Dachorganisation aller Vereinigungen, die an der Zucht und Führung von Jagdhunden interessiert sind, verstehen. Er sollte satzungsgemäß eng mit dem »Jägerverband e. V.« und seinen Gliederungen koordiniert sein. Als Vertreter dieses Arbeitsausschusses besprachen Professor Hans Wunderlich und Dr. Lutz Frank mit dem Präsidenten des Jagdgebrauchshundverbandes allgemein interessierende Themen und den Weg eines allmählichen Zusammenwachsens beider Verbände, synchron der staatlichen Einigung. Die Initiativgruppe zur Gründung des »Jagdhundeverbandes der DDR« konnte am 20. Mai 1990 zur Gründungsversammlung in Motzen, etwa 30 km südlich von Berlin, eine Vielzahl von Vertretern der einzelnen Zuchtvereine der DDR begrüßen. Unter den Gästen befanden sich auch Präsident Frucht und Geschäftsführer Abel. Man war sich einig, daß die eigenständige Entwicklung des neu gegründeten Verbandes in Ruhe und Sachlichkeit und vor allem ohne Bevormundung aus dem Westen vorgehen müsse. Der von den Delegierten demokratisch durchgeführten Beschlußfassung über eine Satzung folgte die Wahl des Präsidiums. Präsident wurde Professor Hans Wunderlich, Vizepräsident Dr. Gottfried Gey, der »Jagdgebrauchshund« sollte nunmehr auch der DDR als Fachzeitschrift zur Verfügung stehen.

Am 17. November 1990 trafen sich am Rande des jagdkynologischen Seminares beide Präsidien und vereinbarten den Weg für ein reibungsloses Zusammengehen beider Dachverbände. Aus der von den Präsidenten unterzeichneten Vereinbarung ergibt sich, daß sich beide Verbände in dem Bemühen einig sind, aus ihrer fachlichen Kompetenz heraus den gesetzlichen Erfordernissen entsprechend, dem Jagdwesen brauchbare Hunde zur Verfügung zu stellen. Der JHV ist bereit, für die Zukunft den JGHV als die alleinige Spitzen- und Dachorganisation auf dem Gebiet des gesamten Jagdgebrauchshundwesen der Bundesrepublik anzuerkennen. Der JHV wirkt darauf hin, daß seine Mitglieder alsbald eine Entscheidung über ihre Mitgliedschaft im JGHV treffen. Der JGHV und der JHV streben eine Einheit auf dem Gebiet des Jagdgebrauchshundwesens an, möglichst bis zum März 1991. Zur Vorbereitung der Einheit wird eine Kommission berufen. Neben organisatorischen Fragen, über die Einigkeit erzielt wird, erwarten der JGHV und der JHV vom Gesetzgeber in den alten und

neuen Bundesländern, daß der JGHV zukünftig als die für das Jagdgebrauchshundwesen allein zuständige Institution anerkannt und das gesamte für die Anerkennung als brauchbarer Jagdhund erforderliche Prüfungswesen in dessen alleinige Kompetenz übertragen wird. Die mit einer Verbandseignungsprüfung in der bisherigen DDR gemachten positiven Erfahrungen sollen in eine entsprechende Prüfungsordnung einfließen.
Entsprechend der gemeinsamen Absicht kommt es am 1. Februar 1991 auf Schloß Beichlingen in Thüringen zu einer gemeinsamen Präsidiumssitzung, auf der eine Vereinbarung getroffen wird, die den Hauptversammlungen beider Verbände zur Bestätigung vorgelegt werden soll. Es wird zunächst die Erklärung von Springe bestätigt. Die Vereinbarung enthält die Empfehlung an die Mitgliedsvereine des JHV, sich mit den entsprechenden Zuchtvereinen in den alten Bundesländern zu vereinigen oder einen Antrag auf vorläufige bzw. Vollmitgliedschaft im JGHV zu betreiben. Es wird eine Vereinbarung getroffen zur Übernahme der Vorstehhundrichter des JHV, die Zuchtvereine der Abteilung V (entsprechend dem DGStB) sollen die Übernahme der Spezialrichter in eigener Kompetenz regeln. Auch über die Anerkennung nach der Prüfungsordnung der ehemaligen DDR abgelegten Prüfungen wird Einigkeit erzielt.
Eine Woche vor dem Verbandstag des JGHV 1991 löst sich der JHV entsprechend den getroffenen Vereinbarungen unter der Bedingung auf, daß er auf dem Verbandstag des JGHV »übernommen« wird, was unter Beifall der Delegierten am 24. März 1991 in Fulda geschieht. Mit diesem historischen Tage ist die Einheit auf dem Gebiet des Jagdgebrauchshundwesens in Deutschland wiederhergestellt.
Ein Jahr später, auf dem Verbandstag 1992, wurde der höchst verdiente Geschäftsführer THIEL ABEL verabschiedet, ihm wurde mit dem Zinnteller für die Verbandsstatuette die höchste Ehrung des JGHV zuteil. Zum Nachfolger berufen wurde der in der ehemaligen DDR schon weit bekannte Tierarzt Dr. L. FRANK.

Das Prüfungswesen

Nach diesem Blick auf die organisatorische Entwicklung des Jagdgebrauchshundverbandes einschließlich einiger kleiner »Ausflüge« bedarf es eines Blickes auf das Prüfungswesen, das ja überhaupt Ausgangspunkt für die Institutionalisierung des Jagdgebrauchshundwesens war und seine Existenzberechtigung beinhaltet. Es ergibt sich das alles schon aus dem ursprünglichen Namen des JGHV; nämlich »Verband der Vereine für Prüfung von Gebrauchshunden zur Jagd.«
Die Gebrauchsprüfung, die bis heute als Meisterprüfung der großen Vorstehhunde gilt, ist die VGP, sie existierte schon seit sieben Jahren, als der Verband 1899 ins Leben gerufen wurde. Der im August 1891 von HEGEWALD, OBERLÄNDER, VON SOTHEN, u.a. gegründete »Verein für Prüfung von Gebrauchshunden zur Jagd« schuf sofort eine Prüfungsordnung für Gebrauchsprüfungen, nach welcher im Oktober 1892 die erste Gebrauchsprüfung abgehalten wurde. Ebenfalls im Jahr 1892 hielt der neu gegründete Club Kurzhaar seine erste Frühjahrssuche ab und im Frühjahr 1893 wurde auf Anregung von ERNST VON OTTO das erste Derby Kurzhaar als Jugendsuche für Jährlinge veranstaltet. Eine Herbstzuchtsuche sollte die Ergänzung des Derbys sein unter Mithineinnahme des Prüfungsfaches Wasserarbeit, 1906 wurde zum Gedenken an den

1901 verstorbenen PRINZ ALBRECHT ZU SOLMS-BRAUNFELS das erste Prinz-Solms-Memorial veranstaltet. Das Derby und die »Solms« sind jedoch wohl gemerkt keine Verbandsprüfungen.

In den bisherigen Bemerkungen ist zuweilen schon vom Deutschen Gebrauchshundstammbuch (DGStB) die Rede gewesen. Es steht schon am Beginn der sich organisierenden Bewegung, bis heute ist es einer der tragenden Pfeiler der Jagdkynologie geblieben. Im ersten Jahrgang von Oberländers Jagdzeitung erschien ein Artikel von KARL KOCH mit Vorschlägen, doch endlich das Gebrauchshundstammbuch mit den seit sechs Jahren auf Papier schlummernden Ergebnissen der Gebrauchsprüfungen zum allgemeinen Nutzen herauszugeben. OBERLÄNDER griff diese Anregung sofort auf und setzte sie in die Tat um. In der Nr. 26 vom 19. Juni 1897 verkündete er froh: »Das Deutsche Gebrauchshundstammbuch, begründet von Hegewald ... erscheint von jetzt ab jährlich in einzelnen Lieferungen als Gratisbeilage zu »Oberländers Jagdzeitung«.

Nichts charakterisiert den Plan, ein deutsches Gebrauchshundstammbuch herauszugeben besser, als das Vorwort HEGEWALDS zum ersten Bande. Plastischer kann die Begeisterung kaum wiedergegeben werden, wie auch die Widerstände, die zu überwinden waren, plastischer kaum geschildert werden können. An der Grundidee hat sich bis heute nichts geändert, die enthusiastisch geäußerte Hoffnung Hegewalds, die er in sein Werk gesetzt hat, hat sich erfüllt. So fährt Hegewald in den umfangreichen Einführungsworten u. a. aus:

Carl Koch

»Endlich siegt die Tugend! Seit zwei Jahren schon ward mir, als dem Schöpfer und Vorkämpfer der deutschen Gebrauchshundidee, von hervorragenden Mitkämpfern aus den Spezialklubs ans Herz gelegt und ich bin beständig durch ceterum conseo gedrängt worden, ein allgemeines deutsches Gebrauchshund-Stammbuch zu Gunsten der vaterländischen Züchtung ins Leben zu rufen, dessen dauerndes Erscheinen gesichert sei. Oberländer hat mir die feierliche Zusage gemacht, das Deutsche Gebrauchshund-Stammbuch nicht nur kostenlos drucken und herzustellen, sondern überdies auch noch als Zugabe zu den einzelnen Lieferungen dem Leserkreis von Oberländer's Jagdzeitung gratis stets zustellen lassen zu wollen.

Band I., welcher besonders umfangreich ausgefallen ist, weil er Organisation und Prüfungsordnung der einzelnen Klubs und Vereine zum Abdruck bringt, wird auch die diesjährigen Herbstsieger schon in sich schliessen, im übrigen datiert es bis ins Jahr 1892 zurück, wo die ersten regelrecht geleiteten Leistungsprüfungen unseres grossen vaterländischen ›Vereins für Prüfung von Gebrauchshunden‹ auf den Reichsgräflich Solmschen Revieren der Standesherrschaft Sonnenwalde stattfanden.

Jeder preisgekrönte Hund erhält sofort seine ›Gebrauchshund-Stammbuch-Nummer‹, höchst lobende Erwähnungen und lobende Erwähnungen werden nur schlicht notiert, den Hunden selbst aber nicht eher eine Nummer zuerteilt, bis sie sich dieselbe durch entsprechenden Preis erkämpft haben. Ferner gelangt der Stammbaum (je umfangreicher er sich ermitteln läßt, desto besser), neben der Eintragungs-Nummer zum Abdruck, sowie etwaige Prüfungssuchen- und Ausstellungspreise, gleichviel ob von neutralen oder nicht neutralen Veranstaltungen herrührend. Das ›Deutsche Gebrauchshund-Stammbuch‹ erstreckt sich nicht bloss auf Vorstehhunde allein, sondern seine Pforten sollen – und zwar an erster Stelle – dem edlen deutschen Schweißhund, als vornehmsten Gebrauchs-Spezialisten auf Schweiß, geöffnet sein, ferner unseren geliebten Teckeln, wie überhaupt Hunden jeder Rasse, die in der Praxis geprüft und sich vor den Augen kompetenter Richter als brauchbar resp. nutzbringend zur Schweißarbeit für gerechten Jagdbetrieb und zur Abkürzung der Qualen kranken Wildes und leidender Gottesgeschöpfe erwiesen haben.
Wir glaubten dem vaterländischen Werke kein passenderes Titelbild verleihen zu können, als die berühmte Vignette von Professor Heinrich Sperling, unseren kurzhaarigen, nationalen Gebrauchshund mit dem Fuchs im Fang, darstellend. Das Original, welches mir der gefeierte Sportmaler aus Dankbarkeit zum Präsent machte, weil ich es gewesen bin, der den Künstler im Lenz 1876 ›entdeckte‹ – ward meinerseits als Symbol für die Gebrauchshundsache bestimmt. Möchten unter diesen glorreichen Zeichen sich noch recht viele gleichgesinnte Vereine bilden zu gemeinsamen, zielbewusstem Handeln.«

Mit der »Darmstädter Jagdzeitung« (früher »Oberländers Jagdzeitung«) ging im Herbst 1899 auch das »Deutsche Gebrauchshund-Stammbuch« in den Besitz des »Waidmann«, die damals älteste illustrierte Jagdzeitung, über. Im Jahre seiner Gründung anerkannte 1899 der Verband das »Deutsche Gebrauchshund-Stammbuch« offiziell, in der Verbandssatzung des Jahres 1904 heißt es in deren § 9, daß der Verband nach genau festgelegten Grundsätzen sein besonderes Stammbuch als »Deutsches Gebrauchshund-Stammbuch« (DGStB) führt. Die Redaktion übernahm ein vom Kommerzialrat J. NEUMANN, Neudamm, dem Eigentümer des Stammbuches, im Einverständnis mit der Verbandsversammlung beauftragtes, in Gebrauchshundangelegenheiten erfahrenes Mitglied eines Verbandesvereins. Im Jahre 1906 verzichtet der Verleger und Eigentümer des Deutschen Gebrauchshundstammbuches, Kommerzienrat NEUMANN, zu Gunsten des »Verbandes der Vereine für Prüfung von Gebrauchshunden zur Jagd« auf seine Eigentumsrechte und beansprucht für diesen Verzicht keine Entschädigung. Als Nachfolger des ersten Stammbuchführers, des Redakteurs KARL KOCH, wird der Redakteur STOCKFLETH, Neudamm, gewählt. Dieser bearbeitete die Bände 9 bis 39, die Bände 40 bis 42 hatten den Lehrer E. BOHLMANN aus Teiche im Saalkreis als Stammbuchführer, danach nahm die berufene Geschäftsführerin, Fräulein HUNDT sich der Betreuung der Stammbücher an. Nach dem Krieg waren, wie schon ausgeführt, E.O. EBELING, W. WÖLL, CLEMENS NOBIS-WICHERDING und nunmehr W. WISCHMEYER tätig.
Im Hinblick auf den Eigentumserwerb wird die ursprünglich nicht weiter verfolgte Absicht, eine Stammbuchkom-

mission einzusetzen, nunmehr zum Inhalt der Satzung, wonach die Stammbuchführung von der Stammbuchkommission in näher beschriebenen Umfang begleitet wird.
In der Folgezeit stellt sich heraus, daß nur wenige der Verbandsmitglieder das Stammbuch beziehen und die Finanzierung auf Schwierigkeiten stößt. Es wird daraufhin ein Verfahren beschlossen, das in seinen Grundzügen bis heute geübt wird, um die wirtschaftliche Grundlage für die Herausgabe des Stammbuches zu erhalten. Die Vereine des Verbandes haben sich nach einem bestimmten Schlüssel verpflichtet, zu einem bestimmten festgelegten Preis eine bestimmte Anzahl von Exemplaren des Deutschen Gebrauchshundestammbuches abzunehmen.

»Sperlingshund« als Verbands-Dienstleistungsmarke

In seinem Vorwort zum DGStB geht HEGEWALD auf die Vignette von Professor HEINRICH SPERLING ein, die er als »Symbol für die Gebrauchshundsache bestimmt« hat. Die Vignette ist zum Markenzeichen des Jagdgebrauchshundverbandes geworden. Nach der Zeichnung von SPERLING wurde 1926 originalgetreu die Verbandsstatuette von OTTO PETER in Dresden geschaffen und hat nach ihrem künstlerischen Vater den Beinamen »Sperlingshund« erhalten. Auf Betreiben des Verbandes ist das »Bildzeichen Sperlingshund« als Verbands-Dienstleistungsmarke vom Deutschen Patentamt in München durch Eintragung geschützt worden, und zwar am 16. Juni 1981 unter Nr. 1019212. Zu der Eintragung gehört eine Zeichensatzung, die die Bedingungen enthält, unter denen die benutzungsberechtigten Verbandsmitglieder das Zeichen ver-

wenden dürfen. Dieser für alle Verbandsmitglieder verbindliche Text der Satzung vom 30. Juli 1980 lautet unter anderem wie folgt:

Satzung für die Verbandsdienstleistungsmarke »Bildzeichen Sperlingshund«

§ 1 Name und Sitz des Verbandes

§ 2 Zweck des Verbandes

§ 3 Vertretung

§ 4 Kreis der Benutzungsberechtigten
Der Verband gestattet seinen Mitgliedern, die Verbandsdienstleistungsmarke unentgeltlich im Zusammenhang mit den Dienstleistungen zu verwenden, die von den Mitgliedern auf dem Gebiet der Jagdhundedressur und Prüfung sowie auf dem Gebiet der Hundeführer- und Richterausbildung erbracht werden.

§ 5 Pflichten der Beteiligten bei Zeichenverletzung
Der Verband übernimmt die Verpflichtung, irgendwelche Störungen, welche dritte Personen den Mitgliedern bei der Benutzung der Verbandsdienstleistungsmarke bereiten, gegen diese dritten Personen zu verfolgen. Jedes Verbandsmitglied hat die Pflicht, die ihm zur Kenntnis kommenden Verstöße gegen den Schutz der Verbandsdienstleistungsmarke unverzüglich dem Präsidium mitzuteilen.

§ 6 Verlust des Benutzungsrechts
Die den Mitgliedern gewährte Befugnis der Zeichenbenutzung gilt nur für die Zeit der Zugehörigkeit der Mitglieder zu dem Verband. Sie erlischt von selbst durch die Austritt oder Ausschluß des Verbandsmitgliedes.

§ 7 Keine Übertragbarkeit
Die den Mitgliedern gewährte Befugnis zur Führung der Verbandsdienstleistungsmarke darf nicht an Dritte übertragen werden.«

Die Vignette findet man überall dort, wo der Jagdgebrauchshundverband in Erscheinung tritt, beispielsweise ist sie auch in dem Stempel enthalten, der auf den Ahnentafeln der dem Jagdgebrauchshundverband angeschlossenen Zuchtvereine erkennen läßt, daß es sich herbei um vom Jagdgebrauchshundverband anerkannte Jagdhunde handelt, wobei allerdings zum Leidwesen vieler nicht gleichzeitig zum Ausdruck kommt, daß es sich tatsächlich um Jagdhunde handelt, die mit dem Schwergewicht auf jagdliche Eignung gezüchtet worden sind.
Insbesondere findet sich die Vignette auf den Ehrengaben des Verbandes, wie die Statuette selbst, der »pour le mérite« des Verbandes ist. In der Verbandsversammlung vom Januar 1927 wird beschlossen, Verbandsvereinen, die ihre mindestens 25. im DGStB verzeichnete Gebrauchsprüfung abhalten, aus der Verbandskasse eine Ehrengabe in Gestalt der Statuette zu stiften, dieses Kunstwerk sei bereits zwei Vereinen verliehen worden. Die Versammlung beschließt weiterhin: »Der Verbandsvorstand soll in Zukunft Ehrenplaketten vergeben an Führer, die 5 verschiedene Hunde in den I. Preis gebracht haben, ebenso an Züchter, die 5 I. Preis-Hunde gezüchtet habe. Im Jahre 1933 wir weiterhin befunden: »Es soll als Auszeichnung verliehen werden sowohl für Züchter als auch für Führer von Hunden, die mit dem I. Preis in das DGStB kommen, eine Nadel, und zwar bei 10 Hunden in Bronce, bei 15 Hunden in Silber und bei 20 Hunden in Gold.« Durch spätere Beschlüsse wurden die genannten Verleihungsbeschlüsse dahin erweitert, daß die Ehrengaben auch an Vereine vergeben werden, die nicht Vorstehhundzucht betreiben, die

jedoch Gebrauchsprüfungen durchführen, die den Anforderungen der VGP nach dem Schluß entsprechen. Gleiches gilt für die Plaketten und Ehrennadeln. Überdies kann die Verbandsversammlung oder das Präsidium Ehrengaben auch an Einzelpersonen verleihen, die sich um den Jagdgebrauchshundverband besondere Verdienste erworben haben. Als die Herstellung der Verbandsstatuette für den Jagdgebrauchshundverband in jüngerer Zeit eine zu große finanzielle Belastung wurde, trat an ihre Stelle ein Zinnteller mit dem Abbild der Statuette, der sog. Statuettenteller. Desweiteren werden für bestimmte Leistungsnachweise Abzeichen verliehen, nämlich für eine bestandene Vbr und das Armbruster Haltabzeichen.

Ordnung im Ausstellungswesen

Das Verbandsleben spielte sich von Anbeginn an nicht in einem »elfenbeineren Turm« ab, vielmehr bestanden zu mit der Jagd und der Kynologie verbundenen Organisationen Kontakte, es gab Berührungspunkte, die Verhältnisse untereinander waren und sind nicht immer nur von Sympathie geprägt.

Von der Delegiertenkomission (DC), die sich schon vor dem Verband konstituierte, war schon die Rede. Ab 1906 kam das »Kartell« (zur Wahrung und Betonung der Interessen der Stammbuch führenden Spezialclubs der Jagd- und Nutzhundrassen) hinzu. Zur Gründung dieses Kartells hatte der weit über die Grenzen des Griffon-Clubs hinaus bekannte BARON VON GINGINS am 16. Juli nach Frankfurt geladen. Vorausgegangen waren längere persönliche Kontakte zwischen BARON VON GINGINS, dem damaligen ersten Vorsitzenden führender Spezialclubs für Jagdhunde und den damals anerkannten Kriegs- und Polizeihundrassen. Hauptziel des Kartells war offensichtlich damals schon, »Ordnung im Ausstellungswesen« zu schaffen. In den Folgejahren erfuhr das Kartell eine nicht unerhebliche Erweiterung, 1908 kam es zu ersten Einigungsbestrebungen zwischen Kartell und Delegiertenkommission. Es gab jedoch zwischen der DC und dem Kartell alsbald Meinungsverschiedenheiten wegen der Ausstellungsregeln, im Jahr 1913 beschloß die DC, das Abkommen mit dem Kartell zu kündigen. Am letzten Kartelltag vor dem Ersten Weltkrieg am 16. Juni 1914 gab sich das Kartell den Namen »Kartell der Rassezucht-Vereine und allgemeinen Verbände«.

Während des Krieges gingen auch die Aktivitäten des Kartells auf ein Minimum zurück, es wurde lediglich eine Geschäftsstelle unterhalten. Nach dem ersten Weltkrieg wurde wiederum der Wunsch nach friedlicher Zusammenarbeit laut. Nach der Intention einer für die Einigung einberufenen Kommission sollten die DC und das Kartell verschwinden und eine neue, alles umfassende Körperschaft nach den Vorstellungen des Rittmeisters von Stephanitz entstehen. Die Ansichten gingen offensichtlich jedoch zu weit auseinander. 1921 wurden die Verhandlungen vom Kartell abgebrochen. Eine zwei Jahre darauf ergriffene Initiative, unter Auflösung des Kartells und der DC eine Deutsche Gesellschaft für Hundewesen zu schaffen, scheiterte wiederum. 1925 änderte das Kartell seinen Namen, hieß nun »Deutsches Kartell für Hundewesen«, womit die weitere umfassende Ausgestaltung und Neuorientierung des Kartells für das gesamte deutsche Hundewesen zum Ausdruck kam. Man stellte auf dem Kartelltag 1925 weiterhin fest, daß die Annäherungsverhandlungen mit der DC endgültig als gescheitert anzusehen seien, insbesondere auch deshalb, weil das Kartell im Gegensatz zur

DC das Einplatz-Prinzip vertrat. 1926 stimmte der Kartelltag einem Vertragsverhältnis mit der Deutschen Jagdkammer zu, mit der eine Art Arbeitsgemeinschaft gebildet wurde. Den Jagdhundvereinen im Kartell wurde der Beitritt zur Deutschen Jagdkammer nahegelegt, da diese ihre Jagdhundausstellungen – oder Schauen nach Kartellregeln abhielt. Das Kartell beschloß »Abteilungen« unter anderem auch für das Jagdgebrauchshundwesen das von E. VON OTTO betreut wurde. Nach dessen Worten wurde diese neue Arbeitsstelle für Jagdhundeprüfungswesen errichtet, um ein kollegiales Verhältnis und Zusammenarbeit, regere Teilnahme von Jagdhunden auf Ausstellungen, auf denen Vorstehhunde immer mehr in der Zahl zurückgingen, also ein recht unvollständiges Bild boten, wieder herbeizuführen.

Ähnlich, wie das Verhältnis der DC zum Kartell vorherrschend von Spannungen charakterisiert war, war auch das Verhältnis der DC zum Verband ein mehr getrübtes. Im Jahr 1904 regten von SOTHEN und NEUMANN an, in Erwägung zu ziehen, ob es nicht zweckmäßig sei, auf die nach den Grundsätzen der DC prämiierten Hunde in das DGStB aufzunehmen. Aus dieser Absicht entwickeln sich Gespräche mit der DC, es werden Kommissionen beauftragt, die Ergebnisse der Gespräche sind jedoch nicht besonders ermunternd, der Verband nimmt eine immer mehr distanzierte Haltung gegenüber der DC ein, was auch zu atmosphärischen Störungen insbesondere im Verhältnis zum Baron VON GINGINS führt, es wird betont, daß die Vergangenheit gezeigt habe, daß Vorsicht bei den Verhandlungen mit der Delegiertenkommission angebracht sei. Ungeachtet dieser Differenzen wird 1913 zwischen dem Vorstand, der Delegiertenkommission und dem Kartell eine Vereinbarung gegen Auswüchse bei öffentlichen Ausschreibungen, Deckanzeigen usw. getroffen, die von der Verbandsversammlung 1914 akzeptiert wird.

Der Status quo zwischen den drei großen Verbänden bleibt bestehen. Mehr aus Pflichtbewußtsein, denn aus Überzeugung berichtet man, daß weiterhin auf eine Verständigung hin gearbeitet wird. Zum Kartell besteht offenbar ein mehr oder weniger neutrales Verhältnis, während die Einigungsverhandlungen mit der Delegiertenkommission 1921 auf einem toten Punkt angelangt sind. Überraschenderweise kann dann am 1. Februar 1928 der Vorsitzende in seinem Bericht die Vorgänge der durch den Vorstand erfolgten Aufnahme der Delegiertenkommission in den Verband bekanntgeben. Diese Ehe hält jedoch nicht lange, wenige Monate später trat die Delegiertenkommission wieder aus dem Verbande aus.

Auf die unmittelbar im Jahr 1933 nach der Machtübernahme von den Nationalsozialisten beginnende vollständige Neuorganisation des Hundewesens wurde schon eingegangen. FREIHERR VON DUNGERN wurde mit der Neuordnung beauftragt, sein Stellvertreter A. SCHLEY war für die Durchführung zuständig. Es wurde angeordnet: Die »Einheitsorganisation des Deutschen Hundewesens (wird) den Namen »Reichsverband für das Deutsche Hundewesen (RDH)« führen ...Der RDH trat mit dem 1.10.1933 in Kraft, das Kartell, der DC und der Verband lösten sich entsprechend der Anordnung mit Wirkung zum 31.12.1933 auf. Die Herauslösung des nunmehrigen Jagdgebrauchshundverbandes aus dem RDH wird vom jetzigen VDH wie folgt skizziert: »Am 11. Januar 1937 befreit Reichsjägermeister Göring 19 Jagdhund-Fachschaften mit 21 Jagdhundrassen vom RDH, wodurch der RDH seine Stellung als größte kynologische Vereinigung der Welt verliert.«
Nach dem Kriege konstituiert sich der

JGHV erneut, die Delegiertenkommission entsteht nicht wieder. 1946 werden jedoch zunächst in der britischen Besatzungszone erste Landesverbände für Hundewesen gegründet. 1947 am 14. September werden in Stuttgart schon wieder im Rahmen einer Ausstellung 2500 Hunde und 122 Zuchtgruppen gezeigt. Im März 1948 wird die Gründung der »Arbeitsgemeinschaft der Landesverbände für das Hundewesen« unter Mitwirkung fast aller Rassezuchtvereine vollzogen. Auf der Hauptversammlung der Arbeitsgemeinschaft im Juni beschließt man einstimmig die Umbildung in den »Verband für das Deutsche Hundewesen (VDH) e.V.«. Zum 1. Januar 1951 erfolgt die Aufnahme in die Fédération Cynologique Internationale (FCI), die Weltorganisation, in der satzungsgemäß jeweils nur eine Spitzenorganisation für das Hundewesen eines jeden Staates oder Landes vertreten sein darf.

Das Verhältnis des Verbandes zum VDH bleibt zunächst distanziert. Auf der Verbandsversammlung am 17. März 1957 in Bingen kann endlich der Vorsitzende OSTERMANN verkünden: »Wir sind jetzt in der glücklichen Lage, daß als Präsident des Verbandes für das Deutsche Hundewesen ein Mann gewählt worden ist, der auch einer unserer Vorstandsmitglieder und unser enger Mitarbeiter ist: der Jäger und Teckelmann Dr. BANDEL aus Kehl. Diese Wahl hat die Voraussetzung dafür geschaffen, daß wir endlich mit dem VDH, der das Nicht-Jagdhundwesen spitzenmäßig vertritt, national und international, zu einer für beide Seiten tragbaren Vereinbarung gekommen sind, die das Ziel hat, engstens in Grundsatzfragen und in wichtigen Dingen gemeinsam zu arbeiten, miteinander und nicht gegeneinander.« OSTERMANN skizziert die ins Auge gefaßte Vereinbarung und führt aus: »Ich glaube, das ist eine Vereinbarung, die uns gegenseitige Vorteile bringt, endlich Frieden stiftet und die auch zu einer Zusammenarbeit auf internationaler Ebene den Weg frei macht.« OSTERMANN weist darauf hin, daß es sich lediglich darum drehe, »daß wir den VDH bei Bescheinigung von Ahnentafeln von Hunden, die über die Grenze gehen, die nach den Bestimmungen des FCI gestempelt werden müssen, in Anspruch nehmen, daß wir auch vom VDH ab und zu mal Bescheinigungen in Anspruch nehmen, wie kürzlich der Jagdterrier-Club für Kanada, daß der Jagdterrier in Deutschland eine anerkannte Jagdhundrasse ist usw. ....« Im Juli 1958 wird alsdann von Dr. BANDEL als 1. Präsident des VDH und von C. E. GRUENEWALD als Bevollmächtigtem des JGHV eine Vereinbarung unterzeichnet, in der u. a. der VDH den JGHV als die für das gesamte Prüfungswesen aller Jagdhunde ausschließlich zuständige Spitzenorganisation anerkennt, wie umgekehrt der JGHV den VDH als die für das gesamte Hundeausstellungswesen ausschließlich zuständige Spitzenorganisation anerkannt. Der VDH verpflichtete sich weiterhin, im Rahmen des Notwendigen und Möglichen den Zuchtvereinen des JGHV hinsichtlich von Richtigkeitsbescheinigungen für internationale Zwecke dieselben Rechte einzuräumen wie seinen eigenen Mitgliedern. Der VDH anerkannte auch die ihm von den Zuchtvereinen des JGHV benannten Ausstellungsrichter. Der VDH aus seiner Sicht sieht in den der Vereinbarung eine Vertrag, »der die Einbindung des Jagdgebrauchshundwesens in den VDH absichert«.

JGHV und der Tierschutzbund

Um aus seiner Sicht die Zusammenarbeit mit den Zuchtvereinen und Verbänden der Jagdhundrassen national und international auf eine fundiertere Basis zu stellen, kündigt der VDH-Vorstand unter seinem im Juli 1983 neu gewählten Präsidenten GENDRUNG die Vereinbarung. Im September wird eine neue Vereinbarung geschlossen, die nach Ansicht des VDH diesen Erfordernissen Rechnung trägt. Die erneute Vereinbarung enthält lediglich noch Erklärungen zur Zusammenarbeit und zu diesem Zweck den Erwerb der gegenseitigen Mitgliedschaft ohne Stimmrecht. Nach dem Wortlaut der Vereinbarung anerkennt der VDH die ihm von den Zuchtvereinen- und verbänden des JGHV benannten Formwertrichter, im übrigen anerkennt wiederum der JGHV den VDH als die für das gesamte Zucht- und Ausstellungswesen sowie für das Dienstgebrauchshundewesen allein zuständige Spitzenorganisation. Der VDH anerkennt den JGHV als die für das gesamte Jagdgebrauchshundwesen allein zuständige Spitzenorganisation. Im Jahr 1991 kommt es zwischen den Verbänden zu Irritationen bei der Auslegung der Vereinbarung, als deren Folge sie letztendlich vom VDH zum 31.12.1992 gekündigt wird. Die Verhandlungen, in deren Verlauf der langjährige VDH-Justitiar ENNULAT stirbt, führen zu einer neuen Vereinbarung zum Verbandstag 1993.

Jagd- und Tierschutz sind Lebensbereiche, die sich notwendigerweise an vielen Punkten berühren. Es kann zu Spannungen kommen, wie die Auseinandersetzungen über die »Schärfeprüfungen« vor dem zweiten Weltkrieg gezeigt haben, es kann bei unsentimentaler und vernünftiger Betrachtungsweise jedoch auch ein gedeihliches Nebeneinander geben. Anläßlich des ersten deutschen Tierschutzkongresses am 7./8. Dezember 1957 hatte der damaligen Vorsitzende des Jagdgebrauchshundverbandes, OSTERMANN, Gelegenheit, in der Pauls-Kirche zu Frankfurt über »Das deutsche Jagdgebrauchshundwesen im Dienste der Tierschutzes« zu sprechen. Initiative war von damaligen Präsidenten des Deutschen Tierschutzbundes EMRICH ausgegangen, die Initiative trug gute Früchte, die beiden Spitzenverbände pflogen ein freundschaftliches Nebeneinander, wie insbesondere die Besuche und Grußadressen der Nachfolger EMRICHS auf den Verbandstagen zeigen. Auf dem Verbandstag vom 18. März 1962 in Goslar referiert E. VOM STEIN über die Zusammenarbeit mit dem DJV und dem Deutschen Tierschutzbund. VOM STEIN hebt dankend die aufgeschlossene Haltung des Präsidenten TELLMANN vom DJV hervor und des Hauptgeschäftsführers SELLE wie auch die des Präsidenten KERTSCHER vom Deutschen Tierschutzbund und des Bundesgeschäftsführers Wiebrecht. VOM STEIN kann verkünden, daß die drei beteiligten Verbände – DJV – DTB – JGHV 1961 in Kiel eine Resolution gefaßt und eine Übereinkunft geschlossen haben, die ein festes Fundament für die zukünftige Zusammenarbeit sein sollen. In der Resolution heißt es unter anderem, daß die Tötung des Raubzeuges auch durch Jagdhunde bei der freien Jagdausübung eine Notwendigkeit zum Schutz der freilebende Tierwelt sei und eine gesetzlich erlaubte waidgerechte Jagdhandlung und keine Tierquälerei im Sinne des Tierschutzgesetzes. In der Übereinkunft vereinbaren die Verbände eine Vorgehensweise, um aus der Reihe der Mitglieder sich ergebende Differenzen möglichst schon im Keim ersticken zu können.

Diese »Kieler Entschließung« war über Jahrzehnte Grundlage und Maßstab des waidgerechten Verhaltens eines Gebrauchshundmannes, wenn er mit wildernden Katzen oder Raubwild bei der Jagdausübung zusammenstieß. Die »Kieler Entschließung« wurde bis in die obergerichtliche Rechtsprechung akzeptiert und bei der Urteilsfindung zu Grunde gelegt. Anläßlich der 75. Hauptversammlung des JGHV im März 1988 berichtet Präsident FRUCHT über Gespräche mit dem DJV-Präsidenten und dem Präsidenten des Deutschen Tierschutzbundes, Dr. GRASMÜLLER, nachdem der Deutsche Tierschutzbund die »Kieler Entschließung« aufgekündigt hat. Der JGHV sieht darin keine Änderung der Rechtslage, da die »Kieler Entschließung« nur die Verhaltensweise beschrieben habe, an die sich jeder ordentliche Jäger in der Vergangenheit gehalten habe und in Zukunft halten werde.

JGHV und DJV

Das Verhältnis des Jagdgebrauchshundverbandes zu den jagdlichen Organisationen, insbesondere nach dem Zweiten Weltkrieg zum Deutschen Jagdschutz-Verband (DJV) mußte notwendigerweise immer von besonderer Art sein, denn es besteht eine weitgehende Identität zwischen Jagdgebrauchshundwesen und Jägerei (wie der ehemalige Hauptgeschäftsführer SELLE seinerzeit darlegte).

Das Bundesjagdgesetz kennt bis heute nicht die Forderung nach dem brauchbaren Jagdhund, die Initiativen in dieser Richtung sind bislang erfolglos gewesen. 1957 versuchten Jagdgebrauchshundverband und DJV gemeinsam, bei der Novellierung des Bundesjagdgesetzes dieses an einer passenden Stelle, gegebenenfalls im Anschluß an § 1, mit folgendem Satz zu vervollständigen: »Ohne einen brauchbaren Jagdhund ist eine waidmännische Jagdausübung nicht möglich.« Eingang in das Bundesjagdgesetz hat diese Forderung nicht gefunden, es wurde jedoch in den einzelnen Landesjagdgesetzen dieses Postulat aufgenommen und darüberhinaus im einzelnen beschrieben, bei welchen Jagdarten brauchbare Hunde einzusetzen beziehungsweise mitzuführen sind. In der Folgezeit gab es anhaltende Kontakte zwischen den Verbänden. Zu einem lebhafteren Miteinander kam es immer nur dann, wenn von außen Anlaß dazugegeben war, beispielsweise wie bei der schon erwähnten »Kieler Entschließung«.

In jüngster Zeit sind die Angriffe von Seiten des Tierschutzbundes auf das Jagdwesen im allgemeinen und auf das Jagdgebrauchshundwesen im besonderen schärfer und auch wohl irrationaler geworden, insbesondere wird die Einarbeitung und Prüfung der Jagdgebrauchshunde hinter der lebenden Ente als tierquälerisch und nicht mehr zeitgemäß apostrophiert. Es wird behauptet, das Jagdgebrauchshundwesen drücke sich vor Alternativmethoden. Die Szene hat eine gewisse Ähnlichkeit mit den Auseinandersetzungen über die »Schärfeprüfungen« vor dem zweiten Weltkrieg. Seit Jahren wurde die Arbeit hinter der Ente von Gerichten und Staatsanwaltschaft toleriert, wenn bestimmte Grundsätze beachtet werden, die die Überlegenheit der Ente bei der Einarbeitung und Prüfung gewährleistet. In zwei sehr sorgfältigen Urteilen haben in je einem straf- und verwaltungsrechtlichen Verfahren (OLG Celle 2 Sc 147/93 und Schl.-Holst. Verwaltungsgericht 1 A 69/93) die Gerichte bestätigt, daß es gegenwärtig keine Alternative zu der tierschutzgerechten Art Hunde an Enten zu prüfen gibt. In seinen Prüfungsordnungen richtet sich der JGHV streng nach diesen Vorgaben, aus seiner Sicht gibt es keine Alternativmethoden. Überdies werden waffenrechtliche und naturschutzrechtliche Bedenken gegen die Ausbildung und Prüfung von Hunden erhoben, insbesondere im Hinblick auf die Frühjahrsprüfungen, die nach Ansicht der Kritiker die sich regenierende Natur zu sehr belasten.

Der DJV und der JGHV versuchen gemeinsam, diesen Angriffen zu begegnen und das zu erhalten, was für die

Gebrauchshundarbeit im Sinne waidgerechten Jagens unbedingt erforderlich ist.
Die kritische Lage, in der sich das Jagdgebrauchshundwesen befindet, hat den Jagdgebrauchshundverband zu einer Bestandsaufnahme in Form einer Standortbestimmung veranlaßt, deren Präambel umreißt, wie sich das Jagdgebrauchshundwesen bei uns in der Gegenwart versteht und seit über 90 Jahren verstanden hat.

Standortbestimmung des Jagdgebrauchshundverbandes e. V.

Präambel

Bis in die allerjüngste Zeit seiner Geschichte war die Jagd die Hauptwirtschaftsform des Menschen. Zur Jagd bedienten sich die Menschen je nach den örtlichen Gegebenheiten individueller Jagdpraktiken. Die jeweiligen Bedürfnisse bedingen dabei die angewandten Hilfsmittel. Daraus ergibt sich insofern das Primat der Jagd.
Zu den Hilfsmitteln zählen auch die Jagdhunde, wobei die Rechtfertigung ihres Einsatzes unterschiedlich ist (Tierschutz, Wirtschaftlichkeit etc.). Die Jagd etwa des letzten Jahrhunderts und insbesondere der Gegenwart versteht sich bei uns als eine vernünftige, nachhaltige Nutzung jagdbaren Wildes, wobei sie bestimmt wird durch den (unbestimmten, nachprüfbaren Rechts-)Begriff der Waidgerechtigkeit. Die Waidgerechtigkeit ist nach gegenwärtigem Verständnis der Sammelbegriff für alle geschriebenen und ungeschriebenen Regeln, die das einwandfreie Beherrschen des »Jagdhandwerkes« und die ethische Einstellung des Jägers zum Mitmenschen und zum Tier betreffen. Der Begriff ist weitgehend von der geschichtlichen Entwicklung des Jagdwesens, dem Zeitgeist, den Ergebnissen der jagdwissenschaftlichen und wildbiologischen Forschung, der Vervollkommnung von Waffen und Munition, dem sich ändernden Verhältnis des Menschen zum Tier, dem Wandel und der Verschiebung sittlicher Auffassungen abhängig. Diesem Wandel unterliegt auch der Einsatz brauchbarer Jagdhunde. Diese, verhaltensbiologisch und jagdnah ausgebildet, sind nach entsprechenden Prüfungen und weiterhin in der jagdlichen Praxis geführt, in der Lage, vor und insbesondere nach dem Schuß, den Aufgaben ihres Einsatzgebietes gerecht zu werden.
Das deutsche Jagdgebrauchshundewesen sieht sich gegenwärtig vielfältig von außen in Frage gestellt, so daß es Veranlassung hat, sich hiermit in einer Standortbestimmung zu seinen Zielen zu bekennen.
Der Jagdgebrauchshundverband verfolgt seit seiner Gründung im Jahre 1899 als dem Jagdwesen integrierte Institution, jedoch organisatorisch selbständig, seine Ziele unter Beachtung des umfassenden Begriffes der Waidgerechtigkeit. Er stellt im Rahmen eines gesetzlichen Erfordernisses dem Jagdwesen die für diese erforderlichen Jagdhunde zur Verfügung. Daraus ergibt sich wiederum die Verpflichtung der gesamten Jägerei, dem Jagdgebrauchshundwesen die dafür erforderlichen Möglichkeiten zu eröffnen.
Die Verbandsverfassung, die Satzung des Verbandes, kann nicht unberührt bleiben von historischen Veränderungen, wie sie der Begriff der Waidgerechtigkeit umschreibt, auch organisatorisch muß sie einer sich ändernden Verbandsstruktur Rechnung tragen. Die Freiheiten der Mitgliedsvereine des Jagdgebrauchshundverbandes müssen dort ihre Grenze finden, wo die Grundsätze der Waidgerechtigkeit allgemeinverbindliche Normen erfordern.

Das Prüfungswesen dient der Feststellung der Leistungsfähigkeit der Hunde für die Jagd, züchterischen Belangen und es schafft die Grundlagen für Wertschätzungen. Es ist abhängig von den Erfordernissen der Jagd. Seine Belange müssen unter Berücksichtigung der jeweils neuesten Ergebnisse jagdwissenschaftlicher und wildbiologischer Forschung in einem ausgeglichenen Verhältnis zu anderen Interessen stehen, die sich auch ergeben aus dem Wandel sittlicher Auffassungen und einem sich ändernden Verhältnis des Menschen zum Tier. Die Beurteilung der Hunde auf die Prüfungen erfordert Richter, die über überdurchschnittliche theoretische Kenntnisse und jagdpraktische Erfahrungen mit Hunden verfügen. Ein Richteramt bedeutet Verantwortung und Auszeichnung zugleich.

Das Deutsche Gebrauchshundstammbuch ist seit 100 Jahren die Sammlung der nunmehr lückenlosen Ergebnisse des Prüfungsgeschehens im Wirkungsbereich des Jagdgebrauchshundverbandes. Es dokumentiert gleichzeitig die Entwicklung des Jagdgebrauchshundwesens.

Zum besseren Verständnis des Jagdgebrauchshundwesens in der Öffentlichkeit bedarf es einer überzeugenden, umfassenden und kompetenten Darstellung in der Öffentlichkeit. Voraussetzungen dafür sind nicht zuletzt eine reibungslose Verständigung zwischen den Mitgliedern des Verbandes, ein loyales Verhalten zu den Organen des Verbandes bei diesem Bestreben und somit das Bewußtsein einer gemeinsamen Verantwortung.

Der Jagdgebrauchshundverband sieht seine Aufgabe auch in der Sammlung und Bewahrung jagdkynologischen Kulturgutes und der Ergebnisse jagdkynologischer Forschung.

Die eingehende Beschäftigung mit jagdkynologischen Fragen führt zu einer speziellen Sachkunde, die nützlich sein kann bei der Klärung von Streitfällen. Der Jagdgebrauchshundverband hält sich für verpflichtet, Sachverständige zu benennen für Privatpersonen, Versicherungen, Behörden und Gerichte.

Das Jagdgebrauchshundwesen hat mannigfache Berührungspunkte mit staatlichen und private Institutionen, die es zu pflegen und zu seinem Nutzen auszubauen gilt.

Das Sachverständigenwesen hat konkrete Formen angenommen: In drei Seminaren sind Jagdgebrauchshundleute aus allen »Lagern« mit Theorie und Praxis der Aufgaben eines Sachverständigen vertraut gemacht worden und nur sie werden in die entsprechende Liste des JGHV aufgenommen. Auf dem Verbandstag des Jahres 1995 wurden einschneidende Satzungsänderungen beschlossen. Wie schon erwähnt, wurden die Jagdhunde aller Rasen und Schläge »gleichgestellt« mit den weiteren Folgen, daß ihre Zuchtvereine gleichberechtigt in den Organen des JGHV vertreten sind, alle Prüfungen »Verbandsprüfungen« sind und eine weitgehende Angleichung des Richterwesens erfolgt.

Auch die VGPO erfährt Neuerungen, von denen insbesondere die Einführung der Übernachtfährte bei vielen der auf dem Verbandstag »Überstimmten« zu Widerständen führt.

Die »neue Satzung« war das Ergebnis einer Initiative des Landesjagdhunde-Verbandes Mecklenburg-Vorpommern, sie verpflichtet auch den JGHV, grenzüberschreitend die Interessen der Jagdkynologie wahrzunehmen. Verbandsvereine haben in weiter zurückliegender und auch jüngerer Vergangenheit in dieser Richtung gewirkt, man denke etwa an den schon 1930 gegründeten Internationalen Schweißhundverband und die in diesem Jahrzehnt ins Leben gerufenen Weltverbände Deutsch-Drahthaar und Deutsch-Kurzhaar sowie den Internationalen Verband für Deutsche Jagdterrier.

DIE BRACKEN

Die Bracken sind fraglos die ältesten Jagdhunde überhaupt, sie sind sozusagen die »Urjagdhunde«. In der Schweiz und in Frankreich heißen sie »Laufhunde«, in Österreich »Wildbodenhunde«. Allen diesen Rassen und Schlägen gemeinsam sind feinste Nase, Spurwille und lockerer Spurlaut. Ihre Aufgabe war es ja nicht, das Wild zu hetzen (dafür gab es die Windhunde und die Hetzhunde, die das Wild *auf Sicht* jagten), sondern der Fährte oder Spur mit tiefer Nase lautgebend zu folgen, oder – wie FRIESS es ausdrückte – »es mit der Nase und dem Laute zu nehmen«.
Die »Barbarengesetze« bezeichneten die Bracke als den »jagenden Hund« und FRIESS hat völlig recht, wenn er sagt, daß alle eigentlichen Jagdhundtugenden wie Nase, Spurwille und Spursicherheit sowie ganz besonders der lockere Spurlaut reinstes und wertvollstes Brackenerbe sind.
Während sich in Österreich die alten Brackenschläge erhalten haben, hat man hierzulande im ersten Drittel dieses Jahrhunderts eine ganze Reihe lokaler Brackenrassen sang- und klanglos untergehen lassen: die Rote Hannoversche Haidbracke, die Holsteiner Bracke und die Cronenberger Bracke, um nur einige zu nennen. Es ist eigentlich kaum vorstellbar, welche genetische Substanz man, offenbar ohne einen Gedanken

Cronenberger Bracken, eine um 1935 ausgestorbene Brackenrasse.

Brackenjagdsignale

1. Aufbruch zur Jagd

2. Es ist angestellt

3. Hunde los

4. Wild tot

5. Sammeln

6. Hunde aufkoppeln

Brackenjagd- und Alt-Hannover'sche Signale werden bevorzugt auf dem Sauerländer Halbmond geblasen. Walter Frevert hat die Signale 1934 in »Das jagdliche Brauchtum« veröffentlicht. (Noten aus: Handbuch der Jagdmusik, Band 3 von Reinhold Stief.)

Alt-Hannover'sche Jagdsignale

1. Aufbruch zur Jagd

2. Anblasen der Jagd

4. Zurückrufen der Hunde

daran zu verschwenden, einfach aufgegeben hat.
LUDWIG BECKMANN, der große Kynologe des 19. Jahrhunderts, schreibt in seinem Standardwerk im Kapitel über den Schweißhund:
»Der alte Leithund war zu letzterer Arbeit (die Hetze d. V.) nicht recht geeignet, man wünschte namentlich in der Ebene einen rascheren, laut und anhaltend jagenden Hund, deshalb wurde er mit der rothen Bracke (Heidbracke) gekreuzt. Am Ende des vorigen Jahrhunderts wird diese Züchtung vor sich gegangen sein.«
So ist uns das Blut der Haidbracke auch im Hannoverschen Schweißhund erhalten geblieben. Einen Hinweis auf die Haidbracke finden wir auch beim Heidedichter HERMANN LÖNS. In seinem bekannten Lied »Auf der Lüneburger Heide…« beginnt die dritte Strophe folgendermaßen: »Und die Bracken – und die bellen…«
Geblieben sind uns in Deutschland zwei Schläge einer einstmals großen Vielfalt: die Deutsche Bracke und die Westfälische Dachsbracke. Nach KONRAD ANDREAS ist die Rote Hannoversche Haidbracke, die vor nahezu zweihundert Jahren in den Leithund eingekreuzt wurde, um dessen Laut- und Hetzfreudigkeit aufzumöbeln, vor allem in der Finnenbracke aufgegangen. Die Holsteiner Bracke soll – auch nach ANDREAS – viel Blut an die Skandinavischen Bracken (Hamilton- und Schiller – Stövare) abgegeben haben.

Holsteiner Bracken. Meutebracken, die Ende des 19. Jahrhunderts von der kynologischen Bildfläche verschwanden. Sie sind jedoch teilweise in den skandinavischen Bracken aufgegangen. Gemälde in Privatbesitz. – Bild rechts: Deutsche Bracke, der älteste deutsche Jagdhund überhaupt.

Das klassische Wild der Bracke war und ist der Hase, nicht dort, wo er beispielsweise in den niederwildgesegneten Gefilden Rheinhessens auch heute noch in mehrstelligen Zahlen bei herbst- und winterlichen Treibjagden erlegt wird, sondern in den hasenarmen Gegenden unserer Mittelgebirge, wo der Hase gewiß seltener ist als manche Schalenwildart.

Den Hasen auf der Nachtspur zu finden und ihn mit glockenklarem Spurlaut dem in der Nähe der Sasse wartenden Jäger zuzudrücken, das ist ursprüngliche Brackenarbeit, die so leicht mit keinem anderen Jagdhund zu kopieren ist.

FRIESS hat einmal gesagt, daß der Jagdhund, der den Hasen auf der Nachtspur findet, ihn sticht und in die Nähe der Sasse zurückbringt, allemal das Zeug zu einem guten Schweißarbeiter hat. Das gilt sicher auch noch heute, wobei ich die Einschränkung machen möchte, daß für jede verantwortungsvolle Nachsuchenarbeit auf der Schalenwildwundfährte nicht nur Nase und Spurwillen, sondern in gleichem Maße auch Wildschärfe gehören muß. Und da hapert es gelegentlich bei den klassischen Hasenbracken, es ist eben doch ein Unterschied, ob der Hund einen kranken Hasen abtut oder eine kranke Sau stellen soll. Die Bracken haben von Hause aus das beste »Kleid« aller Jagdhunde, sie sind stockhaarig. Zu Verwechslungen führt gelegentlich die französische Bezeichnung »Braque«, die die dortigen kurzhaarigen Vorstehhunde bezeichnet und nichts mit unserem Begriff »Bracke« zu tun hat.

Deutsche Bracke

Aus der einstigen Vielfalt lokaler Brackenrassen und -schläge ist uns die Deutsche Bracke als einziger Hochläufiger »Laufhund« erhalten geblieben. Sie entstand durch Verschmelzung der größeren Holzbracke mit der kleineren, zierlicheren und knochenfeineren Steinbracke gegen Ende des vorigen Jahrhunderts. Da sie sich bis heute schwerpunktmäßig im Sauerland erhalten hat, wurde und wird sie auch »Sauerländer Bracke« oder – nach ihrem Hauptzuchtort – »Olper Bracke« genannt.

Immer wieder begegnet man der Auffassung, Brackenjagd sei Hetzjagd; ein Vorurteil, das sicher auch ein Hindernis in dem Bemühen darstellt, diese uralte deutsche Jagdhundrasse weiter in der Jägerei zu verbreiten.

Die Deutsche Bracke ist immer noch in erster Linie ein Hasenhund, also locker spurlaut, spurwillig und äußerst feinnasig. In früheren Zeiten wurde mit der Bracke in der Koppel oder gar in der kleinen Meute gejagt. Man stellte diese Meuten sogar nach Stimmlagen zusammen, was ANETTE von DROSTE-HÜLSHOFF zu der treffenden Charakterisierung der Bracken als den »lebendigen Glocken« veranlaßte. Die Bezeichnung »Geläut« hat sich denn auch bis heute erhalten.

In aller Regel haben die Rüden die tieferen, die Hündinnen die höheren Stimmen.

Die klassische »Brackade« war die Jagd auf den Hasen mit mehreren Bracken in einem weiträumig abgestellten Gebiet. Meist fand die feinnasige Bracke den Hasen auf dessen Nachtspur und jagte ihn

»solo« oder im Pack, bis er von einem der vorgestellten Jäger erlegt wurde.
Gelang dies nicht, so jagte die Bracke den Hasen solange, bis dieser nach weiter Rundreise wieder in die Nähe seiner Sasse kam, aus der ihn die Bracke hinausgeworfen hatte. Für diese Art der Jagd auf den Hasen sind unsere mittlerweile zu Schrebergartengröße degradierten Reviere natürlich zu klein geworden und daher schreibt der Gesetzgeber für die klassische Brackenjagd eine Mindestfläche von 1000 Hektar vor. Das können auch durchaus mehrere Reviere sein, die sich zum Zwecke der Pflege dieser traditionellen Jagdform zusammengeschlossen haben. Diese traditionelle Jagdart wird aber heute nur noch sehr selten ausgeübt.
Man kann gelegentlich sogar hören, die Jagd mit der Bracke sei in Revieren unter 1000 Hektar verboten! Dies ist natürlich Blödsinn, das normale Stöbern mit der Bracke oder ihr Einsatz als Finder bei winterlichen Saujagden unterliegt keinerlei gesetzlicher Beschränkung.

STANDARD DEUTSCHE BRACKE

Allgemeine Erscheinung die eines leichten, hochstehenden, eleganten, doch kräftig gebauten Jagdhundes mit edlem, verhältnismäßig leichtem Kopf, gutem Behang und gut getragener, jedoch für die edle Gesamterscheinung des Hundes auffallend dicker Rute; leicht aufgezogener Leib, Schulterhöhe 40 bis 53 cm. Geringe Überschreitung dieses Maßes ist zulässig.

Kopf leicht, trocken, langgestreckt, Oberkopf leicht gewölbt, Hinterhauptbein tritt hervor, aber sehr wenig; Stirnabsatz äußerst gering, Nasenrücken sehr leicht gewölbt, Lippen mäßig überfallend, Mundfalte klein. Von vorne erscheint der Kopf schmal und langgestreckt, der Oberkopf nur wenig breiter als die ganz schwach in den Fang verlaufende, nicht scharf hervortretende Backenpartie.

Die Kopflänge beträgt bei mittelgroßen Hunden etwa 21 cm, Fang bis zwischen die Augen etwa 9 cm, Behang lang (etwa 14 cm) und breit (etwa 9 cm); gut anliegend, unten abgerundet.

Der Nasenspiegel hat einen hellen, fast fleischfarbenen Streifen über der Mitte, während die Nasenflügel mehr oder weniger dunkel pigmentiert sind.

Auge dunkel, klar, mit freundlichem Ausdruck.

Hals mäßig lang, ziemlich stark im Verhältnis im Kopf.

Gebiß äußerst kräftig und regelmäßig. Die Schneidezähne sind aufeinanderstehend, oder die Innenseite der oberen Schneidezähne berührt reibend die Außenseite der unteren.

Die Fangzähne sind besonders stark entwickelt.

Brust tief, bis unter die Ellenbogen reichend, flach gewölbt mit langem Rippenkorb.

Rücken leicht gewölbt, Kruppe leicht abgeschlagen.

Rute lang, an der Wurzel auffällig stark, zum Schutz gegen das Anschlagen an Stämme und Äste buschig behaart, deshalb verhältnismäßig dick, jedoch in einer Spitze verlaufend; etwas bürstig. Die Rute wird hängend oder in sanftem Bogen nach oben getragen.

Vorderläufe hoch, sehr gut gebildet, trocken, feinknochig und sehnig; Schulter trocken, Ellenbogen gut anliegend.

Hinterläufe Keule im Profil breit und voll; der Unterschenkel lang und nicht sehr breit, gut gewinkelt.

Pfoten länger als Katzenpfoten, derb, gut geschlossene Zehen.

Haar für einen kurzhaarigen Hund lang, sehr dicht, hart, fast stockig und auch am Bauch dicht und gut behaart; an der Unterseite der Rute meist länger, eine geringe Bürste bildend; Keulen gut behost.

Farbe rot bis gelb mit schwarzem Sattel oder Mantel und den weißen Brackenabzeichen: durchgehende Blässe, weißer Fang mit Halsring (geschlossener Halsring ist anzustreben) weiße Brust sowie Läufe und Rutenspitze.

Herkunftsland Deutschland

◁

Bild oben: Deutsche Bracke auf der Spur.
Bild unten: Deutsche Bracke »Heck's Troll« am »Teller« eines gestellten Überläufers in der Springer Sauparkmeute.

Jährlich fallen im Durchschnitt etwa 30 bis 40 Welpen. Die Deutsche Bracke wird vom traditionsreichen Deutschen Brakken-Club in Olpe betraut.

Der DBC prüft die Deutsche Bracke auf folgenden Prüfungen:

1. Anlagenprüfung (auf der Hasenspur)
   - Art der Suche
   - Spurwille und Sicherheit
   - Spurlaut
   - Führigkeit
   - Gehorsam
   - Leinenführigkeit
   - Schußfestigkeit

2. Gebrauchsprüfung

   Laute Jagd

   Art der Suche
   - Spurwille und Sicherheit
   - Spurlaut

   Revierführigkeit
   - Führigkeit
   - Gehorsam
   - Leinenführigkeit
   - Arbeitsfreude
   - Ablegen
   - Schußfestigkeit

   Schleppe
   - Arbeit am Riemen oder
   - Bringen auf der Schleppe

Neben diesen »brackenspezifischen« Prüfungen prüft der DBC seine Bracken auch noch auf einer vereinseigenen Schweißprüfung und einer »erschwerten Schweißprüfung«.

Die Deutsche Bracke ist ein ebenso schöner wie hervorragend »brauchbarer« Jagdhund, dem eine weitere Verbreitung von Herzen zu wünschen wäre. Gewiß ist die Deutsche Bracke kein Hund, den man wochenlang im Zwinger vertrauern lassen kann und der dann – ist er erst einmal »draußen« – noch hübsch unter der Flinte bleibt.

Aber welche andere Jagdhundrasse läßt sich so etwas ungestraft gefallen?

Wer in einem Waldrevier einen Hund sucht, der verläßlich spurlaut stöbert – ja auch einmal alleine eine umstellte Dikkung abstöbert, ohne daß die Treiber ihm den Weg zeigen – der sollte diese alte deutsche Jagdhundrasse in die engere Wahl nehmen. Er wird sicher nicht enttäuscht werden.

Brackenjagd im Sauerland, hier geht es mehr um das Erlebnis als um die Strecke!

Westfälische Dachsbracke

Ein kleinerer Vetter der Deutschen Bracke ist die Westfälische Dachsbracke. Als vor über 100 Jahren die Verkleinerung der Jagdreviere einsetzte, züchtete man im Bergischen Land und im Sauerland aus niedrig gebauten Bracken, vorzugsweise sicher den Steinbracken eine kurzläufige, langsamere Brackenform. Man kann sicher nicht ausschließen, daß auch der Teckel mit dazu verwendet wurde, der ja damals noch nicht durch Ausstellungs- und Championtitel-Manie um Herz, Lunge und Läufe gebracht worden war, sondern noch ein kräftiger, auf geraden Läufen stehender und vor allem auch laufender Jagdhund war.

Die Westfälische Dachsbracke wird vom gleichen Zuchtverein (DBC) – meist zusammen mit der Deutschen Bracke – nach denselben Kriterien und derselben Prüfungsordnung geprüft. Lediglich bei der Gebrauchsprüfung muß die Westfälische Dachsbracke auch eine Schweißarbeit leisten.

Auch der Westfälischen Dachsbracke wäre eine weitere Verbreitung zu wünschen. Es ist die nach meinem Kenntnisstand am meisten »gefährdete« Jagdhundrasse, in Deutschland fielen im Mittel der letzten Jahre pro Jahr nur noch 22 Welpen dieser Rasse – zumindest soweit sie in das Zuchtbuch eingetragen wurden. Das sind pro Jahr nur etwa vier normal starke Würfe. Um die Jahrhundertwende kamen jedoch Westfälische Dachsbracken nach Schweden und wurden dort unter der Rassebezeichnung »Drever« weitergezüchtet. Heute dienen diese »Drever« wieder dazu, die allzu schmale Zuchtbasis der Westfälischen Dachsbracke in Deutschland ein wenig zu verbreitern.

Der Deutsche Bracken-Club mit Sitz in Olpe betreut die Westfälische Dachsbracke und die Deutsche Bracke.

STANDARD WESTFÄLISCHE DACHSBRACKE

Die Westfälische Dachsbracke ist die Niederlaufform der Deutschen Bracke. Sie entspricht in wesentlichen Punkten der hochläufigen Form, wirkt aber kompakter und kräftiger als diese.

Allgemeines Erscheinungsbild Die Westfälische Dachsbracke ist ein 30 bis 38 cm hoher, mäßig langer, kräftig gebauter Jagdhund mit edlem, mittelgroßem Kopf und gut angesetzter Rute, die bei ruhigem Gang säbelförmig aufwärts oder hängend mit leichtem Bogen an der Spitze getragen wird. Der Gesichtsausdruck ist treu, freundlich, ernst und aufmerksam.

Kopf Der Kopf erscheint von vorne gesehen wie bei der Bracke schmal und langgestreckt. Der Oberkopf ist nur wenig breiter als die ganz allmählich in den Fang verlaufende, nicht scharf hervortretende Backenpartie. Das Hinterhauptbein tritt nur wenig hervor. Der Stirnabsatz ist gering. Der Nasenrücken ist leicht gewölbt. Die Lippen fallen mäßig über. Die Mundfalte ist klein, das Auge dunkel, klar, mit freundlichem Ausdruck. Die Behänge sind mittellang und breit, gut anliegend, unten stumpf abgerundet.

Der Nasenspiegel hat einen hellen, fast fleischfarbenen Streifen über der Mitte, während die Nasenflügel mehr oder weniger dunkel pigmentiert sind.

Gebiß äußerst kräftig und regelmäßig. Die Schneidezähne sind aufeinanderstehend, oder die Innenseite der oberen Schneidezähne berührt reibend die Außenseite der unteren.

Die Fangzähne sind besonders stark entwickelt.

Hals Mäßig lang, im Verhältnis zum Kopf ziemlich stark, nach diesem hin sich allmählich verjüngend.

Die Halshaut ist locker, bildet aber keine Kehlwamme.

Rücken leicht gewölbt, mittellang, hinter der Schulter leicht gesenkt, in der Nierenpartie breit und kräftig entwickelt. Die Kruppe fällt schräg ab.

Brust und Bauch Brust schmaler als beim Teckel, wird von den Läufen kräftig unterstützt und darf nicht zu tief zwischen diesen hängen. Der Rippenkorb ist lang, der Bauch vor der Hinterhand etwas aufgezogen.

Rute verhältnismäßig hoch angesetzt; der Rutensatz verläuft ohne scharfen Winkel in das Rückgrat. Sie ist an der Wurzel sehr stark, an der Unterseite bürstig, an der Oberseite glatt anliegend behaart und endet in eine bürstige Spitze ohne Fahne.

Vorderläufe und Schultern gut entwickelt, trocken, derbknochig und sehnig. Die Ellenbogen liegen gut an. Die Vorderläufe sind von vorne gesehen nicht gebogen, sondern gerade, mit nach vorn gerichteten Pfoten.

Hinterläufe stehen steiler als bei anderen Hunden. Die Keulen weisen eine stark, hervortretende Muskulatur auf und sind sowohl von der Seite als von hinten gesehen fast gerade gestellt. Die Hinterhand ist im Verhältnis zur Vorderhand weit kräftiger entwickelt als beim Teckel.

Pfoten derb mit gut geschlossenen, kurzen Zehen.

Behaarung am ganzen Körper, auch an der Unterseite desselben, sehr dicht und grob; am Kopf, den Behängen und dem unteren Teil der Läufe kurz; über dem Rücken, am Hals und an der Unterseite der Rute länger.

Farbe rot bis gelb mit schwarzem Sattel oder Mantel und den weißen Brackenabzeichen: Blässe oder Schnippe, weißer Fang mit Halsring, weiße Brust sowie Läufe und Rutenspitze. **Unerwünscht** sind zweifarbige Hunde sowie Hunde mit schwarz am Kopf. Schokoladenbraun ist fehlerhaft.

N.B.: Rüden müssen zwei offensichtlich normal entwickelte Hoden aufweisen, die sich vollständig im Hodensack befinden.

Alpenländische Dachsbracke

Die Alpenländische Dachsbracke gehört ebenfalls mit zu den ältesten Jagdhundrassen des Kontinents.
Sie ist mit der Westfälischen Dachsbracke »weder verwandt, noch verschwägert«. Ihre Urheimat sind die Alpenländer und das Erzgebirge – worauf ihr früherer Name »Alpenländisch-Erzgebirgler-Dachsbracke« deutlich hinweist.
Der Name »Dachsbracke« könnte dazu verleiten, zu glauben, daß dieser Hund sich ganz besonders für die Bejagung des Dachses eignen könnte. Dem ist aber nicht so! Der Name weist lediglich auf die verhältnismäßig geringe Größe dieses Hundes hin.
Die Vermutung, die Dachsbracke der Alpenländer und des Erzgebirges sei durch Kreuzung mit dem »Dachshund«, dem Teckel also, entstanden, ist wohl ebenso falsch. Die Alpenländische Dachsbracke ist nach Meinung intimer Kenner der Rasse durch *Selektion* aus den Segurischen Bracken entstanden und *aus ihr* entstand der Teckel, so jedenfalls schrieb 1921 der österreichische Kynologe WILHELM FÜHRER und auch RICHARD STREBEL vertritt in seinem 1904 erschienenen Buch »Die Deutschen Hunde« dieselbe Ansicht. Sie stellt sozusagen eine Übergangsform zwischen hochläufiger Bracke und Teckel dar.
Ich meine dennoch, daß die derzeitige Zuchtsituation im Verein Dachsbracke darauf hinweist, daß vermutlich Kreuzungen mit hochläufigen Bracken stattgefunden haben.
FRIESS hat mir einmal mitgeteilt, daß sich alte, sehr lange »durchgezüchtete« Brackenlinien untereinander nur sehr schwer »mischen« lassen. Sie spalten ewig in ihre Ausgangsformen auf, die Urlinien »mendeln« immer wieder heraus.
Bei den Alpenländischen Dachsbracken fallen gelegentlich recht hochläufige, über 42 cm hohe Hunde, die vom Zuchtverein selbst dann als »Brackentypen« bezeichnet werden. Obwohl mit diesen Hunden natürlich nicht weitergezüchtet wird, ist das Problem dieser hochläufigen Typen offenbar nicht in den Griff zu bekommen.
Dies würde eben doch dafür sprechen, daß hochläufige Bracken mit an der Wiege der Alpenländischen Dachsbrakken gestanden haben oder aber, daß die Selektion auf eine geringere Größe als die Ausgangsrassen schwierig ist und eine lange Zeitspanne umfaßt.
1896 wurde der Internationale Dachsbrackenklub gegründet. Das Zuchtmaterial stand damals weit verteilt im Erzgebirge, in den Alpenländern, aber auch in Sudeten, im Bayerischen Wald, im Böhmerwald, sogar in Polen, den Karpaten, Skandinavien und Rußland.
Aus diesem Internationalen Dachsbrackenklub entstand 1910 der Klub Dachsbracke mit Sitz in Österreich (Kärnten). In Deutschland wurde erst 1961 der Verein Dachsbracke gegründet, der sich der Zucht dieser alten Jagdhundrasse seitdem annimmt.
Die Alpenländische Dachsbracke gehört zu den vom JGHV offiziell anerkannten Schweißhundrassen. Die Führer Alpenländischer Dachsbracken erhalten also vom JGVH analog den Führern der beiden »klassischen« Schweißhundrassen Ehrennadeln, wenn sie eine bestimmte Anzahl erfolgreicher, erschwerter Nachsuchen nachweisen können.
Dies beschreibt deutlich, als was diese Rasse heute in Deutschland überwiegend eingesetzt wird, eben auf der Wundfährte kranken Schalenwildes. Es hat dies nichts mit der Herkunft dieser Rasse zu tun, da gehört sie auf jeden Fall zu den »Bracken«, den »jagenden Hunden« also.

Alpenländische Dachsbracke (»Vieräugl«). – Bild rechts: Alpenländische Dachsbracke – rote Form.

STANDARD ALPENLÄNDISCHE DACHSBRACKE

Allgemeine Erscheinung mittelgroß, sehr agile, kräftige, aber edle Erscheinung mit starken Knochen und guter Muskulatur.

Stockmaß 34 bis 42 cm; Idealhöhe Hündin 36 bis 37 cm; Rüde 37 bis 38 cm

Kopf nicht zu schwerer aber trockener Kopf mit glatter anliegender Haut, ohne Falten.

Der Stirnabsatz zum Fang muß merklich hervortreten und flach ausgewölbt sein. Kräftiger Fang, Behang rund und glatt anliegend.

Rumpf kräftiger, muskulöser Hals, der dem übrigen Körper entspricht. Die Brust muß tief, etwa bis zum Ellenbogen ausgebildet sein. Bauch etwas aufgezogen, Rücken gerade, die Nierenpartie kräftig, muskulös, breit und kurz, die Kruppe nicht zu kurz und nur wenig abfallend.

Vordere und hintere Gliedmaßen fest am Körper anliegende Schultern mit guter, nicht zu steiler Winkelung. Die Läufe müssen stark bemuskelt, gerade und kräftig sein. Pfoten gut geschlossen und derb. Hinterläufe gerade, nicht zu steil, die Pfoten gut geschlossen und rund.

Rute mittellang, an der Wurzel stärker als am Ende, sie soll entweder hängend oder besser noch mäßig aufwärts (etwa in Höhe der Rückenlinie) getragen werden. Sie soll eine mäßige Bürste zeigen.

Haar derb, hart gut anliegend, kurz aber nicht glatt mit guter Unterwolle (otterfellartig, stockhaarig).

Farbe Idealfarbe »dunkelhirschrot« sowie »schwarz mit rostrotem Brand«, sogenannt. Vieräugl. Weiße Abzeichen sind fehlerhaft.

Herkunftsland Österreich

Wer in einem Schalenwild-Waldrevier einen Hund sucht, der die anfallenden Nachsuchen sicher meistert, daneben auch noch den seltenen Waldhasen brackiert und außerdem verläßlich wild- und häufig auch mannscharf ist, der liegt richtig, wenn er diese Rasse in eine engere Wahl einbezieht.

Der Verein Dachsbracke züchtet sehr restriktiv und legt großen Wert darauf, daß seine Hunde nur in wirklich geeignete Jägerhände kommen. Vermehrungszucht lehnt dieser Zuchtverein ebenso ab wie seine Amtsbrüder aus dem klassischen Schweißhundlager. Wir können dem Verein Dachsbracke nur dankbar sein für diese Zuchtpolitik, sichert dies doch den Erhalt und die Verbesserung der Anlagen und Leistungen dieses Hundes im praktischen Jagdbetrieb.

Im mehrjährigen Mittel fallen in Deutschland zwischen 30 und 40 Welpen, hinzu kommen regelmäßige Importe aus Österreich.

Der Verein Dachsbracke prüft seine Hunde wie folgt:

1. Anlageprüfung (auf der Hasenspur) mit den Fächern:
   - Art der Suche
   - Halten der Spur
   - Spurlaut
   - Verhalten auf Schuß
2. Gebrauchsprüfung mit den Fächern:
   Schweißarbeit auf natürlicher oder künstlicher Rotfährte
   - Riemenarbeit
   - Hatz
   - Bail
   - Totverbellen oder Totverweisen
   - Verhalten beim erlegten Wild

   Laute Jagd
   - Art der Suche
   - Halten der Spur
   - Spurlaut

   Schärfe
   - Härte
   - Verteidigung

   Revierführigkeit
   - Führigkeit
   - Gehorsam
   - Verhalten auf Schuß
   - Ablegen
   - Apportieren
   - Verteidigung und Wachsamkeit

Brandlbracke

Die Heimat der Brandlbracke sind die österreichischen Berge, sie ist dort noch vielfach der Hund des Bergjägers. Sie ist genetisch der roten Tiroler Bracke nahe verwandt, zumindest entstammen beide Rassen dem gleichen »Urmaterial« der österreichischen Wildbodenhunde.

Sie ist im allgemeinen etwas höher als die Deutsche Bracke, ihr fehlen außerdem meist die für die *deutschen* Brackenrassen typischen weißen Brackenabzeichen wie zum Beispiel weiße Läufe, Brackenblässe und weißer Halsring. Der Brandlbracke nahe verwandt ist der slowakische »Kopov« und nur für den Eingeweihten sind beide Rassen überhaupt zu unterscheiden. In jüngerer Zeit wurden die Kopov in die deutschen Brandlbracken eingekreuzt, um Nerven und Schärfe zu verbessern. Man hat damit gleichzeitig den gewünschten lockeren Spurlaut gefestigt und einen Spurwillen erreicht, der auch junge Hunde schon zu beachtlichen Nachsuchenleistungen befähigt.

Die rote Form der Brandlbracke und gewiß auch die Tiroler Bracke standen mit an der Wiege des Bayerischen Gebirgsschweißhundes. Man kreuzte in der zweiten Hälfte des vorigen Jahrhunderts diese Bracken in den schweren und massigen Schweißhund (damals gab es ja nur den Hannoverschen) ein, um für das Hochgebirge einen leichteren, »geländegängigeren« Schweißhund zu bekommen.

Die Brandlbracke ist ein leichter, sprungstarker und vielseitiger Hund des Bergjägers. Er ist ein Hund der »freien Folge« dessen Stärken sicher alle Brakkentugenden sind. Daß man ihn in Deutschland überwiegend als Schweißarbeiter einsetzt, ist verständlich. Seine überragende Nase, sein Spurwille und sein verläßlicher Spurlaut, der jedoch, wie die Prüfungsergebnisse ausweisen, nicht ganz so genetisch fixiert ist, wie bei den deutschen Brackenrassen, befähigen ihn zu überdurchschnittlichen Leistungen auf der Wundfährte. Man sollte ihn dennoch nicht in die Konkurrenz der beiden klassischen Schweißhundrassen stellen, die seit Urzeiten unter bewußtem Verzicht auf Vielseitigkeit aus-

Brandlbracke – Begleiter und Helfer des Bergjägers.

STANDARD BRANDLBRACKE

Allgemeine Erscheinung Mittelgröße, Schulterhöhe 46 bis 58 cm, kräftiger und doch elastischer lang gestreckter Bau, Kopf hoch und Rute in ruhigem Gang abwärts, bei der Suche aufwärts gerichtet getragen.

Kopf mittelgroß, Oberkopf breit, gegen den Schnauzenteil schmal werdend, Hinterhauptbein schwach ausgebildet, Nasenrücken gerade. Der Absatz von der Stirn flach ansteigend, Lefzen gut entwickelt. Augenbrauen meist stark ausgebildet.

Behang mittellang, nicht zu breit, unten abgerundet, hoch angesetzt, womöglich glatt herabhängend.

Augen klar, kein Rot im Augenwinkel zeigend, meistens braun mit klugem Ausdruck.

Gebiß gut schließendes Scheren- oder Zangengebiß. starke, derbe Eckzähne.

Hals mittellang, sehr kräftig, gegen die Brust sich erweiternd, Halshaut keine Kehlwamme bildend.

Rücken lang, hinter den Schultern leicht eingesenkt, Kruppe schwach, schräg abfallend.

Brust und Bauch Brust breit, Rippenkorb ziemlich tief und lang, Bauch etwas aufgezogen.

Rute lang, an der Wurzel mäßig stark, allmählich sich verjüngend ohne in eine zu dünne Spitze zu verlaufen, etwas gebogen, unten grob behaart, eine nicht zu breite Bürste bildend.

Vorderläufe stark entwickelt, Schultern schräg gestellt, sehr beweglich. Schultermuskeln stark, Lauf gerade, kräftig. Fußwurzeln breit und gerade gestellt.

Hinterläufe Keulen mäßig stark entwickelt, Unterschenkel mittellang, schräg gestellt, Fußwurzel fast gerade gestellt, stark.

Pfoten derb, rund mit gewölbten, geschlossenen Zehen, Nägel stark, krumm, Ballen groß und stark.

Haar dicht und voll, glatt und elastisch mit Seidenglanz.

Farbe a) schwarz mit sogenanntem kleinen, schwarz abgesetzten Brand (Brandl). – b) rot, rötlichbraun oder rotgestrichelt.

Schmaler weißer Halsring, Bruststern und weiße Abzeichen an den Pfoten sind gestattet.

Herkunftsland Österreich

schließlich für die Schweißarbeit auf der Hochwild-Wundfährte gezüchtet wurden. Über die Gründe hierfür habe ich schon im Kapitel »Die Bracken« einiges ausgeführt.

Wir sollten den Bracken ihre Vielseitigkeit erhalten. Dazu gehört die Arbeit am Hasen und am Fuchs ebenso wie als feinnasiger Finder bei winterlichen Saujagden. Wenn die Bracke daneben noch eine sichere Riemenarbeit auf der Rehwildwundfährte leistet, dann erfüllt sie die rassespezifischen Aufgaben im Sinne einer waidgerechten Jagdausübung.

In den sechziger Jahren wurde die der Brandl nahe verwandte Jugoslawische Bracke (Slovensky Kopov) zur Verbesserung von Wesen, Laut und Schärfe eingekreuzt. Die erste Blutanleihe war ein voller Erfolg, man hatte wohl mit dem damals verwendeten Rüden einen »Glücksgriff« getan. Die späteren Blutanleihen waren jedoch weit weniger erfolgreich, so daß man sich wieder auf die

Brandlbracke – nach erfolgreicher Schweißarbeit.

eigene genetische Substanz konzentrierte und nun in scharfer Selektion züchteten, ohne auf den Hybrideneffekt, den ja jede Kreuzung erbringt, zu hoffen.
Die Brandlbracke (wie auch die Steirische Rauhhaarbracke) wird vom Deutschen Brackenverein betreut.
Auf der Anlagenprüfung des DBV werden auf der Hasenspur die Fächer Nase, Spurlaut, Spurwille und Spursicherheit geprüft. Für die Zuchteignung wird ferner Raubzeugschärfe beziehungsweise Härte, Verteidungsschärfe und Schußfestigkeit gefordert.

Der DBV hat die Leistungsprüfungen:
1. *Verbandsschweißprüfung*
2. *Schweißprüfung 2 (2000 m Fährtenlänge)*
3. *Sonderschweißprüfung (5000 m Fährtenlänge)*
4. *Gebrauchsprüfung* (mit den Fächern):
   - Schweißprüfung (entspricht VSwP)
   - Revierführigkeit
   - Bringen

Einige Leistungszeichen des JGHV können ebenfalls erworben werden.
Im langjährigen Mittel fallen zwischen 25 und 30 Welpen.

Die nur schwer von der Brandlbracke zu unterscheidende Schwarzwildbracke (Kopov) ist auf S. 204 beschrieben.

◁
Brandlbracke in ihrem Ur-Einsatzgebiet.

Tirolerbracke

Die Tirolerbracke stammt – ebenso wie die Brandlbracke – von der Keltenbracke ab. Beide Brackenschläge sind nahe verwandt und unterscheiden sich für den Laien eigentlich nur durch die verschiedenen Farben. Gemeinsam ist beiden auch das markanteste Merkmal aller reinen Brackenrassen: »das langanhaltende, ausdauernde laute Jagen auf Spur oder Fährte.«
Um 1860 begann in Tirol die Reinzucht der Tirolerbracke, 1896 stellte man für diese Rasse den Standard auf, der ab 1908 international anerkannt und festgeschrieben wurde. Was für die Wachtel RUDOLF FRIESS und für die Deutschen Brackenschläge DR. JUNGKLAUS war, das war für die Tirolerbracke RICHARD SAUERWEIN. Er stellte ab 1931 die Zucht der Tirolerbracke unter das Motto »Durch Leistung zum Typ« und damit auf eine breite, nicht ausschließlich auf Teilbereiche der Brackenarbeit ausgerichtete Basis.

STANDARD TIROLERBRACKE

Allgemeine Erscheinung klein bis mittelgroß, Knochen von mittlerer Stärke, kräftig bemuskelt, sehnig, Langrechteck-Format, fließende, lange Außenlinien, waagerecht eingehängter Rumpf.

Wesen lebhaft, schneidig, feinnasig, ausdauernd, spurlaut. Verwendbar als Bracke und Schweißhund.

Kopf langgestreckt, schmal, leicht im Skelett, trocken Oberkopf leicht gewölbt. Stirnbeine mässig gewölbt mit seichter Stirnfurche, Stirnabsatz sanft abfallend, Fang vor den Augen und vor dem Unteraugenhöhlenloch mässig ausgeschnitten, Nasenrücken schmal, an der Wurzel wenig eingetieft, sonst gerade oder nasenspiegelwärts etwas geramst, schmal von mäßiger Tiefe. Lefzen ziemlich kurz und knapp anliegend mit mässig entwickelter Tasche im Maulwinkel. Gebiß kräftig, vollständig, Scherenschluß, der obere Zahnbogen weiter als der untere, Zwischenkiefer schmal und ziemlich lang. Nasenschwamm vorgezogen, Fang also nicht senkrecht abgestutzt. Augapfel groß, nicht tiefliegend, Lidspalte rundlich oder sphärisch-dreieckig, Iris dunkelbraun, kastanienbrauner Mittelring gestattet, Nickhautrand pigmentiert, Zwischenaugenbogenbreite mittelgroß, Augen nicht zu schräg eingesetzt. Die Lider müssen dem Augapfel gut anliegen. Scheitelleiste und Hinterhauptstachel bei Rüden deutlich, auch bei Hündinnen erwünscht. Unterkieferkante gerade, Schneidezahnteil nicht stark aufgebogen, Fangschnitt- und Fangspitzwinkel kleiner als bei Schweiß- und Vorstehhunden, Gesichtstiefe gering. Behang reicht mäßig gestreckt über das Unteraugenloch hinaus, jedoch nicht bis zum oberen Fangzahn, breit, ziemlich hoch angesetzt, dünn im Knorpel, nicht schraubig gedreht, schwach angedeutete Längsfalte, Spitze abgerundet.

Hals mittellang (etwas kürzer als der Kopf), mäßig gewölbt, weder hoch noch tief aufgesetzt, trocken ohne Wamme.

Rumpf waagerecht eingehängt. Ziemlich langer Mittelrumpf. Widerrist lang, ausgeprägt, Rücken und Lende straff, mäßig breit, gerade. Höchster Punkt der Wirbelsäule im Widerrist, Brust lang, sehr tief, eher schmal als breit, Rippenweite mäßig groß, Vorderbrust gut vorgewölbt, Brustbein lang, nicht scharf abgesetzt, Bauch nicht übermäßig aufgezogen (mittlere Flankentiefe). Front (Abstand der Buggelenke) mäßig breit (Querschnitt bildet ein auf die schmälere Kante gestelltes Rechteck). Kruppe mäßig abfallend, nicht abschüssig, breit und lang. Kreuzbein ziemlich waagrecht.

Rute ziemlich hoch angesetzt, lang (Spitze reicht bis zum Sprunggelenkshöcker oder ein wenig darüber hinaus), dünn im Skelett. Rute soll gerade in Erregung etwas hochgetragen werden. Säbelförmige Biegung ist zulässig. Zu hoch getragene und stark gekrümmte Rute ist fehlerhaft. Zu grobe Bürste, buschige oder Fahnenrute nicht erwünscht.

Gliedmaßen Standfläche rechteckig. Schulter lang, schräg, flach bemuskelt. Oberarm schräg gelagert. Unterarm lotrecht gestellt, mittellang, Schulter- und Ellbogengelenk gut gewinkelt. Mittelfüße weder lotrecht noch zu schräg gestellt, Pfoten kräftig mit geschlossenen, gut aufgebogenen Zehen und derben Ballen. Knochen weder grob noch überfein. Die Achsen aller Abschnitte der Vordergliedmaßen sollen in einer Ebene liegen. Oberschenkel breit, gut bemuskelt, Unterschenkel lang, weniger stark bemuskelt. Gelenke der Hintergliedmassen gut gewinkelt. Alle Achsen in derselben Ebene. Pfoten kurz.

Farbe Grundfarbe schwarz oder rot oder rotgelb. Weiße Abzeichen: Fang, Blässe, Halsring, Vorder- und Unterbrustfleck, Rutenspitze. Dreifarbige: Schwarzer Sattel oder Mantel, gelbbraune oder rote Abzeichen an Läufen, Brust, Bauch und Kopf, mit geringen weißen Abzeichen, auf schwach angedeutetem Halsring. Fehlerhaft: Ausgesprochenes Schecken, zu breiter weißer Halsring, zu ausgedehntes Weiß über die Gließmaßen.

Behaarung Glatthaar oder Rauhhaar, dicht, eher grob als fein, Unterwolle, Bauch behaart, Rute mit guter Bürste. Fahnenrute, zu dicke buschige Ruten sind fehlerhaft.

Größe 40 bis 48 cm (für Niederbracke 30 bis 39 cm). Gewicht 15 bis 22 kg.

Gang Flach, raumgreifend, sehr schnell, ausdauernd.

Tirolerbracken-Welpen.

Dreifarbige Tirolerbracke.

Einfarbige rote Tirolerbracke.

Die heutigen Einsatzbereiche der Tirolerbracke liegen schwerpunktmäßig auf dem Brackieren – der Lauten Jagd also – und der Schweißarbeit. Sie sind naturgemäß die gleichen wie beim schwarz-roten Vetter, wobei vielleicht von diesem Zuchtverein die Schweißarbeit nicht so sehr in den Vordergrund gerückt wird.
Gerecht geführt – ist die Tirolerbracke ein angenehmer Pirschbegleiter und trotz ausgeprägter Passion ein ruhiger, kinderfreundlicher Hausgenosse.
In ihrer Urheimat Tirol gehört sie nach wie vor zu den meistgeführten Jagdhundrassen.
Gezüchtet wird die Tirolerbracker auch heute noch mehr auf Leistung als auf Aussehen (Schönheit) und das wird hoffentlich auch so bleiben.
Die Tirolerbracke präsentiert sich in zwei Farbschlägen: einfarbig hirschrot und schwarzrot, mit mehr oder weniger viel weißen Abzeichen (weiße Brust und weiße Strümpfe), jeweils mit dem besten Haar das ein Jagdgebrauchshund haben kann: mit hartem, derben Stockhaar.

Die Tirolerbracke (und die rote Form der Brandlbracke) standen gemeinsam mit dem Hannoverschen Schweißhund an der Wiege des Bayerischen Gebirgsschweißhundes.
Die Tirolerbracke wird vom Klub Tirolerbracke Innsbruck betreut.
Das Zuchtgeschehen in Deutschland ist eher gering, die meisten in Deutschland geführten Tirolerbracken stammen aus Österreich.
Zur Zucht kommen nur Hunde mit einem Formwert von »vorzüglich« oder »sehr gut« und einer bestandenen Gebrauchsprüfung.

Es werden vom Klub Tirolerbracke folgende Prüfungen abgehalten:
- Anlagenprüfung
- Brackierprüfung
- Schweißprüfung

Gebrauchsprüfung – gleichzeitig Zuchteignungsprüfung mit den Fächern: »Brackieren«, »Schweißarbeit«, »Hasenschleppe«, »Verweisen« und »Bringen von leichterem Wild«. Bewertet werden ferner Schärfe, Gehorsam und Wesen.

Steirische Rauhhaarbracke

Um 1880 komponierte der Züchter Peintinger aus dem Hannoverschen Schweißhund und der rauhhaarigen Istrianerbracke die »steirische, rauhhaarige Hochgebirgsbracke«, die nach ihrem ersten Züchter und »Erfinder« auch »Peintingerbracke« genannt wird. Vom Hannoveraner erbte sie die rote Farbe, von der Istrianerbracke das rauhe Haar. Man kann diese Rasse

STANDARD STEIRISCHE RAUHHAARBRACKE (PEINTINGERBRACKE)

Allgemeine Erscheinung Mittelgröße, Schulterhöhe, 44 bis 58 cm, kräftige Muskulatur, Rute meist gerade getragen, auch leicht sichelförmig nach aufwärts, Physionomie ernst, aber nicht bösartig; intelligent.
Kopf mittelgroß, Oberkopf leicht gewölbt, Hinterhauptbein gut entwickelt. Nase vor der Stirne etwas abgesetzt, schwarz, vorne gerade geschnitten, Lefzen nicht überhängend; gut schließendes Scherengebiß. Zangengebiß gestattet. Die Behaarung gut, kürzer als am Leibe, einen Schnurrbart bildend.
Behang nicht übermäßig groß, glatt anliegend, Behaarung glatter, weicher.
Auge klar, braune Iris.
Hals kräftig, nicht zu lang.
Rücken breit und lang; Kruppe mäßig abfallend.
Brust tief und breit.
Rute mittellang, nie aufgerollt, an der Wurzel stark, gut behaart, an der Unterseite eine Bürste, aber keine Fahne bildend; leicht sichelförmig nach aufwärts getragen.
Läufe gerade gestellt, muskulös, Pfoten nicht übermäßig groß, Zehen geschlossen und gut gewölbt.
Behaarung das Haar ist nur wenig gekrümmt, nicht auffällig zottig, fast glanzlos, im Gefühl hart und grob. An der Vorderseite der Brust und an der Rückseite der Vorderläufe eine schwach hervorragende Feder. Stockhaar gestattet.
Farbe Rot und fahlgelb. Weißer Brustfleck ist gestattet, andere weiße Abzeichen sind zu vermeiden. Ursprünglich gestiefelt, wurde weggezüchtet.
Herkunftsland Österreich

durchaus als Parallelentwicklung zum Bayerischen Gebirgsschweißhund bezeichnen.
Die Peintingerbracke wird hierzulande vom Deutschen Brackenverein betreut, gemeinsam mit der Brandlbracke.
Ihr Einsatz unter unseren heutigen Jagdverhältnissen ist der gleiche wie der seines, vom gleichen Zuchtverein betreuten Vetters. Ebenso sind Zuchtkriterien und jagdliche Prüfungen im Deutschen Brackenverein für alle von ihm betreuten Brackenschläge dieselben.
Dies alles ist bei der Brandlbracke bereits dargelegt und kann dort nachgelesen werden.
Das jährliche Welpenaufkommen in Deutschland ist recht gering und dürfte kaum über 20 liegen.

Rauhhaarige steirische Hochgebirgsbracke – ein »Vetter« des Bayrischen Gebirgsschweißhundes.

Beagle

Als Parallelentwicklung zu den Niederlaufhunden des Kontinents entstand der Beagle vor über 600 Jahren auf der englischen Insel. Sicher ist er einer der direkten Nachfahren der alten Keltenbracke und damit eine der ältesten, rein erhaltenen Brackenschläge überhaupt. Obwohl der Beagle in seiner langen Geschichte sicher auch auf andere Wildarten eingesetzt wurde, ist der Hase das klassische Beagle-Wild. In der Meute oder der Koppel eingesetzt, folgte er mit weithin hörbarem Laut der Spur des Hasen. Da die Hasenjagd in England meist zu Fuß (also ohne Pferde) ausgeübt wurde, war sie auch weniger begüterten Kreisen möglich, was wiederum sehr zur Verbreitung des Beagles beitrug.

STANDARD BEAGLE

Allgemeines Erscheinungsbild robuster, kompakter Hund, vermittelt den Eindruck von Qualität, ohne grob zu wirken.

Charakteristika ein fröhlicher Hund, dessen wesentliche Bestimmung es ist, zu jagen, vornehmlich Hasen, indem er der Spur folgt. Unerschrocken, äußerst lebhaft, mit Zähigkeit und Zielstrebigkeit. Aufgeweckt, intelligent und von ausgeglichenem Wesen.

Wesen liebenswürdig und aufgeweckt, ohne Anzeichen von Angriffslust oder Ängstlichkeit.

Kopf und Schädel von mäßiger Länge, kraftvoll, ohne grob zu sein, feiner bei der Hündin, ohne Runzeln und Falten am Kopf. Oberkopf leicht gewölbt, mäßig breit, mit sich leicht abzeichnendem Hinterhauptbein. Deutlich ausgeprägter Stop, der die Distanz zwischen Hinterhauptbein und Nasenspiegel genau halbiert. Nasenspiegel breit, vorzugsweise schwarz, jedoch ist bei helleren Hunden eine abgeschwächte Pigmentierung gestattet. Gut geöffnete Nasenlöcher.

Augen dunkelbraun oder haselnußbraun, ziemlich groß, weder tiefliegend noch hervortretend, ziemlich weit voneinander eingesetzt mit sanftem, gewinnendem Ausdruck.

Behang lang, unten abgerundet. Wenn nach vorne gezogen, fast bis zum Nasenspiegel reichend, tief angesetzt, dünn, mit der Vorderkante anmutig an der Bracke anliegend getragen.

Gebiß kräftige Kiefer mit einem perfektem, regelmäßigem und vollzähligem Scherengebiß, wobei die obere Schneidezahnreihe ohne Zwischenraum über die untere greift und die Zähne senkrecht im Kiefer stehen.

Hals ausreichend lang, um dem Hund mühelos das Arbeiten mit tiefer Nase auf der Spur zu ermöglichen. Leicht gebogen, mit etwas Kehlhaut.

Vorhand Schulter gut zurückliegend, nicht überladen. Vorderläufe gerade und senkrecht gut unter den Hund gestellt. Gute Substanz mit runden Knochen, die zu den Pfoten hin nicht schlanker werden. Kurzer Vordermittelfuß. Feste Ellenbogen, weder ein-, noch ausdrehend. Ellenbogenhöhe ungefähr die Hälfte der Widerristhöhe.

Rumpf Rückenlinie gerade und waagerecht. Brustkorb bis unter Ellenbogen her-

abreichend. Rippen gut gewölbt und gut zurückreichend. Kurze Lende, jedoch gut ausgewogen, kräftig und biegsam, ohne übermäßig aufgezogen zu sein.
Hinterhand muskulöse Schenkel. Knie gut gewinkelt. Feste und tiefe Sprunggelenke, zueinander parallel.
Pfoten fest, gut geschlossen, gut aufgeknöchelt mit kräftigen Ballen. Nägel kurz.
Rute stark, von mittlerer Länge. Hoch angesetzt, fröhlich getragen, aber nicht über den Rücken gerollt oder vom Ansatz nach vorne geneigt. Gut behaart, besonders an der Unterseite.
Gangart/Bewegung Rücken gerade, ohne Anzeichen von Rollen. Frei ausgreifend, weiter Vortritt. Gerade, ohne die Läufe anzuheben; deutlicher Schub aus der Hinterhand. Hinterhandbewegung sollte nicht eng sein, Vorhandbewegung nicht paddelnd oder kreuzend.
Haarkleid kurz, dicht und wetterbeständig.
Farbe jede anerkannte Houndfarbe, mit Ausnahme von Leberbraun. Rutenspitze weiß.
Größe erwünschte mindeste Widerristhöhe 33 cm, erwünschte höchste Widerristhöhe 40 cm
Ursprungsland England

Zwei Koppeln Beagles einer großen, traditionsreichen deutschen Beaglemeute.

Zweifarbiger (rot-weißer) Beagle.

Manche für einen Jäger etwas ungewohnte Ausdrucksweise im Standard erklärt sich daraus, daß ein Nichtjäger diesen Standard aus dem englischen ins deutsche übersetzt hat.

Im Durchschnitt fallen jährlich im »Beagle-Club Deutschland«, im Verein Jagd-Beagle und in den Beagle-Meuten zusammen etwa 350 Welpen.

Der Beagle ist sehr arbeitsfreudig, meist spurlaut und jagt in aller Regel etwas kürzer als die Deutsche Bracke.

Wenn der verläßliche Spurlaut des Beagles Stärke ist, dann ist die Wildschärfe seine Schwäche! Man bedenke, daß seit Jahrhunderten der Hase das Wild des Beagles war beziehungsweise ist, da war Wildschärfe nicht gefragt und auch nicht notwendig. Dies engt seine Einsatzmöglichkeiten fraglos ein, wenn auch der Zuchtverein erhebliche Anstrengungen unternimmt, die Wildschärfe züchterisch zu verbessern.

Typisch für den Beagle ist seine Verträglichkeit. Aggressive Beagles sind so selten wie feige Terrier. Dies ist ohne Zweifel ein Ergebnis jahrhundertelanger Meutehaltung. In der Meute bildet sich zwar durch gelegentlich heftige Rangordnungskämpfe eine Hierarchie, aber dann herrscht doch Ruhe, wenn einmal die Rangfolge beim Jagen, am Futtertrog und in der Schlafkoje festgelegt ist. Diese Eigenschaft erleichtert auch sehr die Haltung in der Familie, womöglich mit kleinen Kindern. Mir ist nicht ein einziger Fall bekannt, wo es familienintern zu Problemen durch »Fehlverhalten« eines Beagle gekommen wäre.

Der Jäger, der einen verläßlich spurlauten, arbeitsfreudigen Stöberhund aus der Brackenfamilie sucht, der sich in jeder Beziehung gut in die Familie integrieren läßt, der darüberhinaus auch auf der leichteren Wundfährte seinen »Mann« steht (wenn der Anschuß klar ausweist, daß das nachzusuchende Stück mit Sicherheit bereits verendet und kei-

Dreifarbiger Beagle.

ne Hetze mit Stellen und evtl. notwendigem Niederziehen zu erwarten ist), der sollte den Beagle in seine Überlegungen mit einbeziehen. Wie alle Bracken tut sich der Beagle mit dem Apportieren schwer, aber auch das kann man ihm im Rahmen seiner konstitutionellen Möglichkeiten beibringen, wie schon bewiesen wurde.

Man kann den Beagle (wie auch andere Brackenrassen) in Schwarzwild-Terriermeuten einsetzen. Zwar fehlt ihm die notwendige Schärfe an Sauen, dafür hat er aber oft die bessere Nase und findet schneller. Hat er die Terrier an die Rotte herangeführt, übernehmen diese die weitere »Arbeit«.

Drei Zuchtvereine im Jagdgebrauchshundverband betreuen den Beagle:

1. Der Beagle-Club-Deutschland e.V., der jedoch überwiegend reine Formzucht (= Schönheitszucht) betreibt, daneben jedoch auch eine jagdliche Abteilung in seinem Zuchtbuch führt.
2. Der Verein Jagd-Beagle e.V., der nur auf jagdliche Leistung züchtet.
3. Die Meutehalter im Deutschen Reiter und Fahrerverband. Die Jagdmeuten züchten den Beagle ausschließlich für ihre Schleppjagden und haben für diese speziellen Bedürfnisse einen etwas abweichenden Standard (geringfügig größer, leichter und feinzelliger).

Die Aggressionsarmut des Beagle hat diese Rasse zu Tausenden in die Versuchslaboratorien gebracht. Der Beagle ist *der* Laborhund schlechthin. Die Homogenität des Erbgutes dieser Rasse, das kompakte Äußere und die Möglichkeit, große Zahlen auf engem Raum zu halten, hat den Beagle zum Versuchshund Nr. 1 werden lassen. Die Zahl der in den Versuchstierzuchten gezüchteten Beagles geht alleine in Deutschland in die zigtausende.

Der Beagle diente in seinem Mutterland England übrigens dazu, dem von Hause aus stummen Terrier den Spurlaut »aufzupfropfen«. Insoweit hat diese alte Brackenrasse auch Anteil an den bei uns jagdlich geführten Terrierrassen.

Beagle-Club-Deutschland und Verein Jagd-Beagle prüfen ihre Hunde nach sehr ähnlichen Prüfungsordnungen:

1. *Anlagenprüfung*
   hier werden Nase, Spurlaut, Spurwille und Spursicherheit geprüft, außerdem Schußfestigkeit.
2. *Gebrauchsprüfung* (mit den Fächern):
   - Schweißarbeit (500 m)
   - Stöbern (Arbeitsweise, Ausdauer und Finden)
   - Revierführigkeit
   - Haarwildschleppe

   Außerdem prüfen die Vereine nach der VSwPO.

Foxhound

Obwohl der Foxhound meines Wissens in Deutschland nicht als Jagdhund im engeren Sinne geführt wird, gehört er doch der Vollständigkeit halber mit in die Brackenfamilie. Der Foxhound ist der typische Laufhund schlechthin, auch das nicht formbewertungsgeschulte Jägerauge wird sofort erkennen, daß dieser Hund wie kaum ein anderer dazu befähigt ist, mit tiefer Nase und ausdauerndem Laut viele Kilometer auf der Fährte oder Spur zu jagen. Der Foxhound ist übrigens in nahezu allen unseren großen Vorstehhunden präsent: Er diente einmal dazu, den schweren und massigen spanischen Pointer leichter und eleganter zu machen und auf diesem Umweg kam sein Blut dann in alle unsere »pointerhaltigen« Vorstehhunde.

STANDARD FOXHOUND

Kräftiger, muskulöser Laufhund, selbstbewußt und ohne Scheu, zeigt im Ausdruck deutlich drive (Impulsivität, Vorwärtsdrang) und Intelligenz.
Körpergewicht bei Rüden bis 45 kg bei einer Schulterhöhe von 60 cm plus/minus 3 cm, Hündinnen sind deutlich leichter und kleiner.

Kopf ausdrucksvoll, breit zwischen den Sehern mit deutlichem Stop. Bei Rüden unverkennbar: maskuline Typisierung.

Hals lang, nicht zu massig.

Rumpf Brustkorb weit mit viel Raum für Herz und Lungen. Rücken breit mit gut nach hinten geneigten Rippen.

Gliedmaßen dürfen weder zu hoch noch zu kurz sein. Er soll im »Rechteck« stehen und dabei nicht zu lang im Rücken sein. Bei guter Bemuskelung ist der Foxhound »trocken«.

Die ganze Anatomie des Foxhounds ist auf »Galoppade« ausgerichtet; die Schultern und die Länge der Oberarme sichern den weitausgreifenden Bewegungsablauf der Vorderhand bei optimaler Ellenbogenfreiheit, wenn die Wölbung des Brustkorbes nicht zu stark ist, – daher Schultern und Vordergliedmaße »wie Pendel« unbehindert frei schwingen können.

Der große Raumgewinn der Galoppade aber kommt aus der kräftigen Hinterhand, die dem großen, starken Muskelbogen aus Rückenstreckern und Hinterhand zu einem explosiven Schub verhilft, wodurch die für die Galoppade typische »Schwebephase« zustandekommt. Die ganze Bewegung wird noch einmal übersetzt durch die sehr elastischen Hand- und Fußwurzelgelenke sowie die kräftigen Zehen des Foxhound. Die Pfoten sind rund und geschlossen (Katzen-, nicht Hasenpfoten).

Rute soll hoch angesetzt sein, wird gerade oder leicht aufwärts getragen, darf aber nicht gekringelt sein.

Haar Behaarung von mittlerer Länge, geschlossen, hart (Stockhaar).

Farbe dreifarbig: weiß, schwarz, rot in leichten Farbnuancen.

Größe Rüden 57 bis 63 cm; Hündinnen 53 bis 60 cm.

Herkunft aus Kreuzungen zwischen dem alten Normannenhund und – wahrscheinlich – verschiedenen Hetzhundrassen. Die urkundliche Erwähnung einiger

Meuten geht bis ins frühe 18. Jahrhundert zurück. Die englische Master of Foxhound Association führt ihr Zuchtbuch seit 1860.
Über 200 Foxhoundmeuten jagen in England, – 30 in Irland, – in Deutschland stehen 12 Foxhoundmeuten, die ausschließlich auf künstlicher Fährte jagen (Schleppjagd).
Charakter, Eignung, jagdliche Qualitäten idealer Meutehund mit ausgeglichenen Qualitäten, jagdlicher Begabung. Ein normaler Jagdtag hinter dem Fuchs bedeutet in England oder Irland etwa 20 bis 40 Meilen, – davon 15 bis 30 Meilen in angestrengtem Tempo in Verfolgung des Fuchses.
Ursprungsland England

Foxhounds der Cappenberger Meute, in Erwartung des Beginns der »Jagd« (künstliche Duftschleppe).

Typischer Foxhoundrüde, dem man Kraft und Ausdauer förmlich ansieht.

Züchterisch betreut wird der Foxhound bei uns durch die Meutehalter im Deutschen Reit- und Fahrverband (Mitglied im Jagdgebrauchshundverband).
Bisweilen wird gefragt, was denn diese Hunde, die bei uns überhaupt nicht zur »echten« Jagd eingesetzt werden, im Jagdgebrauchshundverband zu suchen haben. Foxhound (und Meutebeagle) haben durch ihre Meutehaltung sich eine Eigenschaft erhalten, die den anderen, seit Generationen als Solohunde gehaltenen Jagdhunden vielfach verloren gegangen ist: ein intaktes Sozialverhalten untereinander!
In sehr vielen Jagdhundrassen nehmen Wesensmängel zu, das »Nervenkostüm« stimmt nicht mehr, beziehungsweise wird mit der Reizüberflutung nicht mehr fertig. Die Folgen sind Ängstlichkeit, Aggression oder sonstige nicht kalkulierbare Reaktionen.
In den Meuten können Hunde mit solchen Defekten auf Dauer nicht bestehen, sie müssen auf dem einen oder anderen Wege die Meute verlassen – und wenn dies durch die Meute selbst besorgt wird!

Der Foxhound jagt zumindest in der Meute verläßlich laut. Als Solojäger läßt er den Laut jedoch gelegentlich vermissen. Dennoch wäre gerade der Foxhound eine wertvolle genetische Reserve für intaktes Sozialverhalten für andere Rassen, denen diese wertvolle Eigenschaft verlorenzugehen droht.
Zum anderen erhalten uns diese Meuten ein Stück Jagdkultur: wer sich nicht für die herrlichen Bilder der bunten, laut jagenden Meute, gefolgt von den Reitern im roten Rock, begeistern kann, der hat keine Sensibilität für die schönen Dinge auf dieser Erde.

Teckel

Rassegeschichtlich gehört der Teckel fraglos zu den Bracken, den Laufhunden also. Wenn es denn richtig ist, daß der Teckel in seinen Anfängen als Niederlaufhund aus niedrig gebauten Bracken (den »Dachsbracken« also) entstanden ist, dann gehört er zumindest rassegeschichtlich an den Schluß des Kapitels über die Bracken. Auch hier ist stark zu bezweifeln, daß der Name »Dachshund« etwas mit der besonderen Eignung für die Dachsjagd zu tun hat, sondern schlicht nur seine geringe Größe beschreiben soll. Er ist also die kleinste Form der Bracke, eine Zwergbracke gewissermaßen.

Bild oben: Schwarz-rote Kurzhaarteckel, Urform des Teckels mit den klassischen Farben jagender Hunde.

STANDARD TECKEL

Allgemeinerscheinung niedrige, kurzläufige, langgestreckte, aber stramme Gestalt mit derber Muskulatur. Keck herausfordernde Haltung des Kopfes mit klugem Gesichtsausdruck. Trotz der, im Verhältnis zum langen Körper kurzen Gliedmaßen weder krüppelhaft, plump oder in der Bewegungsfähigkeit beschränkt, noch wieselartig schmächtig erscheinend. Die Gesamterscheinung sollte geschlechtsspezifisch sein.

Kopf langgestreckt, von oben und von der Spitze gesehen sich gleichmäßig bis zur Nasenspitze verschmälernd, scharf ausgeprägt. Oberkopf nur flach gewölbt und allmählich ohne Stirnabsatz (je geringer der Absatz, desto typischer) in den fein geformten, leicht gewölbten Nasenrücken verlaufend. Augenjochbogen kräftig hervortretend. Nasenknorpel und Nasenkuppe lang und schmal, Lippen straff gespannt, den Unterkiefer gut deckend, weder tief, noch rüsselartig spitz, mit leicht angedeutetem Fangwinkel, Nasenlöcher gut offen. Der Fang weit dehnbar, bis hinter die Augen gespalten mit stark entwickeltem Kiefer und Gebiß (Zangengebiß und Reibegebiß sind gleichzustellen), kräftige genau ineinander greifende Fangzähne.

Augen mittelgroß, mandelförmig, oval, seitwärts liegend, mit klarem energischem und doch freundlichem Ausdruck, nicht stechend, Farbe leuchtend dunkelrot-braun bis schwarzbraun bei allen Haarfarben der Teckel. Glas-, Fisch- oder Perlaugen bei grauen und gefleckten Hunden sind nicht sehr fehlerhaft, aber auch nicht erwünscht.

Der Behang soll hoch, nicht zu weit vorne angesetzt sein. Seine Form soll reichlich, doch nicht zu lang, schön abgerundet, nicht schmal, spitz oder faltig sein.

Er muß beweglich sein und mit dem vorderen Saum dicht an der Wange anliegen. Der Hals ist genügend lang, trocken und muskulös. Er darf keine Kehlwamme zeigen und wird mit leichter Wölbung im Genick frei hoch getragen.

Vorderhand muskulös, gedrungen, tief, lang und breit, der anstrengenden Tätigkeit unter der Erde entsprechend. Im einzelnen ist das Schulterblatt lang und schräg gestellt, fest auf dem voll entwickelten Brustkorb aufliegend, hart und plastisch bemuskelt.

Der Oberarm muß von gleicher Länge sein wie das Schulterblatt, im rechten Winkel zu diesem stehend, starkknochig und straff bemuskelt, an den Rippen anliegend, aber frei beweglich.

Der Unterarm ist kurz, möglichst wenig nach innen gebogen, nach vorn und nach außen hart und plastisch bemuskelt. Seine Länge soll so sein, daß der Bodenabstand des Hundes etwa ein Drittel bis ein Viertel seiner Widerristhöhe beträgt. Vorder-Mittelfußgelenke stehen einander etwas näher als die Schultergelenke. Die Vorder-Mittelfußknochen bilden die Fessel. Sie sollen von der Seite gesehen weder steil stehen, noch durchgedrückt sein. Die geschlossenen Pfoten sind gut gewölbt und ruhen auf kräftigen Fußballen. Sie haben je fünf Zehen, von denen vier auftreten. Die gewölbten Zehenglieder sind mit starken Krallen und derben Zehenballen versehen.

Rumpf Rücken soll einen langen und hohen Widerrist haben, im Verlauf der weiteren Brustwirbel gerade oder leicht nach hinten geneigt verlaufen und in der Lendenpartie eine leichte Wölbung zeigen.

Der Brustkorb ist von vorne gesehen oval, von oben und von der Seite gesehen großräumig, um Herz und Lunge volle Entfaltungsmöglichkeit zu gewähren, weit nach hinten aufgerippt und allmählich in die Bauchlinie übergehend. Das Brustbein derb und so stark vorspringend, daß sich an beiden Seiten Gruben fühlen. Der Bauch soll mäßig, nicht windhundartig, aufgezogen sein.

Hinterhand Kruppe lang, breit, rund und voll bemuskelt. Beckenknochen nicht zu kurz, kräftig entwickelt, mäßig schräg gestellt.

Oberschenkel derb, von guter Länge, im rechten Winkel in die Beckenpfanne eingelenkt, im Beckengelenk voll beweglich; Keule gerundet.

Kniegelenk breit und kräftig, Kniescheibe von den Bändern fest gehalten.

Unterschenkel im Verhältnis zu anderen Hunden kurz, im rechten Winkel zum Oberschenkel stehend, stramm bemuskelt. Fußwurzelknochen lang, gegen den Unterschenkel frei beweglich, leicht nach vorne ausgebogen.

Hinterpfoten mit vier dicht geschlossenen und schön gewölbten Zehen, wie die der Vorderpfoten. Der ganze Fuß soll mit den Sohlenballen auftreten, nicht allein

Rauhhaarteckel und Langhaarteckel, beide Haarvarietäten sind durch Einkreuzung anderer Rassen aus dem Kurzhaarteckel entstanden.

mit den Zehen. Kurze aber derbe Krallen. Die Hinterhand soll von hinten gesehen vollständig gerade erscheinen.

Rute soll in der vom Rückgrat bestimmten Linie ansetzen und in dieser Richtung leicht geschwungen sich zur Spitze hin verjüngend verlaufen. Alle Rutenwirbel sollen gegeneinander beweglich und keine Verwachsungen feststellbar sein.

Farben der Haare, Nase und Krallen

Einfarbige Teckel:

Rot, rotgelb, alles mit oder ohne schwarze Stichelung. Reine Farbe ist vorzuziehen und rot wertvoller als rotgelb anzusehen. Auch stark schwarzgestichelte Teckel gehören zu den einfarbigen.

Nase und Krallen schwarz, rot ist auch zulässig, aber nicht erwünscht.

Zweifarbige Teckel:

Tiefschwarz, braun, grau oder weiß, je mit rotbraunen oder rotgelben Abzeichen (Brand) über den Augen, an den Seiten des Fanges und der Unterlippen, am inneren Behangrand, an Vorbrust, den Innen- und Hinterseiten der Läufe an den Pfoten, und das Weidloch und von da ab bis etwa ⅓ bis ½ der Unterseite der Rute.

Nase und Krallen bei schwarzen Hunden schwarz, bei braunen Hunden braun oder schwarz, bei grauen oder weißen Hunden Nase und Krallen grau, auch fleischfarben, was nicht erwünscht ist, bei weißen schwarz bevorzugt. Bei einfarbigen und nicht direkt weißen zweifarbigen Teckeln ist weiß nicht erwünscht aber in einzelnen kleinen Flecken nicht gerade disqualifizierend.

Gefleckte (getigerte, gestromte) Teckel):

Die Haarfarbe beim Tigerteckel ist ein heller, bräunlicher grauer bis sogar weißer Grund mit dunkeln unregelmäßigen Flecken (große Platten nicht erwünscht) von dunkelgrauer brauner, rotgelber oder schwarzer Farbe. Weder die helle noch die

dunkle Farbe soll vorherrschen. Gestromte Teckel sind rot mit dunkler Stromung. Nase und Krallen wie bei den ein- und zweifarbigen.
Andersfarbige Teckel:
Alle vorher nicht erwähnten Farben. Fehler sind: schwarze Farbe ohne Brand, ebenso weiß ohne jeden Brand. Zu stark verbreiteter oder nicht klar abgesetzter Brand ist unerwünscht.
Für alle drei Haararten und Varietäten gelten die vorstehenden Rassekennzeichen in gleicher Weise. Für jede der drei Haararten gelten darüberhinaus:
Kurzhaariger Dachshund:
Behaarung: Kurz, dicht, glänzend, glatt anliegend, an keiner Stelle des Körpers unbehaarte Partien zeigend.
Besondere Fehler sind: Zu feines, dünnes Haar, Lederenden an den Behängen, haarlose Stellen an Nasenrücken oder allzu grobes oder reiches Haar im allgemeinen.
Rute: Fein verlaufend, voll, aber nicht zu reich behaart. Etwas längeres Grannenhaar an der Unterseite gilt als Zeichen starker Behaarungsanlage, nicht als falsch. Bürstenrute ist fehlerhaft, ebenso teilweise oder in ganzer Länge unbehaarte Rute.
Rauhhaariger Dachshund:
Behaarung: Mit Ausnahme von Fang, Augenbrauen und Behang am ganzen Körper vollkommen ausgeglichene, mit Unterwolle durchsetzte, anliegende, dichte, drahtige Jacke. Am Fang bildet sich ein Bart, die Augenbrauen sind buschig. Am Behang ist die Behaarung kürzer als am Körper, fast glatt jedoch auch der übrigen Behaarung angepaßt. Rute derb, aber möglichst anliegend behaart, verjüngt auslaufend, ohne Büschel.
Die Gesamtbehaarung muß so wirken, daß der rauhhaarige Teckel, aus der Ferne gesehen, einem kurzhaarigen gleicht. Fehlerhaft ist bei der Behaarung weiches Haar überhaupt, ob kurz oder lang, oder an irgendeiner Stelle des Körpers langes, nach

»Abgelegt«. In Erwartung einer Schweißarbeit.

allen Richtung vom Körper abstehendes, gelocktes oder welliges Haar, sowie Fahnenrute. Kurzhaarigkeit ohne Bart und Augenbraue sind ebenso fehlerhaft wie getrimmtes Haar.

Langhaariger Dachshund:

Unterscheidendes Merkmal gegenüber dem kurzhaarigen Teckel ist allein die längere, seidenartige Behaarung. Das weiche, schlichte, glänzende Haar verlängert sich unter dem Hals, der ganzen Unterseite des Körpers, besonders aber am Behang und an der Hinterseite der Läufe zu einer hervorragenden Feder und erreicht seine größte Länge an der Unterseite der Rute. – *Die Behaarung* soll am unteren Rand des Behangs überfallen. Kurze Behaarung an dieser Stelle (sog. Lederende) ist nicht erwünscht. Zu reiche Behaarung der Pfoten (Flosse) ist unschön und hindert bei der jagdlichen Arbeit. – Rute: In schöner Verlängerung der Rückenlinie getragen. An ihr erreicht die Behaarung des Körpers die größte Länge und bildet eine vollständige Fahne. Fehlerhaft ist überladene, das heißt am ganzen Körper gleichmäßig lange Behaarung, zu stark gerolltes, welliges oder struppiges Haar, das Fehlen der Fahnenrute oder fehlendes Überhängen des Haares am Behang, stark gescheiteltes Haar auf dem Rücken, zu lange Behaarung zwischen den Zehen.

Der Kurzhaar-Teckel ist unstreitig die »Urform« des Teckels. Der heute weitverbreitete Rauhhaarteckel entstand aus diesem und einigen Terrier- und Schnauzerrassen, von denen der englische Dandie-Dinmont-Terrier wohl die dominierende Rolle gespielt haben dürfte. Das leider nicht allzu seltene weiche und lange Haar beim Rauhhaarteckel ist wohl ein Erbe dieser Rasse.
Der Langhaarteckel entstand aus dem Kurzhaarteckel und langhaarigen Stöberhunden, später wurden wohl auch Spaniels mitverwendet.
Dies erklärt, warum im großen Durchschnitt der Rauhhaarteckel schneidiger und schärfer ist. Dem Langhaarteckel wird hingegen größere Vielseitigkeit nachgesagt, zumindest ist das noch bei RUDOLF FRIESS so nachzulesen.
Die älteste Farbe des Kurzhaarteckels war die alte Brackenfarbe »schwarz-rot«, heute dominiert wohl das »rot«. Die seltene gestromte Variante könne auf den Hannoverschen Schweißhund hindeuten, da Boxer oder andere Doggenarten mit der gleichen Farbe als Ahnherren wohl ausscheiden.
Der »Allerweltshund« Rauhhaarteckel wird überwiegend »saufarben« gezüchtet, aber auch dürrlaubfarbene und schwarz-rote Rauhhaarige kommen vor.
Der Langhaarteckel ist meist einfarbig rot beziehungsweise mahagonifarben wie der Irish-Setter, aber auch schwarzrote »brandl«-farbige sind nicht selten.
Der Deutsche Teckelklub trägt im langjährigen Mittel pro Jahr rund 17500 Teckel aller Haararten und Varietäten in sein Zuchtbuch ein und ist damit die mit Abstand am weitesten verbreitete Jagdhundrasse in Deutschland.

»Tigerdackel«, eine seltene Farbvarietät.

Auch das kann er. Teckel beim Apportieren aus tiefem Wasser.

Wer als Jäger einen Teckel sucht, der ist gut beraten, sich bei dem übergroßen Heer an Teckeln, die nur nach Schönheit gezüchtet wurden, nach wirklich guten Gebrauchszuchten umzusehen. Wer wenig mit der Materie vertraut ist, der sollte sich das vom Deutschen Teckel-Klub geführte »Gebrauchsteckel-Stammbuch« zunutze machen.

Wer einen Welpen erwirbt, dessen Eltern und Großeltern hier eingetragen sind, der wird die Gefahr, einen zwar schönen, aber jagdlich unbrauchbaren Hund zu bekommen, fast ausschließen können.

Des Teckels Stärke liegt im lauten Stöbern im Gelände, das er mit seinen kurzen Läufen noch »bearbeiten« kann. Brombeerverhaue und hohe Schneelagen machen seinen erfolgreichen Einsatz jedoch nahezu unmöglich.

Die Baujagd ist das zweite Standbein seiner jagdlichen Einsatzmöglichkeiten. Der spezialisierte Teckel ist hierhin kaum – und wenn überhaupt, dann nur vom entsprechend spezialisierten Terrier – zu schlagen. Der dritte Einsatzbereich ist die Schweißarbeit. Hierbei ist jedoch zu bedenken, daß der Teckel bei aller Qualifikation für die Riemenarbeit (er ist halt mit der Nase von all unseren Jagdhundrassen dem Boden und damit der Wundfährte am nächsten) bei der eventuell notwendigen Hetze des kranken Stückes Probleme haben muß, erst recht in schwieriger Botanik oder bei hohem Schnee.

Dies sollte jeder bedenken, der mit dem Teckel eine Nachsuche auf eine lauf- oder gebrechkranke Sau beginnt – die Riemenarbeit ist hierbei erst die halbe Ladenmiete. Und Experimente auf der Wundfährte eines kranken Stückes können und dürfen wir uns nicht leisten – und auch nicht auf den Zufall hoffen. Beides ist mit waidgerechter Einstellung zum Tier nicht zu vereinbaren.

Der Deutsche Teckelklub e. V. prüft seine Hunde auf folgende Prüfungen und in folgenden Fächern (wobei die bestandene Schußfestigkeitsprüfung jeweils zwingende Voraussetzung für das Bestehen der jeweiligen Prüfung ist):

1. *Spurlautprüfung (mit den Fächern):* Nase, Spurlaut, Spurwille, Spursicherheit
2. *Vielseitigkeitsprüfungen* (mit den Fächern):

- ○ Spurlaut – Nase, Spurlaut, Spurwille, Spursicherheit
- ○ Stöbern – Benehmen beim Stöbern, Ausdauer bei der Suche
- ○ Schweißarbeit – Arbeitsweise auf der Rotfährte, Fährtensicherheit, Fährtenwille
- ○ Abrichtungsfächer – Leinenführigkeit, Ablegen und Schußfestigkeit, Benehmen auf dem Stand beim Treiben

3. *Baueignungsbewertung* (mit den Fächern):
   - ○ Verhalten am Raubwild, insbesondere Härte, Ausdauer, Passion, Laut
4. *Schweißprüfung* (mit den Fächern):
   - ○ Arbeitsweise auf der Rotfährte
   - ○ Fährtensicherheit
   - ○ Fährten – Finderwille
5. *Schweißprüfung auf der 40-Stunden-Fährte*
   - ○ Arbeitsweise auf der Rotfährte
   - ○ Fährtensicherheit
   - ○ Fährten – Finderwille
6. *Verbandsschweißprüfung nach der VSwPO*
7. *Stöberprüfung* (mit den Fächern):
   - ○ Benehmen beim Stöbern,
   - ○ Ausdauer bei der Suche
   - ○ Finden
   - ○ Führigkeit
   - ○ Ablegen und Schußruhe
   - ○ Benehmen auf dem Stand
8. *Prüfung für Kaninchen- und Zwergteckel:*
   - ○ Kaninchenschleppe und Herausziehen
     - – Suche am Riemen
     - – Freisuche
     - – Arbeit am Bau
     - – Verhalten am Wild
     - – Prüfung am Naturbau auf Wildkaninchen
     - – Sprengen oder Würgen und Herausziehen
     - – Finden, Ausdauer und Passion
     - – Laut

»Gestellt!« – Teckel mit Fuchs.

9. *Eignungsbewertung am Naturbau*
10. *Schweißarbeit auf natürlicher Wundfährte*

Neben dem Deutschen Teckelklub hat sich ein weiterer Zuchtverein gegründet, der sich insbesondere der jagdlichen Qualitäten des Teckels annehmen will und nicht zweigleisig (also auf Schönheit- *und* Leistung) züchtet, sondern die jagdliche Qualifikation bei Wahrung der Form in den Vordergrund stellt.

Dieser »Verein für Jagd-Teckel e. V.« ist Mitglied des JGHV. Er prüft seine Hunde auf folgende Prüfungen:

1. *Spurlautfeststellung*
2. *Schweißprüfung* auf künstlicher Schweißfährte unter Verwendung des Fährtenschuhes. Schalen, Schweiß und das am Ende liegende Stück Wild müssen von der gleichen Wildart stammen, die auch in diesem Revier vorkommen muß. Länge: nicht unter 1000 Meter.

Bewertet werden die Fächer:
- Arbeitsweise auf der Fährte
- Fährtensicherheit
- Finderwille

3. *Schweißprüfung auf natürlicher Wundfährte*
4. *Gebrauchsprüfung* (mit den Fächern):
   - Stöbern – Arbeitsweise, Ausdauer
   - Gehorsam – Leinenführigkeit, Ablegen, Benehmen auf dem Stand
   - Schweißarbeit – Arbeitsweise, Sicherheit, Fährtenwille
   - Wahlfächer – Haarwildschleppe oder Wasserarbeit
5. *Bauprüfung im Naturbau*
6. *Kaninchensprengerprüfung*

Nach der Bauarbeit.

DIE SCHWEISSHUNDE

Die beiden Schweißhundrassen »Hannoverscher Schweißhund« und »Bayerischer Gebirgsschweißhund« sind unmittelbare Brackenabkömmlinge. Auf die Entstehung wird bei der Darstellung der Herkunft beider Rassen näher eingegangen.

Die Schweißhunde sind die eigentlichen Spezialisten auf der Wundfährte kranken Schalenwildes. Während der »Hannoveraner« auch heute noch nur ausnahmsweise auf Rehwild gearbeitet wird, wird der »Bayer« auf alle Schalenwildarten gearbeitet.

War der Hannoversche Schweißhund einmal der klassische »Hirschhund«, so ist sein heutiges Einsatzfeld überwiegend die Wundfährte kranken Schwarzwildes; aus dem »Hirschhund« ist ein »Sauhund« geworden.

Beide Schweißhundrassen sind auf der Wundfährte kranken Schalenwildes kaum durch andere Rassen zu ersetzen, wenn sie denn verantwortungsbewußt gezüchtet und gerecht geführt sind. Sie sind seit Urzeiten auf eben die Tugenden gezüchtet worden, die einen guten Nachsuchenhund ausmachen: feinste Nase, Finderwillen (»Drang nach vorne«), Hetzpassion und Lautfreudigkeit sowie Schärfe und Wesensfestigkeit, die zum Stellen einer aggressiven Sau im dichten Schwarzdornverhau nötig sind.

Die Nachsuchenarbeit ist (leider) sehr »in Mode gekommen«. Viele Hundeführer suchen in ihr einen Ersatz für die immer weniger werdende Arbeit am Niederwild. Es werden auf der Schalenwildwundfährte dadurch auch Rassen eingesetzt, die anlagebedingt für die Nachsuchenarbeit nur sehr bedingt brauchbar sind. Sei es, weil ihnen von Hause aus die notwendige Wildschärfe fehlt oder sie beispielsweise stumm hetzen.

Ein Einsatz solcher Hunde auf der »echten« Schalenwildwundfährte dient der Sache nicht, sie verlängert völlig unnötig die Leiden des kranken Wildes und macht unsere Arbeit auf der Krankfährte für die Tierschützer angreifbar. Soweit darf es nicht kommen. Wer sich kompromißlos der Nachsuchenarbeit verschreiben will, der sollte sich konsequenterweise einen Hund anschaffen, dessen Rassezugehörigkeit vermuten läßt, daß er auf der Schalenwildwundfährte erfolgreich arbeiten wird.

Die beiden Schweißhundrassen stehen dank der verantwortungsbewußten Zuchtpolitik ihrer Zuchtvereine auf einem anerkannt sehr hohen Leistungsniveau. Wer bereit ist, unter Vernachlässigung von Freizeit und Familie der Nachsuchenarbeit zu dienen, der sollte sich um einen Schweißhundwelpen bemühen, wobei es (fast) egal ist, ob er sich für den »Hannoveraner« oder den »Bayern« entscheidet.

◁
Schweißarbeit ist hartes Handwerk. Sie ist die verantwortungsvollste Form der Jagdausübung vor dem Gesetz und unserem Verständnis von Waidgerechtigkeit.

Hannoverscher Schweißhund

Der Hannoversche Schweißhund ist der unmittelbare Nachfahre des Leithundes des Mittelalters. Diese Leithunde waren in ihren Anfängen die ruhigsten und feinnasigsten Hunde der Brackenmeuten. In einem langen Zeitraum wurden diese Eigenschaften »extreme Ruhe« und feinste Nase durch züchterische Selektion genetisch fixiert. Der Leithund diente ausschließlich zum Bestätigen und »Lancieren« gesunden Hochwildes, wohl meist eines bestimmten starken Hirsches. Es ist jedoch auch überliefert, daß mit dem Leithund starke Keiler, Wölfe und Bären lanciert wurden. Die »Besuchsjäger« des Mittelalters haben diese Arbeit des Leithundes zu einer hohen Kunst verfeinert und standen in hohem Ansehen.

Im Nibelungenlied finden wir bereits einen deutlichen Hinweis auf die Leithundearbeit:

Siegfried bittet (siehe Vers 932) seinen Schwager Gunter beim Aufbruch zu der für ihn so verhängnisvollen Jagd in den Odenwald, er »möge ihm einen Jäger und einen Bracken mitgeben, der so genossen hat, daß er die Fährte erkenne der Tiere durch den Tann«.

Mit der Verbesserung der Feuerwaffen wurde die Leithundearbeit allmählich überflüssig. Was jetzt gebraucht wurde, waren Hunde, die sowohl ihre Nase auf der Fährte *angeschweißten* Hochwildes zu gebrauchen wußten, die jedoch auch dem aus dem letzten Wundbett fortflüchtenden Wild mit Hetzpassion und Laut folgen konnten, um es bis zum Fangschuß zu stellen. Hetzpassion und Laut waren den Leithunden fast gänzlich verloren gegangen, obwohl sie reine Bracken geblieben waren! Dies beweist einmal mehr, daß auch genetisch vermeintlich fest verankerte Eigenschaften verloren gehen können, wenn wir sie nicht ständig überprüfen. Nichts bleibt für alle Zeiten in der Erbmasse, wenn wir nicht dafür sorgen, daß die *Zuchthunde* einer Rasse über alle die Eigenschaften verfügen, die wir für die jagdliche Brauchbarkeit einer Jagdhunderasse für unverzichtbar halten.

BECKMANN, STREBEL, FRIESS und ANDREAS haben uns überliefert, daß es vor allem die Rote Hannoversche Haidbracke war, die am Jägerhof zu Hannover wieder Hetzpassion und Lautfreudigkeit in den Leithund hineinbrachte. Die heute noch gelegentlich »herausmendelnden« weißen Abzeichen, meist ein weißer Brustfleck, sind übrigens keine Hinweise auf die Brackenahnen, sondern sehr viel eher reines Leithunderbe. Die Haidbracke hatte nur sehr selten und wenig Weiß – es war bei ihr auch garnicht erwünscht –, die Leithunde hatten jedoch häufig weiße Abzeichen, ja manche waren sogar reinweiß, wie wir von den Stichen des J.-E. Ridinger wissen.

Ob überhaupt und welche anderen Rassen damals dem Leithund zur Anpassung seiner Leistungsfähigkeit an die veränderten Jagdverhältnisse zugeführt wurden, wird wohl im Dunkel der Geschichte bleiben.

So ist der Hannoversche Schweißhund heute an die zweihundert Jahre alt und er hat sich in dieser Zeit äußerlich wenig verändert.

Der Hannoversche Schweißhund ist gemeinsam mit seinem kleineren Vetter, dem Bayerischen Gebirgsschweißhund, der klassische Spezialist auf der Wundfährte kranken Hochwildes. So wie die englischen Vorstehhunde in der Arbeit vor dem Schuß den deutschen Vollgebrauchshunden in aller Regel auf ihrem Spezialgebiet überlegen sind, so ist auch der Schweißhund auf der Wundfährte

Bild links: Hannoverscher Schweißhund – hirschrot mit dunkler Maske.

Bild unten: Rote Hannoversche Haidbracke, einer der Ahnen des Hannoverschen Schweißhundes.

STANDARD HANNOVERSCHER SCHWEISSHUND

Allgemeines Erscheinungsbild ist das eines mittelgroßen, wohlproportionierten, kraftvollen Hundes. Gut gestellte, kräftig bemuskelte Vorder- und Hintergliedmaßen befähigen ihn zu ausdauernder Arbeit. Zu hohe Läufe, besonders eine überbaute Vorhand beeinträchtigen die Arbeit mit tiefer Nase und sind typfremd. Die breite tiefe Brust bietet der Lunge viel Raum und ermöglicht lange, anstrengende Hetzen. Die leicht faltige Stirn und das klare, dunkle Auge verleihen dem Hannoverschen Schweißhund den für ihn typischen ernsten Gesichtsausdruck. Rassetypisch ist auch die rote Grundfärbung, die vom hellen Fahlrot zur dunkel gestromten, beinahe schwarz wirkenden variieren kann.

Leistungsbestimmende Merkmale:

Kopf

Fang kräftig, tief und breit. Für den Gebrauch gut ausgebildet (etwa 50 Prozent der Kopflänge) Kinnbacken kräftig.

Gebiß 42 Zähne, Scheren- oder Zangengebiß.

Nase Groß, breit, Nasenflügel gut geöffnet.

Rumpf

Hals lang und stark, sich allmählich zur Brust erweiternd. Kehllaut voll und locker, leichte Wammenbildung ist zulässig.

Brust tief und geräumig, mehr tief als breit.

Bauch in allmählich aufsteigender Linie leicht aufgezogen.

Rücken stark und elastisch, Lendenpartie bei leichter Wölbung breit und biegsam.

Kruppe Breit und lang, leichte Senkung zur Rute.

Vordere Gliedmaßen

Oberarm und Ellenbogen Schulterblätter flach anliegend, fest bemuskelt, gut beweglich, Oberarm lang, Ellenbogen gut nach hinten gelagert und anliegend.

Unterarm gerade gut bemuskelt. Fußwurzeln breit, fast gerade, nie völlig steil. Pfoten kräftig rund und geschlossen; große, derbe Ballen, Zehen gut gewölbt, kräftige Nägel.

Hintere Gliedmaßen

Becken breit und geräumig.

Oberschenkel kräftig bemuskelt.

Unterschenkel gerade und trocken, Sprunggelenke breit und stark. Fußwurzeln fast senkrecht zum Boden gestellt. Pfoten gerundet, dicht geschlossen.

Knochenbau und Bemuskelung

Für den Gebrauch ausreichend kräftiger Knochenbau und gute Bemuskelung.

Bewegungsablauf

Schwungvoll, elastisch und raumgreifend.

Den Typ bestimmende Merkmale:

Kopf

Fang Lefzen breit überfallend und gut abgerundet.

Oberschädel breit, in der Breite nach hinten zunehmend, flach gewölbt. Stirn leicht faltig; Hinterhauptbein wenig ausgeprägt. Augenbogen von der Seite gesehen deutlich abgesetzt.

Behang mittellang, hoch und breit angesetzt, glatt und ohne Drehung dicht am Kopf herabhängend, unten stumpf abgerundet.

Nasenrücken leicht gewölbt oder fast gerade, beim Rüden stärker gewölbt. In Richtung Stirn allmählich schmaler werdend.
Nasenschwamm breit, meist schwarz, selten dunkelbraun.
Auge klar vorliegend, guter Lidschluß, dunkelbraune Iris.
Rute
Hoch angesetzt, lang und wenig gebogen, im Ansatz kräftig, zur Spitze allmählich verjüngend.
Harmonie
Verhältnis Kopf-Rumpf: proportioniert
Verhältnis Rumpf-Läufe: proportioniert
Geschlechtstyp
Rüde und Hündin geschlechtsspezifisch.
Haar
Rumpf kurz, dicht, derb bis harsch, nur am hinteren Rand der Keulen etwas länger und gröber.
Rute dicht und derb, an der Unterseite etwas länger und gröber.
Größe und Farbe
Größe Rüde 50 bis 55 cm, Hündin 48 bis 53 cm +/– 2 cm Abweichung ist zulässig.
Farbe hell- bis dunkelhirschrot. Mehr oder weniger stark gestromt. Mit und ohne Maske. Kleine weiße Flecken am Brustkern werden toleriert.
Herkunftsland Deutschland

Dunkel gestromte Hannoversche Schweißhündin mit Welpen. Der Blick sagt alles: Niemand sollte es wagen, sich der Wurfkiste zu nähern.

nicht beliebig durch andere Rassen zu ersetzen. Der Verein Hirschmann hat nach meinem Kenntnisstand die schärfste Zuchtordnung aller Jagdgebrauchshund-Zuchtvereine in Deutschland.
Verbunden mit einer sehr zurückhaltenden Zuchtpolitik wird damit sichergestellt, daß trotz einer schmalen Zuchtbasis nur mit allerbestem Zuchtmaterial gezüchtet wird und Ausfälle durch ererbte Schäden oder Mängel zu den seltenen Ausnahmen gehören.
Sowohl der Hannoversche Schweißhund als auch der Bayerische Gebirgsschweißhund gehören in die Hände von Jägern, die die Anlagen ihres Hundes auch zur vollen Entfaltung bringen können.
Das bedeutet, daß der Führer eines solchen Hundes ihm schon mindestens 20 Einsätze auf der Schalenwildwundfährte anbieten können muß. Wer das nicht kann, der sollte die Hände weglassen von diesen Nachsuchen-Spezialisten. Die Anlagen eines Hundes, der nur beispielsweise dreimal jährlich auf einer echten Wundfährte arbeiten kann, müssen verkümmern bzw. können sich überhaupt nicht entwickeln.
Ein solcher Schweißhund ist dann tatsächlich nicht besser – ja er kann es gar nicht sein – als ein vielseitiger Gebrauchshund, der wenigstens »nebenher« noch andere jagdliche Betätigungsfelder hat. So hat es überhaupt nichts mit der manchmal so dargestellten »Arroganz« eines »Elitevereins« zu tun, wenn nicht jeder einen Schweißhundwelpen bekommen kann, der gerne einen haben möchte.
Ein schlecht geführter Schweißhund ist für die Rasse die denkbar schlechteste Werbung. Der Jäger erwartet von einem Spezialisten mit Recht herausragende

Gestromter Hannoverscher Schweißhund stellt eine kranke Sau.

Typischer Hannoverscher Schweißhund mit der von den meisten Schweißhundfreunden bevorzugten Farbe »hirschrot mit dunkler Maske«.

Leistungen auf seinem Spezialgebiet. Aber auch die besten Anlagen nützen nichts, wenn sie nicht durch entsprechende Einsätze auf der Wundfährte entwickelt und durch die durch nichts zu ersetzenden »persönlichen« Erfahrungen jedes einzelnen Hundes vervollkommnet werden.
Die Einarbeitung des Hannoveraners erfolgt auch heute noch auf der beobachteten, gesunden Fährte einzeln gezogenen Hochwildes, nicht auf der Schweiß-Kunstfährte. So lernt der junge Schweißhund, sich an der Bodenverwundung und der Individualwitterung des Wildes zu orientieren, das diese Fährte hinterlassen hat. Schweiß und Wundwitterung sind dann beim späteren Einsatz auf der »echten« Wundfährte eine erfreuliche Zugabe, nicht jedoch die alleinige Richtschnur für seine Arbeit. Nur so sind die überragenden Leistungen von Schweißhunden auf uralten, nicht mehr schweißenden Wundfährten zu erklären.
Im langjährigen Mittel werden etwa 40 Welpen jährlich in das Zuchtbuch des Vereins Hirschmann eingetragen.

Der Verein Hirschmann prüft seine Hunde auf folgenden Anlagen bzw. Leistungsprüfungen:

1. *Vorprüfung* (mit den Fächern):
   - Riemenarbeit auf kalter beobachteter Fährte einzeln gezogenen Hochwildes
   - Vorsuche
   - Allgemeiner Gehorsam
   - Ablegen mit Schußabgabe
2. *Hauptprüfung mit den Fächern*
   - Riemenarbeit auf natürlicher Wundfährte
   - Hetze
   - Stellen
   - Benehmen am erlegten Wild

Bayerischer Gebirgsschweißhund

Der Bayerische Gebirgsschweißhund entstand in der zweiten Hälfte des vorigen Jahrhunderts im deutschen Alpenraum. Man hatte dort die großen Vorzüge des Hannoveraners auf der Hochwildwundfährte kennen und schätzen gelernt, aber auch feststellen müssen, daß dieser schwere und massige Hund dem Einsatz im extremen Berggelände wenig gewachsen war. Er war zum einen selbst infolge mangelnder Wendigkeit bei Hetze und Stellen kranker Gams sehr gefährdet, stellte aber auch für den am Riemen nachhängenden Führer unter Umständen eine permanente Gefahr dar.

So kreuzte man die vorhandenen »Wildbodenhunde«, die Tiroler- und Brandlbracken in den Hannoveraner ein und schuf so den »Bayerischen Gebirgsschweißhund«, wie wir ihn heute kennen. In den fünfziger Jahren dieses Jahrhunderts führte man dem Bayerischen Gebirgsschweißhund erneut Brackenblut zu (zwei Tiroler Brackenrüden wurden eingekreuzt) – Regenerationszucht nannte man das damals. Es ist logisch, daß im Hochgebirge die Riemenarbeit eine etwas geringere Bedeutung hat als im Flachland. Deshalb wird auch auf freie Suche vor dem Führer, laute Hetze und sicheres Stellen vielleicht ein etwas größerer Wert gelegt. So bedeutet es keine Abwertung – weder für die eine, noch für die andere Rasse – wenn ich behaupte, daß der »Hannoveraner« häufig der sicherere Riemenarbeiter, der »Bayer« jedoch der bessere Hetzer ist.

Die Einarbeitung des Bayerischen Gebirgsschweißhundes nach der »Hirschmannschule« auf der beobachteten Fährte einzeln gezogenen Hochwildes stößt geländebedingt im Hochgebirge auf Schwierigkeiten.

So kam man dort schon vor langer Zeit zum »Fährtenschuh«, man arbeitet den jungen »Bayer« also auf einer *Kunst*fährte ein. In Spezialschuhe werden die Schalen eines erlegten Stückes Hochwild eingespannt und damit – unter nur

Bayerischer Gebirgsschweißhund, Begleiter des Bergjägers.

STANDARD BAYERISCHER GEBIRGSSCHWEISSHUND

Allgemeines Erscheinungsbild Ein leichter, sehr beweglicher und muskulöser, mittelgroßer Hund. Der Körper ist etwas langgestreckt, hinten etwas erhöht und steht auf nicht zu hohen Läufen.
Der Kopf wird horizontal oder etwas aufwärts, die Rute waagerecht oder schräg abwärts getragen.
Größe Rüden 47 bis 52 cm
Hündinnen bis 48 cm
Toleranz keine nach oben und unten!
Kopf
Oberkopf verhältnismäßig breit, flach gewölbt, nicht zu schwer. Fang vor den Augen etwas abgesetzt, nicht zu lang und nicht zu spitz. Nase schwarz, auch dunkelrot. Augenbögen gut entwickelt. Lefzen gut überfallend (keine ausgesprochenen Hängelefzen). Mundwinkel gut ausgeprägt. Scheren- oder Zangengebiß. 42 Zähne.
Behang: etwas über mittellang (höchstens bis zum Nasenschwamm) schwer, hoch und breit angesetzt, ohne Drehung an den Kopfseiten herabhängend, unten abgerundet.
Auge klar, nicht zu groß und zu rund, gut geschlossen, dunkelbraun, auch etwas heller.
Hals mittellang, kräftig.
Rücken nicht zu kurz, aber kräftig. Breite, tief gegen die Weichen herab bemuskelte, leicht gewölbte Nierenpartie. Die Kruppe lang und flach gegen die Rute hin verlaufend.
Brust nicht zu breit, Rippenkorb tief und lang, mit langen, weit gegen die Flanken hinreichenden Fehlrippen.
Bauch hinten leicht aufgezogen.
Rute mittelang, höchstens bis an die Fußwurzel reichend, hoch angesetzt, schlank verlaufend und horizontal oder leicht schräg abwärts getragen. Unterseite stärker, bürstenartig behaart.
Vorderhand gut schräggestellte Schulter mit langem Oberarm. Die Läufe starkknochig, aber nicht plump, von vorn gesehen gerade, stark bemuskelt. Die Fußwurzel nicht durchgedrückt, aber auch nicht senkrecht gestellt.
Hinterhand breit und lang, gut und rauh behaart. Der verhältnismäßig lange Unterschenkel schräg, die Fußwurzel aber senkrecht zum Boden gestellt. Von hinten gesehen sollen die Läufe parallel zueinander stehen, die Haken (Kniegelenke) sollen weder nach innen oder außen gedreht sein.
Pfoten nicht übermäßig stark, aber mit gutgewölbten und geschlossenen Zehen ausgestattet. Nägel gut entwickelt; schwarz oder hornfarbig. Die Pfote nicht zu rund (Katzenpfote) aber auch nicht zu flach (Hasenpfote), sondern löffelförmig. Ballen kräftig, rauh und widerstandsfähig.
Haar dicht, glatt anliegend, mäßig rauh mit wenig Glanz; feiner an Kopf und Behang, rauher und länger an Bauch, Schlegel und Rute.
Farbe tiefrot, hirschrot, rotbraun, rotgelb, auch fahlgelb bis semmelfarben; rotgrau wie das Winterhaar des Rotwildes, auch geflammt oder dunkel gestichelt. Auf dem Rücken ist die Grundfarbe meist intensiver. Fang und Behang dunkel, Rute meist dunkel gestichelt.
Herkunftsland Deutschland

sporadischer Zugabe von Schweiß – eine doch recht naturnahe Fährte getreten.
Diese Einarbeitungsmethode mit dem Fährtenschuh hat gegenüber der normalen Spritz- oder Tupffährte gewiß ihre großen Vorteile, auch hier muß sich der Hund an der Bodenverwundung orientieren, will er die Fährte voranbringen. Diese Methode kommt eben doch der Hirschmannschule sehr nahe, wenn wir auch nicht glauben sollten, daß der Hund es nicht merkt, daß er eine Kunstfährte und eben keine Naturfährte arbeitet.
Der »Klub für Bayerische Gebirgsschweißhunde« unternimmt erhebliche Anstrengungen, seine Hunde nur in gute Führerhände zu geben. Leider ist aber gerade der »Bayer« sehr in Mode gekommen und so haben sich seiner auch kommerzielle Hundevermehrer angenommen, die ihre Zuchtprodukte in allen Jagdzeitungen anbieten.
Natürlich entstammen diese Hunde keiner »Leistungszucht«, allenfalls einer »Formzucht«. Wer auf diese Anbieter hereinfällt, dem ist allerdings nicht zu helfen.

Wer sich für einen Schweißhund interessiert, der muß sich um einen Welpen nur und ausschließlich über den entsprechenden Zuchtverein bemühen. Dieser Zuchtverein *muß* Mitglied im »Jagdgebrauchshundverband e. V.« sein, dann hat der Welpeninteressent die Gewähr dafür, daß der zu erwerbende Hund nach Kriterien gezüchtet wurde, die den Erhalt bzw. die stetige Verbesserung der für das Einsatzgebiet dieser Rasse notwendigen Anlagen sicherstellen.
Dies gilt natürlich für alle Jagdhundrassen, aber ich erwähne es beim Bayerischen Gebirgsschweißhund, weil gerade bei dieser Rasse die Zahl der »Schwarzzüchtungen« die der Zuchtprodukte des »Klubs« schon fast übersteigt.
Gelegentlich fallen als Rückschläge auf die Brandlbracke schwarze Welpen, die zwar eingetragen werden, mit denen aber nicht weitergezüchtet werden darf. Im langjährigen Mittel fallen im Zuchtbereich des Klubs etwa 30 bis 40 Welpen. Die Zahl der im Zuchtbereich des österreichischen Schweißhundvereins gezüchteten Welpen ist etwa doppelt so groß.

Auch außerhalb des Gebirges bis ins norddeutsche Flachland wird der BGS eingesetzt.

Typische BGS-Hündin.

Der »Klub für Bayerische Gebirgsschweißhunde« prüft seine Hunde ebenfalls auf einer Vor- und einer Hauptprüfung:

1. *Vorprüfung* (mit den Fächern)
   - Riemenarbeit auf künstlicher Schweißfährte (Fährtenschuh)
   - Verhalten am verendeten Wild
   - Verteidigen von verendetem Wild
   - Totverweisen oder Totverbellen
   - Leinenführigkeit
   - Schußfestigkeit und Ablegen
2. *Hauptprüfung* (mit den Fächern):
   - Arbeit auf natürlicher, kalter Wundfährte mit und ohne Riemen
   - Hatz-, Fährten- oder Sichtlaut
   - Standlaut und Stellen
   - Totverweisen oder Totverbellen
   - Verhalten am verendeten Stück
   - Verteidigen von verendetem Wild

1994 hat sich ein zweiter Zuchtverein für diese Rasse gegründet: der »Verein für Bayerische Gebirgsschweißhunde 1994«. Mitglieder und Hundematerial dieses neuen Vereins stammen fast ausschließlich aus dem Fundus des alten »Klubs«. Man wird abwarten müssen, ob dieser Zweitverein eine Mitgliedschaft im JGHV erlangen wird.

DIE STÖBERHUNDE

Stöbern ist das Heraustreiben von Wild aller Art aus dichten Deckungen, »aus dem Dunkeln«, in denen man dem Hund nicht mehr folgen und von ihm hochgemachtes Wild nicht mehr beschießen kann.
Der Hund wirkt also beim Stöbern als Treiber, allein, oder aber mit Menschen als Führer und Treibern zusammen.
Das letztere ist die gewöhnliche Form einer Waldtreibjagd mit Hunden in wildreichen Revieren mit dichten Deckungen.«
Dieser Definition des »Stöberns« im BUCH »Der wichtigste Gehilfe des Jägers: Der Hund« von RUDOLF FRIESS ist nichts hinzuzufügen.
Sie beschreibt auch klar, welche Anforderungen an den guten Stöberhund zu stellen sind:
Arbeitsfreude, Finderwille, »Sich-Lösen vom Führer«, also weitgehend selbständiges Jagen und *unbedingter Spurlaut.* Der Spurlaut ist deswegen so unverzichtbar, weil nur vor dem spurlauten Hund das Wild seine gewohnten Wechsel und Pässe hält, es kann ihn besser »berechnen«, weiß wo er sich gerade befindet und kann sein Verhalten darauf einstellen. Vor dem stummen Hund kommt das völlig verunsicherte Wild dagegen in kopfloser Flucht.
FRIESS unterscheidet auch sehr eindrucksvoll zwischen »Brackieren«, »Stöbern« und »Buschieren«. Weil diese Begriffe immer wieder verwechselt bzw. falsch angewendet werden, hier seine Begriffsbestimmung:

»Brackieren: Die Bracke findet ihr Wild in der Regel auf der Nachtspur, der aus der Sasse geworfene Hase wird auf der Spur gejagt, bis dieser wieder in die Nähe seiner Sasse zurückkommt und dort erlegt werden kann.
Brackiert wird also nur auf Haarwild!
Stöbern: Siehe oben
Buschieren: Jagd auf Herbstschnepfe, Fasan, Kanin, auch noch Hase und evtl. Wasserwild mit einem kurz unter der Flinte suchenden Hund in niederer

Winterwaidwerk mit Deutschen Wachtelhunden (»Schimmel«).

Deckung, in der der Jäger dem Hunde folgen kann.«
Während Stöberhund und erst recht die Bracke spurlaut sein müssen, ist beim Buschierhund der Laut nicht unbedingt erforderlich, da er ja in ständiger Blickverbindung mit seinem Führer arbeitet. Dies erklärt auch, warum der klassische Buschierhund, der Spaniel, von Haus aus Probleme mit dem Laut hat.
Die Bracken sind schon eingehend abgehandelt, wenden wir uns nun den Stöber- und Buschierhunden zu, die nach »gängiger Rechtsprechung« als eine Gruppe behandelt werden.
In Deutschland gab und gibt es nur einen einzigen Vertreter dieser Rassegruppe, den Deutschen Wachtel. Aus England kamen in diese Gruppe die Spaniels, von denen jedoch nur zwei Spielarten eine jagdliche Bedeutung erlangt haben: der Cockerspaniel und der Springerspaniel.
Alle diese Hunde stehen *nicht* vor, es wäre auch nicht nur unnütz, sondern sogar fatal, wenn der Stöberhund in dichter Deckung den Hasen vorstehen würde, statt ihn aus der Sasse zu werfen und

»Wachtelvater« Rudolf Friess (»R. F.«)

dem draußen wartenden Jäger vor die Flinte zu bringen.
Um im möglicherweise dichten Dornen- und Schilfverhau vor Verletzungen weitestgehend geschützt zu sein, sind alle diese Hunde langhaarig und kupiert, damit sie sich nicht ihre Rute an Dornen oder im messerscharfen Schilf blutig schlagen oder schneiden.

Der Wachtel ist der einzige deutsche Stöberhund

Deutscher Wachtelhund

Der Wachtel ist als eigenständige Rasse uralt und entspricht völlig dem »Deutschen Stöberhund« FLEMMINGS, der ihn schon zu Beginn des 18. Jahrhunderts deutlich beschrieben hat. Der heutige Wachtel geht auf eine begrenzte Population dieses altdeutschen Stöberhundes zurück, die gegen Ende des vorigen Jahrhunderts auf der oberbayerischen Seenplatte vorhanden war.
Ob es den Wachtel noch gäbe, hätte sich nicht der Wachtelvater RUDOLF FRIESS seiner angenommen, das darf zumindest bezweifelt werden. Er war es, der durch sein Engagement den 1903 gegründeten »Verein für Deutsche Wachtelhunde« mit Leben erfüllt und als Züchter und Zuchtberater von 1908 bis 1964 die Rasse mit aufgebaut und durch seine vielen Veröffentlichungen populär gemacht hat.
Seit 1897 wird der Wachtel in reiner Leistungszucht auf Nase, Spursicherheit, Spurwille und Spurlaut sowie Stöber- und Wasserfreude, Härte und Bringfreude auf zuchtbuchmäßiger Grundlage gezüchtet. Er ist *der* vielseitige Gebrauchshund des Waldjägers, bevorzugt des Berufsjägers und Forstmannes.
Der Wachtel wird auch heute noch in zwei Farbschlägen gezüchtet, die ursprünglich in ihrer jagdlichen Veranlagung recht unterschiedlich waren:
der einfarbig braune Wachtel, der als »Kurzjager« führiger ist
und der Schimmel, der als »Weitjager«, insbesondere bei Hetzen angeschweißten Wildes, besser geeignet war als der »Braune«.
Die von FRIESS immer wieder beschriebenen Unterschiede in den beiden Stämmen können heute nicht mehr den Farbschlägen zugeschrieben werden, da insbesondere nach dem letzten Krieg

Bild links: Deutscher Wachtelhund des (schweren) braunen Schlages.

und erst recht in der Wachtelzucht in der früheren DDR die Trennung der Farbschläge über längere Zeit nicht eingehalten wurde.
Die Arbeitsgruppe »Weitjager« hat es sich innerhalb des Vereins für Deutsche Wachtelhunde zur Aufgabe gemacht, die Hunde herauszufinden, die das Brackenerbe noch besitzen, nachdem der langjährige Zuchtleiter des Vereins, HEINRICH HECKER, die Einführung des doppelten Spurlautstriches als Weitjagerleistungszeichen durchgesetzt hatte. Dieses Leistungszeichen erhalten Wachtel, die einen Hasen brackieren (also in die Nähe der Sasse zurückbringen), den sie zuvor selbstständig gefunden haben. Am ehesten ist der Wachtel noch mit dem Deutsch-Langhaar zu verwechseln,

STANDARD DEUTSCHER WACHTELHUND

Jagdlich ist er vor allem, der kleine Gebrauchshund für Wald und Wasser, im Felde nur Notbehelf. Vorstehen ist beim deutschen Stöberhund nicht Sache der Zucht, sondern gegebenenfalls der Abrichtung und Führung. Er ist vor allem der durchaus spur- und fährtensichere Lautstöberer, Schweißhund, Verlorensucher, Wasser- und Buschierhund. Er muß lockeren Spurlaut besitzen. Stummes oder nur sichtlautes Jagen, Mangel an Nase, an Spursicherheit, an Wasserfreude und Raubwildhaß wären schwere Fehler. Der stets größere und kräftigere Rüde muß bei richtiger Abrichtung Hase und auch Fuchs herbeitragen. Nicht tragbares Wild lernt der kluge Hund leicht zu verweisen oder bei richtiger Abrichtung zu verbellen. Raubwildschärfe ist ausgeprägt. Viele Wachtel sind griffsichere Würger.
Allgemeine Erscheinung ähnelt, abgesehen von der Größe und Kürze dem deutschlanghaarigen Vorstehhund, ist aber nicht so hochläufig, sondern ein Hund von ausgesprochen gestreckter Figur. Dem kleinen Schwergewichtsträger ist, um beim Tragen von Hase und Fuchs das Gleichgewicht zu halten, eine gewisse Länge und Massigkeit der Figur von Nöten. Der deutsche Wachtelhund (D.W.) soll bei edler Gesamterscheinung gute Knochen und Muskeln haben, darf weder hochbeinig und windig, noch schwerfällig und niedrig, muß vielmehr ein trockener, derbknochiger und muskulöser Hund von ausgesprochen langen Linien sein, das heißt er sei lang im Widerrist und in der Kruppe, sehr kurz im eigentlichen Rücken und der breiten, kräftigen Nierenpartie, so daß er auf den Laien mehr den Eindruck eines langgestreckten, als den eines kurzen Hundes erweckt. Er muß Ausdauer und Kraft besitzen, um auch im schwierigsten Gelände und Schnee den längsten Jagdtag auszuhalten. Als Größe werden 45 bis 54 cm und zwar etwa 45 bis 51 cm Stockmaß für die Hündin, 48 bis 54 cm für den Rüden angenommen. Ein sonst tadelloser Hund soll wegen 1 oder 2 cm hin oder her nicht entwertet werden.
Kopf trocken mit schwachen Lefzen, Geiferer kommen nicht vor; Schädel und Fang etwa gleich lang, Oberkopf flach, nicht zu breit; kein merkliches Hinterhauptbein. Stirnabsatz fast unmerklich, keine oder nur schwache Stirnfurche, Jochbögen nicht hervortretend. Fang lang, kräftig mit breitem Nasenrücken, nicht viereckig (Feine Lefzen noch weniger spitz, Ramsnase ziert den Hund. Nasenschwamm groß, Nüstern weit. Gebiß kräftig, gut schließend; Schneidezähne des Oberkiefers scherenförmig vor denen des Unterkiefers, keinesfalls aber vor- oder gar rückbeißend, was schwerer (sich vererbender) Fehler wäre.

Auge möglichst dunkelbraun, klug, ausdrucksvoll, mittelgroß, mandelförmig, seitlich schräg eingesetzt, nicht groß, weder vorspringend noch tiefliegend. Sehr gut geschlossen mit fest anliegenden Lidern ohne sichtbare rote Bindehaut; gutes Auge und richtige Augenlage, die durch richtigen Schädelbau bedingt wird, sind beim Stöbern im Schilf, Dornen, Herbstgras und Nadelholzdickungen sehr wichtig.
Behang hoch und breit angesetzt, flach ohne Drehung dicht hinter dem Auge herabhängend, nicht zu lang, nicht dick, fleischig und lappig. Es genügt, wenn er nach vorne gelegt, den Nasenschwamm erreicht. Durch die dichte, lange, oft lockige Behaarung erscheint der Behang länger und breiter als er ist.
Nase braun, beweglich, der Nasenschwamm möglichst groß und mit weit geöffneten Nüstern.
Hals kräftig, aber edel, nicht zu kurz, ohne jede Wamme in schöner Linie in Brust und Rücken übergehend. Der Nacken muß, da der Hund verhältnismäßig schwer zu apportieren hat, besonders kräftig und stark bemuskelt sein.
Rückenlinie (vom Beginn des Widerristes bis zum Rutenansatz) länger als die Widerristhöhe (Stockmaß). Widerrist hoch und lang, der eigenliche Rücken sehr kurz und stramm ohne Einsenkung hinter dem Widerrist, die Nierenpartie kurz, aber breit und tief nach den Weichen herab bemuskelt, leicht gewölbt. Die Kruppe flach und lang, damit darunter ein tiefes und weites Becken und breite Keulen Platz zum Ansatz finden, wovon die Kraft und Güte der Hinterhand abhängt.
Brust von vorn nicht schmal, oval im Durchschnitt, von der Seite gesehen tief, jedenfalls so tief und tiefer gehend, als das Ellenbogengelenk. Rippenkorb lang, besonders lang die sogenannten »falschen« Rippen, gut gewölbt, aber keineswegs tonnenförmig, auch nicht flach.
Bauch- und Flanken von den Fehlrippen ab mäßig nach hinten aufgezogen.
Rute hoch angesetzt, in der Ruhe gerade oder abwärts getragen, nie steil erhoben, vor Wild in lebhafter Bewegung. Sie wird mäßig gestutzt, um Wundschlagen beim Stöbern zu verhüten, d. h. ca. ein Drittel der Länge wird beim Saugwelpen mittels scharfer Kupierschere oder Messer entfernt. Die Rute ist gut gefedert.
Schulter- und Vorderläufe Schulterblatt und Oberarmknochen bilden einen Winkel von ca. 90 Grad. Der Oberarm gleitet in der Bewegung an der Brust entlang, darf nicht »rudern«, muß in der Ruhe mit dem Ellenbogen glatt an der Brust anliegen. Die geraden, strammen und kräftigen Läufe stehen senkrecht zur Erde. Von vorne gesehen, müssen die Außenlinien des Vorderlaufes und der Pfote eine Senkrecht zur Erde bilden und die Fessel darf weder nach innen, noch viel weniger nach außen von dieser Senkrechten abweichen. Von der Seite gesehen, soll die Fessel nicht senkrecht, sondern leicht schräg nach vorne gerichtet, zur Erde stehen.
Die Laufknochen und namentlich die Verbindungen an den Gelenken müssen rein und dürfen nicht lymphatisch aufgetrieben sein. Die Fessel (Fußwurzel) sind sehr stark und fest, und geht in eine mehr löffelförmige Pfote über. Katzenpfote ist nicht erwünscht. Die Zehen müssen gut aneinanderschließen und die Behaarung zwischen ihnen muß dicht sein. Die Ballen sind derb und rund.
Hinterläufe an der langen Kruppe die Keulen breit angesetzt, in langen und breiten »Hosen« weit herabreichend, die Sprunggelenke gut gewinkelt und sehr kräftig. Die Hinterhand soll »weit draußen stehen« darf weder steil, noch weniger unterschoben sein. Von hinten gesehen, darf sie weder säbel- noch faßbeinig oder kuhhessig sein, sondern die Außenlinie der Schenkel müssen parallel zueinander stehen.

Behaarung ein kräftiges, dichtes, welliges Langhaar, nicht zu lang, noch weniger zu dünn oder gar seidig. Das Haar soll leicht gewellt sein (wie Astrachan) oder flach und dicht anliegend. Langes dünnes Seidenhaar ist jagdlich unzweckmäßig und beim Wachtel fremd. Im Nacken, am Behang und auf der Kruppe häufig lockiges Haar; Fang, Gesicht, Oberschädel kurz, aber sehr dicht behaart.
Beiderseits der Brust häufig Halskrause (Jabot), Hinterseite, der Vorderläufe und Keulen, sowie Rute gut befedert. Den Behang decken Locken oder dichtes, gewelltes Haar, das auch über den Innenrand greift. Lederenden kommen nicht vor. Die Zehenzwischenhäute sind dicht, zweckmäßig, aber nicht zu lang behaart: bei Schnee sind Flossen zwischen den Zehen kurz auszuscheren.
Farbe in zwei Farbschlägen gezüchtet
Einfarbig dunkelbraun, vielfach mit weißen Abzeichen an Brust und Zehen, auch rotem oder gelbem »Brand« an Augen, Fang, Läufen und Waidloch, sowie Fuchs- und Hirschrote.
Semmelfarbene unerwünscht.
Braunschimmel das heißt auf geschimmelter Grundfarbe (weiße und braune Haare dicht gemischt), oft brauner Kopf, braune Platten auch brauner Mantel über den ganzen Rücken.
Hierzu gehören auch Braun-Weiß-Schecken, mit weißer Grundfarbe und Tiger, mit weißer gesprenkelter und getupfter Grundfarbe und braunen Platten, sowie Dreifarbige, das heißt Braunschimmel, Schecken oder Tiger mit gelbem oder rotem Brand, wie bei den Einfarbigen, ferner Rot- oder Orange-Schimmel und Schecken, bei denen das Braun der Braunschimmel rot oder orange auftritt.

Ein typischer »Brauner«.

wenn man von der beim Wachtel um ein kurzes Stück kupierten Rute einmal absieht. Während der Deutsch-Langhaar jedoch im typischen Vorstehhund-*Quadrat* stehen soll, präsentiert sich der typische Wachtel in längeren Linien, einem *Rechteck* also.

Der Wachtel ist *der Hund des Waldjägers*, der unter bewußtem Verzicht auf Vorstehen und Feldeignung für den Waldjäger gezüchtet wurde und wird.

Seine besonderen Stärken liegen im lockeren Spurlaut, ausgeprägtem Spurwillen, feinster Nase, Härte, Bring- und Wasserfreude.

Betreut wird diese Rasse vom »Verein für Deutsche Wachtelhunde«, jährlich werden etwa 500 Welpen in das Zuchtbuch eingetragen, hinzu kommen ca. 300 Welpen in den neuen Bundesländern.

Der Verein für Deutsche Wachtelhunde prüft seine Hunde auf folgenden Prüfungen:

1. *Jugendprüfung* (mit den Fächern): Nase, Spurlaut, Spurwille, Spursicherheit, Stöbern, Wasserfreude und Schußfestigkeit
2. *Eignungsprüfung:* mit den »Hasenfächern«, Stöbern, Wasserarbeit Bringen (Hase oder Kanin), Federwild (Ente) Wahlfach: Schweiß
3. *Gebrauchsprüfung* (mit den Fächern):
   - Stöbern
   - Bringen: Federwild, Hase (Wahlfach Fuchs)
   - Schweißarbeit: Übernachtfährte (mit Wahlfach Verbellen oder Verweisen)
   - Wasserarbeit: Stöbern in tiefem Schilfwasser,
Stöbern hinter der Ente,
Verlorenbringen aus tiefem Schilfwasser
   - Buschieren: Arbeit unter der Flinte Ruhe auf Schuß
   - Gehorsamsfächer: Leinenführigkeit, Folgen frei bei Fuß, Ablegen frei, Standruhe, Allgemeiner Gehorsam, Gehorsam an Schalenwild, Arbeitsfreude.

Leistungszeichen des Vereins für Deutsche Wachtelhunde:

S	=	Jagen am Schwarzwild
SchwN	=	Schweißarbeit auf natürlicher Wundfährte
\\	=	doppelter Lautjagerstrich (Weitjagernachweis)

Daneben können Deutsche Wachtel auf Verbandschweißprüfungen geführt werden und die Leistungszeichen des Verbandes erwerben (Härte, Vbr u. s. w.).

Der Wachtel ist – wie z. B. der Hannoversche Schweißhund und Deutscher Jagdterrier – ein lupenreiner Jagdgebrauchshund geblieben. Zucht auf Schönheit gibt es bei dieser Rasse Gott sei Dank nicht. Daher ist auch die Leistungsdichte sehr groß, unbrauchbare Hunde sind meist führerbedingt.

Typischer Wachtelkopf.

Die Spaniels

Aus der Vielzahl der englischen und amerikanischen Spanielrassen haben hierzulande nur zwei Schläge im jagdlichen Bereich eine Bedeutung erlangt: der (kleinere) **Cockerspaniel** und der (größere) **English Springer-Spaniel**, der dem Deutschen Wachtel in Größe und Substanz nahe kommt und ihn in Einzelexemplaren gar übertrifft.

Haben Wachtel und Deutsch-Langhaar sicher einen gemeinsamen Ursprung, so kann man das von den Spaniels und den Settern ebenfalls vermuten. Viele Entwicklungen im kynologischen Bereich sind auf dem Kontinent und auf der englischen Insel parallel verlaufen und haben in Verwendbarkeit und Typ ähnliche Rassen geschaffen. Hier einige Beispiele, die sich beliebig erweitern ließen:

Deutschsprachiger Raum	England
Hochläufige Bracken	Foxhound
Dachsbracken	Beagle
Wachtel	Spaniel u. s. w.

Zurück zu den Spaniels! Sie waren und sind von Hause aus mehr Buschier- als (weiter jagende, also mehr selbstständige) Stöberhunde, wenngleich sie natürlich zur Gruppe der Stöberhunde zu rechnen sind. Eine weitergehende, noch feinere Aufteilung in Stöber- *und* Buschierhunde würde der jagdkynologische Laie auch kaum noch verstehen.

Im Vorspann zu dieser Rassegruppe hatte ich schon dargelegt, daß der lockere (Spur-)Laut beim Buschierhund nicht unbedingt erforderlich ist, da er in seinem klassischen Einsatzbereich ohnehin in ständiger Blickverbindung mit seinem Führer arbeitet.

Dieses Manko erweist sich unter normalen deutschen Jagdverhältnissen gelegentlich als *die* Achillesferse des Spaniels, wobei der Springer mit dem Laut die größeren Probleme hat als der Cocker.

Bild oben: Cockerspaniel.

STANDARD: COCKER SPANIEL

Ursprungsland Großbritannien
Allgemeines Erscheinungsbild fröhlich, robust, sportlich, gut ausgewogen, kompakt; mißt ungefähr gleich viel vom Widerrist zum Boden wie vom Widerrist zur Schwanzwurzel.
Charakteristika fröhliches Wesen mit unermüdlichem Rutenspiel, zeigt eine typische eifrige Bewegung, hauptsächlich beim Folgen einer Spur, unerschrocken in unwegsamen Dickicht.
Wesen: sanft und anhänglich, jedoch voller Leben und Überschwang.
Kopf und Schädel quadratischer Fang mit ausgeprägtem Stop, der in der Mitte zwischen Nasenspitze und Hinterhauptbein placiert ist. Schädel gut entwickelt, klar gemeißelt, weder zu fein noch zu grob. Backenpartie nicht hervortretend. Nase genügend groß zur leichten Aufnahme schwacher Witterung.
Augen groß, aber nicht hervorstehend. Dunkelbraun oder braun, niemals hell, aber bei Leberbraunen, Leberbraunschimmeln und Leberbraun/Weißen dunkelhaselnußfarben, harmonierend mit dem Haarkleid; mit einem intelligenten und sanften Ausdruck, aber hellwach, leuchtend und fröhlich; straffe Lidränder.
Behang lappig, in Augenhöhe angesetzt. Leder dünn, bis zur Nasenspitze reichend. Gut bedeckt mit langem, glattem, seidigem Haar.
Gebiß kräftige Kiefer mit einem perfekten, regelmäßigen und vollständigen Scherengebiß, wobei die obere Schneidezahnreihe ohne Zwischenraum über die untere greift und die Zähne senkrecht im Kiefer stehen.
Hals mittlere Länge, muskulös. Schön eingelassen in gut schräge Schultern. Trockener Hals.
Vorhand Schultern schräg und trocken. Läufe von guter Knochenstärke, gerade, ausreichend kurz für konzentrierte Kraftentfaltung. Nicht zu kurz, um nicht den normalen Eifer zu beeinträchtigen, der von diesem großartigen Jagdhund erwartet wird.
Gebäude kräftig, kompakt, Brustkorb gut entwickelt, tiefreichendes Brustbein, weder zu breit noch zu eng in der Front. Rippen gut gewölbt. Feste, gerade Rückenlinie. Lende kurz und breit, die vom Ende bis zum Rutenansatz hin leicht geneigt ist.
Hinterhand breit, gut gerundet, sehr muskulös. Läufe von guter Knochenstärke. Gut gewinkeltes Kniegelenk, unter dem Sprunggelenk kurz, wodurch viel Schub ermöglicht wird.
Pfoten fest, dick gepolstert, der Katzenpfote ähnlich.
Gangwerk – Bewegung einwandfreie Aktion, mit viel Schub und Raumgriff.
Rute etwas unterhalb der Rückenlinie angesetzt. Muß fröhlich belegt und gerade getragen werden, niemals in die Höhe gerichtet. Herkömmlicherweise kupiert, aber nie zu kurz, daß sie sich dem Blick entzieht, noch zu lang, daß die unermüdliche, fröhliche Bewegung beim Arbeiten beeinträchtigt wird.
Haarkleid glatt, seidige Beschaffenheit, niemals drahtig oder wellig, nicht zu reichlich und niemals lockig. Gebäude, Vorderläufe und Hinterläufe über dem Sprunggelenk gut befedert.
Farbe verschiedene. Bei Einfarbigen kein Weiß erlaubt außer an der Brust.
Größe ungefähre Höhe Rüden 39 bis 41 cm (15 ½ bis 16 inch); Hündinnen 38 bis 39 cm (15 bis 15 ½ inch).
Ungefähres Gewicht 28 bis 32 lbs (=12.5 bis 14.5 kg).

Anmerkung Rüden sollten zwei offensichtlich normal entwickelte Hoden aufweisen, die sich vollständig im Skrotum befinden.

STANDARD ENGLISH SPRINGER SPANIEL

Ursprungsland Großbritannien

Allgemeines Erscheinungsbild symmetrisch gebaut, kompakt, kräftig, fröhlich, lebhaft. Von allen Britischen Landspaniels am höchsten auf den Läufen und am rassigsten im Körperbau.

Charakteristika die Rasse ist alten und reinen Ursprungs, älteste der Jagdhundrassen. Ursprünglicher Zweck war das Finden und Aufjagen des Wildes bei der Netzjagd, der Jagd mit dem Falken oder dem Greyhound. Wird jetzt gebraucht um Wild zu finden, hochzumachen und nach dem Schuß zu apportieren.

Wesen freundlich, unbekümmert, gehorsam. Ängstlichkeit oder Aggressivität höchst unerwünscht.

Kopf und Schädel von mittlerer Länge, verhältnismäßig breit, leicht gerundet, vom Fang an ansteigend. Augenbrauenwülste ohne einen Stop bildend, geteilt durch eine Furche zwischen den Augen, vom Vorkopf zum Hinterhauptbein auslaufend, dieses darf nicht hervortreten. Backenpartie flach. Fang im richtigen Längenverhältnis zum Schädel, verhältnismäßig breit und tief, gut gemeißelt unter den Augen. Lefzen mäßig tief und quadratisch. Nasenlöcher gut entwickelt.

Augen mittlere Größe, mandelförmig, nicht hervorstehend oder tiefliegend, gut eingesetzt (keine Nickhaut zeigend), wachsamer, freundlicher Ausdruck. Dunkelhaselnußbraun. Helle Augen unerwünscht.

Behang lappig, gute Länge und Breite, ziemlich gut am Kopf anliegend, in Augenhöhe angesetzt. Schön befedert.

Gebiß kräftige Kiefer mit einem perfekten, regelmäßigen und vollständigen Scherengebiß, wobei die obere Schneidezahnreihe ohne Zwischenraum über die untere greift und die Zähne senkrecht im Kiefer stehen.

Hals gute Länge, kräftig und mukulös, keine lose Kehlhaut, leicht gebogen, sich zum Kopf hin verjüngend.

Vorhand Vorderläufe gerade, von guter Knochenstärke. Ellbogen gut am Gebäude anliegend. Starker, biegsamer Vordermittelfuß.

Gebäude kräftig, weder zu lang noch zu kurz. Tiefer Brustkorb, gut entwickelt. Gute Rippenwölbung. Lende muskulös, kräftig, leicht gewölbt und kurz.

Hinterhand gut herabgelassen. Knie- und Sprunggelenke gut, aber nicht übertrieben gewinkelt. Oberschenkel breit, muskulös und gut entwickelt. Plumpe Sprunggelenke unerwünscht.

Pfoten Geschlossen, kompakt, gut gerundet, mit starken, gepolsterten Ballen.

Gangwerk – Bewegung von völlig eigener Art. Vorderläufe schwingen gerade aus der Schulter heraus, wobei die Pfoten in einer freien, leichten Art gut nach vorne geworfen werden. Sprunggelenke schwingen gut unter das Gebäude, der Vorhand in einer Linie folgend. Bei langsamer Gangart kann er den für diese Rasse typischen Paßgang zeigen.

Rute niedrig angesetzt, niemals über der Rückenlinie getragen. Gut befedert, lebhaft bewegt. Herkömmlicherweise kupiert.

Beim Cockerspaniel sind alle Farben erlaubt – ausgenommen »gestromt«.

Haarkleid dicht, glatt und wetterresistent, niemals grob. Mäßige Befederung an Behang. Vorderläufe, Gebäude und Hinterhand.
Farbe Leberbraun/Weiß. Schwarz/Weiß oder jede dieser Farben mit Loh-Abzeichen.
Größe ungefähre Höhe: 51 cm
Anmerkung Rüden sollten zwei offensichtlich normal entwickelte Hoden aufweisen, die sich vollständig im Skrotum befinden.

Die beiden Spanielrassen werden in Deutschland von drei Zuchtvereinen im JGHV betreut:
- Jagdspaniel-Klub e. V. und
- Verein Jagdgebrauchsspaniel e. V.
- Verein Jagdspaniel e. V.

Während der Jagdspaniel-Klub sowohl Form- wie jagdliche Leistungszucht unter seinem Dach vereint, legen die anderen Vereine die Schwerpunkte auf jagdliche Tugenden.
Alle Zuchtvereine bemühen sich mit großer Energie darum, dem Spaniel im weiten Spektrum der Rassenvielfalt in deutschen Jagdrevieren seinen Platz zu sichern. Man mag es als Jäger bedauern – aber der Cocker gehört zu den ausgesprochen »schönen« Jagdhundrassen. So hat sich die »Schönheitsindustrie« seiner angenommen und so findet man gerade ihn häufiger in den Parkanlagen von Großstädten als im Jagdrevier.
Der Jäger, der einen Cocker führen möchte, sollte daher über die Zuchtvereine nach guten Gebrauchshundzuchten suchen und weniger nach Schönheitschampions unter den Eltern, denn die nützen ihm im Zweifelsfalle im Revier wenig.
Während beim Cocker der Spurlaut als meines Erachtens unverzichtbares Qua-

Bild oben: Springer-Spaniel. Er ist etwa so groß wie der Wachtelhund, jedoch meistens gescheckt und dadurch farblich auffälliger als sein deutscher »Vetter«.

Bild unten: »Apportieren«, das machen alle Spaniels gerne und problemlos. Der Hase dürfte jedoch das schwerste Wild sein, das der Cocker noch »schafft«.

litätsmerkmal eines guten Stöberhundes mittlerweile kein allzu großes Problem mehr darstellt, ist die genetische Fixierung des Lautes beim Springer noch nicht gelungen. Die große Masse der Springerspaniels ist auch heute noch stumm und das engt seine Verwendbarkeit über das reine Buschieren hinaus doch erheblich ein.
Die starken Seiten beider Rassen liegen in der Buschierarbeit im reich besetzten Kaninchen- und Fasanenrevier, auch noch in der Wasserjagd. Er ist also schon von daher keine »Konkurrenz« zu dem Waldgebrauchshund »Wachtel« des Wald- und Bergjägers, dessen Qualitäten schwerpunktmäßig auf ganz anderen Gebieten liegen.
Wenn der Cocker spurlaut ist und dazu noch die notwendige Wildschärfe mitbringt, leistet er auch auf der Wundfährte oft Erstaunliches.
Die scharfe Trennung von Form- und Leistungszucht bei beiden Spanielrassen, insbesondere beim Cocker, ist ein Gebot der Zeit.
Im langjährigen Mittel werden in Deutschland alljährlich etwa 2600 Cockerspaniels und 130 Springerspaniels in die Zuchtbücher der Zuchtvereine eingetragen.

Beide Spanielrassen werden auf den gleichen Anlagen- und Leistungsprüfungen geprüft.
Stellvertretend seien die Anforderungen des Jagdspaniel-Klubs für beide Rassen aufgeführt:

1. *Anlagenprüfung* (mit den Fächern)
   - Nase
   - Spurlaut
   - Spurwille
   - Spursicherheit
   - Stöberanlage
   - Wasserfreude
   - Führigkeit
   - Schußfestigkeit
   - Freiverlorensuche mit Bringen von Federwild
   - Haarwildschleppe
   - Stöbern hinter der Ente
   - Bringen der Ente

2. *Gebrauchsprüfung* (mit den Fächern):
   - Nase
   - Stöbern zu Lande
   - Buschieren
   - Ruhe auf Schuß
   - Freiverlorensuche mit Bringen von Federwild
   - Haarwildschleppe
   - Schweißarbeit
   - Stöbern in tiefem Schilfwasser
   - Stöbern hinter der Ente
   - Bringen der Ente aus tiefem Schilfwasser
   - Verlorenbringen der Ente aus tiefem Schilfwasser
   - Pirschen
   - Standruhe
   - Allgemeiner Gehorsam

Daneben können Verbandsschweißprüfungen und Leistungszeichen des Verbandes (Bringtreue, Vbr u. s. w.) abgelegt beziehungsweise erworben werden.

DIE TERRIER

Der Urform aller bei uns jagdlich geführten Terrierrassen ist zweifellos der alte englische Foxterrier. Seit Jahrhunderten wurde (und wird) er dort vornehmlich für die Arbeit unter der Erde, am Fuchs also, eingesetzt. Hat der Fuchs vor der jagenden Foxhoundmeute einen Bau angenommen, wird der in der Satteltasche des Pferdes »mitgeführte« Foxterrier in den Bau geschickt, aus dem er den Fuchs wieder hinausbringen soll. Ist ihm dies gelungen, jagt ihn die Foxhoundmeute weiter, bis er zur Strecke gebracht werden kann. Ein naher Verwandter des »Fox« ist der Jack-Russel-Terrier, der aus den gleichen Wurzeln stammt und im gleichen Aufgabenspektrum eingesetzt wird (s. S. 203). Die ursprüngliche Foxterrierfarbe war schwarz-rot beziehungsweise braun-rot. Durch spätere Einkreuzung von Foxhound und wohl auch Beagles (die den Spurlaut in den Terrier hineinbrachten) wurde der Foxterrier dann so weißbunt, wie wir ihn heute kennen.

Die Jagd auf Fuchs und Sau sind heute die bevorzugten Einsatzbereiche der Terrier, im Bau und bei winterlichen Saujagden sind diese Hunde kaum oder garnicht durch andere Rassen zu ersetzen.

Wendigkeit, Härte und eine kompromißlose Schärfe, verbunden mit lockerem Spurlaut, machen den Terrier für die Bodenjagd und die erfolgversprechende Jagd auf Sauen in der Meute (oder auch als Solist) schlichtweg unentbehrlich.

»Ein waches Kerlchen«, der Deutsche Jagdterrier.
Terrier (und Retriever) sind die einzigen Jagdhunde, die nicht von den Bracken abstammen, sieht man einmal von den Foxhound- und Beagle-Einkreuzungen ab. Sie waren und sind die »Kampfhunde« an wehrhaftem Wild – über und unter der Erde –, lange bevor der Begriff »Kampfhund« den heutigen negativen Sinn bekam.

Foxterrier

Die ursprüngliche Verwendung des Foxterriers in seinem Mutterland habe ich schon bei der Beschreibung der Rassegruppe »Terrier« dargelegt.
Daraus folgt, daß für seine ursprüngliche Aufgabe, den Fuchs aus dem Bau zu bringen, damit die Foxhounds ihn weiter jagen konnten, weder Nase noch Laut notwendig waren.
Beides brachten wohl die ebenfalls schon erwähnten Einkreuzungen von Beagle und Foxhound in den Foxterrier hinein und so wurde er ein vielseitig verwendbarer, kleiner Jagdgebrauchshund, dessen einziger »Fehler« es wohl war, zu »schön« zu sein.
Obwohl er derzeit etwas »aus der Mode« gekommen zu sein scheint, haben sich doch die Formzüchter seiner allzu intensiv angenommen. Insbesondere der Drahthaar-Fox ist heute in den Ausstellungshallen und in den »Champion-Listen« weitaus häufiger anzutreffen als im Fuchsbau und in der Saumeute.
Man wird heute schon ein wenig suchen müssen, will man einen Foxterrier aus guter, durchgezüchteter Arbeitslinie bekommen. Aber es gibt sie noch – Gott sei Dank. Wer einen solchen Fox sucht, der wird auch in Deutschland noch einen solchen Hund finden.
Für die Saumeute ist die weiß-bunte Farbe sehr viel praktischer, als das »schwarzbraun« der Jagdterrier. Ein an der Sau festgebissener Foxterrier ist sehr viel auffälliger als der gedeckt gefärbte, mehr »saufarbene« Jagdterrier. So mancher Jagdterrier, der im Eifer des Gefechtes mit der Sau zusammen totgeschossen wurde, würde vielleicht noch leben, wäre er auffälliger gefärbt gewesen.
Wer mit einem temperamentvollen, nicht gerade extrem leichtführigen

Bild oben: Auch das Verlorenbringen aus dichter Deckung kann man dem Foxterrier beibringen!

STANDARD FOXTERRIER (DRAHTHAAR)

Urspungsland Großbritannien

Allgemeines Erscheinungsbild aktiv und lebhaft. Vereint in kleinerem Rahmen Knochenstärke und Kraft. Nie schwerfällig noch grob. Vollkommen ausgewogen in der Gestalt, dies gilt insbesondere für das ausgeglichene Verhältnis von Schädel und Vorgesicht; ebenso sollten Schulterhöhe und die Körperlänge von den Schulterspitzen bis zu den Sitzbeinhöckern annähernd gleich groß erscheinen. Im Stand, wie ein Jagdpferd mit kurzem Rücken viel Boden deckend.

Charakteristik lebhaft, schnell in der Bewegung, mit durchdringendem Ausdruck, voll gespannter Erwartung bei der geringsten Herausforderung.

Wesen: freundlich, aufgeschlossen und furchtlos.

Kopf und Schädel obere Linie des Schädels nahezu flach, leicht abfallend und in Richtung der Augen allmählich schmaler werdend. Nur wenig Unterschied in der Länge von Schädel und Vorgesicht. Ist das Vorgesicht deutlich kürzer, wirkt der Kopf schwach und unfertig. Das Vorgesicht verjüngt sich allmählich von den Augen zum Fang hin und zeigt eine leichte Vertiefung am Übergang zum Schädel, jedoch nicht derart, daß das Vorgesicht unterhalb der Augen eingefallen oder ausgehöhlt wirkt. Dort soll das Vorgesicht gut geformt und ausgefüllt sein. Eine übermäßige Ausprägung der Kieferknochen oder -muskulatur ist unerwünscht und unansehnlich. Volle und runde Wangenkontouren unerwünscht. Nase schwarz

Augen dunkel, voll Feuer und Intelligenz, mäßig klein, nicht vorstehend und so rund wie möglich. Nicht zu weit auseinanderliegend, dabei weder zu hoch auf dem Schädel noch zu dicht bei den Ohren angeordnet. Ein helles Auge ist höchst unerwünscht.

Ohren klein, v-förmig, Ohrleder mäßig dick. Ohren mit einer ordentlichen Falte nach vorne dicht an die Wangen fallend. Die obere Kante des gefalteten Ohres liegt gut oberhalb der Schädellinie. Steh-, Tulpen- oder Rosenohren sind höchst unerwünscht.

Gebiß/Fang kräftige Kiefer mit einem perfekten, regelmäßigen und vollständigen Scherengebiß, wobei die obere Schneidezahnreihe ohne Zwischenraum über die untere greift und die Zähne senkrecht im Kiefer stehen.

Hals trocken und muskulös, von guter Länge, ohne Wamme, sich zur Schulter hin verbreiternd. Von der Seite betrachtet zeigt er einen anmutigen Bogen.

Vorhand von vorne betrachtet fallen die Schulterblätter vom Halsansatz an gerade zum fein ausgebildeten Schultergelenk nach unten. Von der Seite gesehen, lang, gut zurückliegend und schräg. Widerrist immer wohlgeformt. Brust tief, nicht breit. Die Läufe müssen, von allen Seiten betrachtet, gerade und starkknochig bis hinunter zu den Pfoten sein. Ellenbogen lotrecht zum Körper, in der Bewegung frei und geradeaus an dessen Seiten arbeitend.

Gebäude Rücken kurz, gerade und kräftig, ohne Schlaffheit. Muskulöse, sehr leicht gewölbte Lendenpartie. Tiefe Brust, vordere Rippen mäßig gewölbt, hintere Rippen gut zurückreichend und gut gewölbt. Sehr geschlossen, kurze Lendenpartie.

Hinterhand kräftig und mukulös, ohne ein Anzeichen von Schlaffheit oder Schwäche; Oberschenkel lang und kraftvoll. Kniegelenke gut gewinkelt, weder ein- noch ausdrehend. Sprunggelenke tief stehend, aufrecht und parallel bei der Betrachtung von hinten. Eine Kombination von kurzem Unterschenkel und geradem Kniegelenk ist höchst unerwünscht.

Pfoten rund, kompakt, mit kleinen, strapazierfähigen und gut gepolsterten Ballen. Zehen mäßig aufgeknöchelt. Weder nach innen noch nach außen gedreht.
Rute üblicherweise kupiert. Hoch angesetzt, aufrecht, jedoch nicht über den Rücken gezogen oder geringelt getragen. Rute von guter Stärke und angemessener Länge.
Gangart/Bewegung Vorder- und Hinterläufe werden gerade und parallel zueinander in Bewegungsrichtung bewegt. Die Ellenbogen bewegen sich ungehindert und parallel an den Körperseiten. Die Kniegelenke werden weder ein- noch ausgedreht. Die geschmeidige Hinterhand entwickelt viel Schub.
Haarkleid dicht, sehr drahtige Textur, Länge etwa 2 cm an den Schultern bis etwa 4 cm Widerrist, am Rücken, an den Rippen und an Vor- und Hinterhand und mit Unterwolle, die aus kurzem weichem Haar besteht. Das Haar auf dem Rücken und an Vor- und Hinterhand ist härter als das Haar an den Seiten. Das Haar an den Kiefern ist kraus und von ausreichender Länge, um dem Vorgesicht den Ausdruck von Kraft zu verleihen. Haar an den Läufen dicht und kraus.
Farbe vorherrschend weiß mit schwarzen oder lohfarbenen Abzeichen. Gestromte, rote, leberbraune oder schieferblaue Abzeichen unerwünscht.
Größe/Gewicht Widerristhöhe für Rüden nicht mehr als 39 cm, Hündinnen etwas kleiner. Idealgewicht in Ausstellungs-Kondition für Rüden 8,25 kg, etwas weniger für Hündinnen.
Anmerkung Rüden sollten zwei offensichtlich normal entwickelte Hoden aufweisen, die sich vollständig im Skrotum befinden.

Baujagd – das zweite »Standbein« eines sinnvollen Einsatzes dieser Rasse.

STANDARD FOXTERRIER (GLATTHAAR)

Ursprungsland Großbritannien
Allgemeines Erscheinungsbild aktiv, lebhaft. Mit Knochenstärke und Kraft in kleinem Rahmen, keineswegs schwerfällig oder grob wirkend. Weder hoch noch zu niedrig auf den Läufen stehend. Er sollte wie ein gut gebautes Jagdpferd mit kurzem Rücken im Stand viel Boden decken.
Charakteristika lebhaft, schnell in der Bewegung, wachsam im Ausdruck, gespannt vor Erwartung.
Wesen freundlich, aufgeschlossen und furchtlos.
Kopf und Schädel flach, mäßig schmal, zu den Augen hin schmaler werdend. Ein leichter Stop ist erkennbar. Keinesfalls ausgefüllte Wangenpartie. Ober- und Unterkiefer kräftig und muskulös und unter den Augen nur geringfügig abfallend. Dieser Teil des Vorgesichts soll fast wie gemeißelt wirken und nicht in einer geraden Linie keilförmig abfallen. Nase schwarz.
Augen dunkel, klein und ziemlich tief gebettet, so rund wie möglich. Ausdruck lebhaft und intelligent.
Ohren klein, v-förmig und eng an der Wange nach vorn kippend, nicht seitlich am Kopf herabhängend. Die Kippfalte des Ohres befindet sich oberhalb der Schädellinie. Ohrleder mäßig dick.
Gebiß kräftige Kiefer mit einem perfekten, regelmäßigen und vollständigen Scherengebiß, wobei die obere Schneidezahnreihe ohne Zwischenraum über die untere greift und die Zähne senkrecht im Kiefer stehen.
Hals trocken und muskulös, ohne Wamme, von passender Länge, sich zu den Schultern hin allmählich verbreiternd.
Vorhand Schultern lang und schräg, gut nach hinten gelagert, fein an den Schultergelenken, klar umrissen am Widerrist. Aus jedem Blickwinkel müssen die Vorderläufe gerade sein, wobei die Knöchelpartie wenig oder garnicht erkennbar ist. Sie sollen von oben bis unten starkknochig sein.
Gebäude Brust tief, nicht breit. Rücken kurz, gerade und kräftig, ohne Schlaffheit. Kraftvolle Lendenpartie, sehr leicht gewölbt, vordere Rippen mäßig gewölbt, hintere Rippen gut zurückreichend.
Hinterhand kräftig und muskulös und straff, frei von Schlaffheit oder Schwäche. Oberschenkel lang und kraftvoll, Sprunggelenke tief stehend, gut gewinkelte Kniegelenke.
Pfoten klein, rund und kompakt. Ballen hart und strapazierfähig. Zehen mäßig gewölbt. Weder nach innen noch nach außen gedreht.
Rute üblicherweise kupiert. Ziemlich hoch angesetzt, aufrecht, jedoch nicht über den Rücken gezogen oder geringelt getragen. Rute von guter Stärke.
Gangart/Bewegung Vorder- und Hinterläufe bewegen sich geradeaus und parallel zueinander vorwärts. Die Ellenbogen bewegen sich parallel zum Körper, frei an dessen Seiten arbeitend. Die Kniegelenke drehen weder nach innen noch nach außen. Sprunggelenke nicht dicht nebeneinander stehend. Guter Schub kommt aus der geschmeidigen Hinterhand.
Haarkleid gerade, flach anliegend, glatt, hart, dicht und füllig. Weder Bauch noch Innenseite der Schenkel dürfen kahl sein.
Farbe vorherrschend weiß, entweder einfarbig weiß, weiß mit lohfarbenen oder

schwarzen Abzeichen. Gestromte, rote oder leberbraune Abzeichen sind höchst unerwünscht.
Gewicht Rüden 7,2 kg bis 8,1 kg, Hündinnen 6,8 kg bis 7,7 kg.
Anmerkung Rüden sollten zwei offensichtlich normal entwickelte Hoden aufweisen, die sich vollständig im Skrotum befinden.

Hund fertig wird, wer einen an Sau und Fuchs harten kleinen Gebrauchshund sucht, der auch noch eine nicht allzu schwierige Wundfährte meistert, der liegt bei einem Foxterrier aus guter Gebrauchszucht sicher nicht falsch.
Der Foxterrier wird betreut vom Deutschen Foxterrier-Verband e. V.
Dieser trägt alljährlich etwa 1500 Welpen in sein Zuchtbuch ein.
Der Deutsche Foxterrier-Verband prüft seine Hunde auf folgenden Prüfungen und in folgenden Prüfungsfächern:

1. *Bauprüfung* (mit den Fächern):
   - Absuchen
   - Laut am Drehschieber
   - Verhalten am Drehschieber
   - Arbeitsfreude und Ausdauer
   - Schußfestigkeit, Wesensfestigkeit und körperliche Merkmale
2. *Zuchtprüfung* (mit den Fächern):
   - Nase
   - Spurarbeit
   - Stöbern
   - Bringen auf der Schleppe
   - Bringen von Wasserwild
   - Schußfestigkeit, Wesensfestigkeit, Führigkeit, Leinenführigkeit, Körperliche Merkmale
3. *Gebrauchsprüfung* (mit den Fächern):
   - Nase
   - Rotfährte, Totverbellen, Totverweisen (Übernachtfährte, 500 m, ¼ l Schweiß)
   - Stöbern
   - Verlorensuchen und -bringen von Federwild – Federwildschleppe als Ersatzarbeit – Haarwildschleppe
   - Stöbern ohne Ente im Wasser
     Stöbern mit Ente im Wasser
     Bringen der Ente
   - Standruhe
     Ablegen frei oder angeleint
     Gehorsam
4. *Schweißprüfung* 1000 m, ¼ l Schweiß Übernachfährte
5. *Verbandsschweißprüfung nach der VSwPO*

»Sau tot«, ob es ohne Hilfe der Foxterrier geklappt hätte?

Deutscher Jagdterrier

Der Jagdterrier gehört zu den Schöpfungen dieses Jahrhunderts, er ist kaum mehr als ein halbes Jahrhundert alt. Fest steht wohl, daß er nahezu ausschließlich aus dem Foxterrier hervorging und vielleicht noch andere englische Terrierrassen (Welsh-Terrier) eine untergeordnete Rolle spielten.

Der Jagdterrier war wohl auch die Antwort auf die immer stärker in die reine Formzucht abgleitende Zuchtpolitik der Foxterrierbewegung der dreißiger Jahre.

Zu den »Vätern« des Jagdterriers gehörte auch der Wachtelkönig RUDOLF FRIESS und man kann in seinem Buch »Hatz-Watz« einiges nachlesen über die Anfänge der Jagdterrier-Bewegung.

Der deutsche Jagdterrier wurde von Beginn an auf Leistung über und unter der Erde scharf selektiert. Bis heute ist er wie kaum eine andere Jagdhundrasse neben den Schweißhunden und einigen Brackenschlägen in lupenreiner Jägerhand geblieben. Wollen wir hoffen, daß dies so bleibt.

Im langjährigen Mittel werden in Deutschland durch den Jagdterrier-Klub alljährlich rund 1000 Welpen eingetragen.

Wie schon im Standard festgelegt, ist der deutsche Jagdterrier in erster Linie *der* Hund für Sau und Bau und man kann ohne Übertreibung sagen, daß er dieser Forderung gerecht wird. Wer erlebt hat, wie eingejagte Terrier Schwarzwildrotten sprengen – ohne Rücksicht auf Verluste (in wahrsten Sinne des Wortes) – der wird mir zustimmen, daß große Schwarzwildjagden ohne Terrier eigentlich undenkbar sind.

Bild oben: Weiträumig abgestellte Treiben, eingejagte Hunde, die wissen, worum es geht – sicher eine der wirkungsvollsten und schönsten Arten, Schwarzwild zu bejagen.

STANDARD DEUTSCHER JAGDTERRIER

Allgemeines Der Deutsche Jagdterrier ist ein Jagdhund für den Kampf über und unter der Erde, für spurlautes Stöbern auf dem Land und im Wasser, für Schweißarbeit und für das Bringen leichten Wildes. Dank seiner geringen Größe eignet er sich für die Stadt und für den Wagen. Er benötigt viel Führung im Revier. Er ist mißtrauisch gegenüber Fremden, wenig empfindlich gegen Krankheiten.
Kopf und Schädel flach und zwischen den Ohren breiter als der des Foxterriers. Zwischen den Augen wird er schmaler und fällt ohne scharfen Stirnansatz gegen den Fang hin ab. Der Vorderkopf ist etwas kürzer als der eigentliche Schädel zwischen Hinterhauptbein und Stirnansatz.
Fang kräftig, mit ausgesprochenen Backen, Unterkiefer mit stark ausgeprägtem Kinn, Zähne sehr stark mit gut schließendem Scherengebiß.
Nase schwarz, bei brauner Hauptfarbe der Behaarung auch braun.
Auge dunkel, klein, oval und tiefliegend mit gutem Lidschluß und von entschlossenem Ausdruck.
Ohren v-förmig, hoch angesetzt, nicht ausgesprochen klein, leicht anliegend.
Hals kräftig, nicht zu lang, etwas aufgesetzt mit stärkerem Übergang zur Schulter.
Vorderhand Schulter lang, schräg, Läufe gerade, gut bemuskelt, Mittelhandknochen leicht gewinkelt, Knochen eher kräftig als fein.
Rücken stark, gerade, nicht zu kurz. Nierenpartie und Kruppe kräftig bemuskelt.
Brust tief gewölbt.
Hinterhand Schenkel lang, gut gewinkelt und gut bemuskelt. Tiefsitzendes Sprunggelenk und kräftige Knochen.
Pfoten Vorderpfoten oft breiter als Hinterpfoten, gut geschlossen.
Rute gut an langer Kruppe (Kreuz) angesetzt, um ca ⅓ gekürzt, kann eher etwas flach als betont steil getragen werden, soll nicht nach vorne überliegen.
Behaarung schlichtes, dickes, hartes Rauhhaar oder derbes, jedoch nicht zu kurzes Glatthaar.
Farbe Hauptfarbe ist schwarz, schwarzgrau meliert oder auch dunkelbraun mit jeweils braunrotgelben, helleren Abzeichen an Augenbrauen, Fang und Brust, Läufen und Weidloch. Helle und dunkle Maske gleichermaßen erlaubt. Etwas weiß an Brust und Zehen gestattet.
Größe Schulterhöhe sollte 40 cm nicht überschreiten und 33 cm nicht unterschreiten.
Gewicht 9 bis 10 kg für den Rüden und 7,5 bis 8,5 kg für die Hündin sind erwünschte Arbeitsgewichte.
Zuchtausschließende Fehler Vor- und Rückbiß, Kreuzbiß, Zangenbiß, Fehlen von Zähnen (außer M 3). Erbbedingte Hodenanomalien und Augenfehler, Fehlfarben, Über- und Untergröße
Herkunftsland Deutschland

Gelegentlich hat man versucht – außerhalb des Einflusses des Deutschen Jagdterrier-Klubs selbstverständlich – andere Terrierrassen wie Bullterrier und Airedaleterrier einzukreuzen, um damit Schärfe und Schnelligkeit dieser Terrier zu verbessern.

Diesem Bestreben sollten sich alle vernünftigen und verantwortungsbewußten Terrierfreunde widersetzen! Der

Härte, Schärfe, Mut, Ausdauer, Nase und lockerer Laut zeichnen den gut gezüchteten und gerecht abgeführten Jagdterrier aus.

»normale« Deutsche Jagdterrier ist scharf genug, da bedarf es keines Bullterrierblutes. Es hat auch mit waidgerechter Schwarzwildbejagung wenig zu tun, wenn die gesunden Sauen in der Dickung von diesen Hunden gegriffen und – falls es Frischlinge oder schwache Überläufer sind – totgebissen werden.
Der wesensstarke, verläßlich scharfe und spurlaute Deutsche Jagdterrier soll so bleiben, wie er jetzt ist. Eine »Aufmöbelung« durch andere Terrierrassen hat er nicht nötig.

Der Deutsche Jagdterrier-Club prüft seine Hunde auf folgenden Anlagen- und Leistungsprüfungen:

1. *Baueignungsprüfung bei Zucht- und Gebrauchsprüfung*
   - Härte und Verhalten am Raubwild
   - Ausdauer und Passion
   - Laut im Bau
   - Absuchen
2. *Zuchtprüfung* (Siehe 1. sowie):
   Arbeit über der Erde
   - Nase
   - Spursicherheit
   - Spurwille
   - Spurlaut
   - Sichtlaut (wenn Spurlaut nicht nachgewiesen wurde)
   - Wasserfreude
   - Führigkeit
   - Schußfestigkeit
3. *Gebrauchsprüfung* (siehe 1, sowie):
   - Ziehen aus dem Bau

   Prüfung über der Erde:
   - Nasengebrauch
   - Spurlaut
   - Stöbern
   - Schweißarbeit (400 m ¼ l Schweiß)
   - Totverbellen – Totverweisen

Aus dem Bau gesprengt und erlegt – da darf der Terrier seinen Zorn noch abreagieren.

- ○ Verhalten am Stück
- ○ Bringen leichten Wildes
- ○ Ablegen
- ○ Leinenführigkeit
- ○ Allgemeiner Gehorsam
- ○ Stöbern im Schilf ohne Ente
- ○ Stöbern im Schilf mit Ente
- ○ Bringen aus tiefem Wasser

Es gehört schon eine Portion Mut und ein intaktes Nervenkostüm dazu, in einem dunklen Bau einzuschliefen.

Alle deutschen Vorstehhundrassen sind vielseitig einsetzbar, sie sind mehr als reine Vorsteh-Spezialisten.

DIE VORSTEHHUNDE

Sowie der sichere Spurlaut ein unverzichtbar-typisches Merkmal der Stöberhunde und Bracken ist, so ist das Vorstehen gefundenen Niederwildes das typische Merkmal des Vorstehhundes.

Ist das erste ein akustisches Signal, so ist das Vorstehen ein optisches. Daraus folgert, daß das klassische Einsatzgebiet des Vorstehhundes die offene Feldflur ist, in der der Jäger seinen Vorstehhund beobachten und sein eigenes Verhalten nach dem Benehmen seines Hundes ausrichten kann.

Das Vorstehen ist sicher ein »erworbener« Instinkt, der durch lange Zuchtauswahl auf eben diese Eigenschaft schließlich genetisch fixiert wurde.

Vorstehen bedeutet, daß der Hund in dem Moment, in dem er die Witterung sich vor ihm drückenden Niederwildes in die Nase bekommt, mehr oder weniger ruckartig verharrt. Die typische Pose des Vorstehens ist von Rasse zu Rasse recht verschieden, schon der Name »Setter« deutet darauf hin, daß dieser Vorstehhund mehr sitzt als steht, wenn er in der für seine Rasse typischen Manier Wild markiert.

Vorstehhunde »par exellence« sind die Engländer, der Pointer und die drei Setterschläge, die unter bewußtem Verzicht auf Vielseitigkeit in ihrem Mutterland ausschließlich auf feinste Nase und exzellente Vorstehmanieren gezüchtet wurden.

Unsere deutschen Vorstehhunde, von Anbeginn an auf größere Vielseitigkeit gezüchtet, wurden erst durch die Zufuhr vor allem von Pointerblut zu »konkurrenzfähigen« Feldhunden. Zu Beginn

Ausgestorben – wie viele Brakkenschläge auch – der dreifarbige Württemberger Vorstehhund.

dieses Jahrhunderts galt ein Vorstehhund nur etwas, wenn er massenhaft Pointerblut führte. Diesem Modetrend der zwanziger Jahre fiel z.B. der alte dreifarbige Württemberger zum Opfer, der neben dem Weimaraner wohl noch die reinste Form des altdeutschen Vorstehhundes darstellte. Aber er war eben »zu langsam« und konnte im Feld mit den »Pointerlingen« nicht konkurrieren. So verschwand er von der kynologischen Bildfläche – wie etliche Brackenrassen auch. Als man sich dann wieder der Tugenden der deutschen Vorstehhunde erinnerte, war es für den »Württemberger« zu spät.
Hegewald und Oberländer warben mit scharfer Klinge für den deutschen Vollgebrauchshund, dessen Stärken vor allem in der Arbeit nach dem Schuß liegen sollten, bei Erhalt der Vorstehanlage selbstverständlich, aber eben bei eindeutiger Priorität der Arbeit auf Wundspur und Schweißfährte, also der Arbeit mit tiefer Nase, bei Erhalt oder Verbesserung von Wild- und Raubzeugschärfe.
So sind die in Deutschland heute gezüchteten und geführten Vorstehhunde – auch die »Engländer« – vielseitige Hunde, die eben sehr viel mehr können als »nur« Vorstehen.
Von einigen wenigen rassespezifischen Sonderzuchtprüfungen abgesehen, prüfen alle Zuchtvereine für Vorstehhunde ihre Hunde nach den Prüfungsordnungen des Jagdgebrauchshundverbandes e.V. Auf der »Verbands-Jugendprüfung« des JGHV werden die ererbten Anlagen des Prüflings festgestellt, die zu diesem Zeitpunkt noch wenig durch Dressur beeinflußt sind oder sein sollen.

Geprüft werden auf dieser VJP die Fächer:

- Spurarbeit (Hase) – hierbei auch die Feststellung des Lautes »spurlaut«, »sichtlaut«, »stumm«, »waidlaut« oder »fraglich«
- Nase
- Suche
- Vorstehen
- Arbeitsfreude

Die »Herbstzuchtprüfung« (HZP) dient sowohl der Feststellung der Erbanlagen des Prüflings, als auch des Erbwertes seiner Eltern. Die »Ostermannsche Statistik« im »Deutschen Gebrauchshund-Stammbuch«, die sämtliche auf VJP'en und HZP'en eines Jahres gelaufenen Vorstehhunde, geordnet nach ihren Eltern auflistet, gibt dem verantwortungsbewußten Züchter wertvolle Hinweise auf den Erbwert seiner Hunde.

Auf der Herbstzuchtprüfung werden folgende Fächer geprüft:

- Spurarbeit (Hase) – nicht immer, denn es werden auch viele HZP'en ausdrücklich »ohne Spur« ausgeschrieben und durchgeführt.
- Nase
- Suche
- Vorstehen
- Arbeitsfreude
- Stöbern hinter der Ente
- Verlorensuchen in deckungsreichem Gewässer
- Verlorenbringen von Federwild
- Haarwildschleppe
- Gehorsam

Die »Verbandsgebrauchsprüfung« des JGHV – nicht zu verwechseln mit der »Brauchbarkeitsprüfung« – ist die eigentliche Meisterprüfung unserer vielseitigen Vollgebrauchshunde. Ein Hund, der diese VGP erfolgreich absolviert hat, ist zumindest ein Hund, der im praktischen Jagdbetrieb normalen Anforderungen genügt.

Aus der bestandenen VGP kann *nicht* geschlossen werden, daß ein solcher Hund auf jedem Einzelgebiet in der breiten Palette der geforderten Fächer Spitzenleistungen erbringen wird.

Auch ein VGP-Hund wird in den vielen erfolgreich absolvierten Fächer nur selten die auf das jeweilige Einzelgebiet spezialisierte Rassen in seiner Leistung erreichen. Aber das ist ja auch nur natürlich. Es hieße ja jegliches Spezialistentum glatt verleugnen, würde man behaupten, daß der »Allround-Hund« immer und überall den spezialisierten Rassen ebenbürtig wäre.

So wird auch der VGP-Hund nur selten in den Feldfächern den hierin spezialisierten »Engländern« gleichkommen. Im Wald wird der gute Wachtel mehr leisten, und auf der Schweißfährte wird auch der VGP-Absolvent nur sehr selten dem gerecht geführten Schweißhund Paroli bieten können.

Das soll den Wert der VGP als Meisterprüfung für den vielseitigen Vollgebrauchshund keineswegs schmälern. Diese Prüfung deckt die gesamte Palette der denkbaren Einsatzmöglichkeiten eines vielseitigen Gebrauchshundes ab. Neben den reinen »Zuchtprüfungen« VJP und HZP gibt auch das VGP-Ergebnis dem Züchter wertvolle Hinweise auf den Erb- und Leistungswert der von ihm gezüchteten Hunde.

Auf der Verbandsgebrauchsprüfung werden folgende Fächer geprüft:

1. *Waldarbeit*
   - Schweißarbeit auf Schalenwild
     – Reine Riemenarbeit
     – Totverbellen – Wahlfach
     – Totverweisen – Wahlfach
   - Fuchsschleppe
   - Schleppe mit Hase oder Kanin
   - Stöbern (laut, stumm oder fraglich)
   - Buschieren
2. *Wasserarbeit*
   - Stöbern ohne Ente
   - Stöbern hinter der Ente
   - Verlorensuchen in deckungsreichem Gewässer
3. *Feldarbeit*
   - Nase
   - Suche
   - Vorstehen
   - Manieren am Wild mit Nachziehen
   - Arbeit am geflügelten Huhn mit Bringen (kein Pflichtfach) oder
   - Verlorensuchen und -bringen eines frischgeschossenen Huhnes (Fasan) (kein Pflichtfach) oder

- Bringen auf Huhnschleppe (Fasan)

4. Gehorsam
- im Walde
- Verhalten auf dem Stande
- Folgen frei bei Fuß
- Ablegen
- Riemenführigkeit
- bei der Wasserarbeit
- im Felde
- Schußruhe
- Benehmen vor Wild
  - Federwild
  - Haarnutzwild

5. Bringen
- Fuchs-Schleppe bzw. Ersatzschleppe
- Hase oder Kanin
- Bringen von Federwild
  - Ente
  - Huhn (Fasan)
- über Hindernis mit Fuchs

6. Zusammenarbeit mit dem Führer
7. Arbeitsfreude

Sämtliche Rassen, die von JGHV-Mitglieds-Zuchtvereinen betreut werden, können folgende Prüfungen ablegen beziehungsweise Leistungsabzeichen erringen:

1. Verbandsschweißprüfung gemäß Verbandsschweißprüfungsordnung (VSwPO), entweder auf über 20- oder über 40-stündiger Kunstfährte, hergestellt mit einem Viertel Liter Schweiß, mindestens 1000 Meter lang, mit 2 Haken und Wundbetten sowie Verweiserpunkten. Eine »sehr gute« Leistung bedeutet ein I. Preis, eine »gute« Leistung ein II., eine »genügende« Leistung ein III. Preis.

2. Armbruster-Haltabzeichen (A. H.)
Der Hund muß auf einer Verbandsprüfung bei der freien Suche im Feld an jedem Hasen gehorsam sein, sich also vom Verfolgen durch Ruf, Pfiff, o. ä. seines Führers abhalten lassen. Er muß danach jedoch auf der Spur dieses Hasen – wenn dieser am Horizont verschwunden ist, eine mindestens »gute« Spurarbeit machen.

3. Härtenachweis (/)
Die befugte Tötung von Raubwild, wildernden Katzen und Waschbären im Rahmen des Jagdschutzes ist zunächst Aufgabe des Jägers mit der Schußwaffe. Sofern ein Jagdgebrauchshund ein Stück gegriffen hat und sofort tötet, bevor ein Erlegen mit der Schußwaffe möglich war und eine solche Arbeit zuverlässig bezeugt wird, kann ein solcher Hund das Leistungsabzeichen »Härtenachweis« zuerkannt bekommen.

4. Lautjagerstrich (\)
Für einwandfrei spurlautes Jagen auf der Spur von Hase oder Fuchs anläßlich von Verbandsprüfungen oder Stöberprüfungen von Verbandsvereinen wird der Lautjagerstrich verliehen.

5. Verlorenbringen auf natürlicher Wundspur (Vbr)
Unter bestimmten, genau festgelegten Bedingungen kann einem Hund das Vbr verliehen werden, wenn er der Wundspur eines bei der praktischen Jagdausübung krankgeschossenen Hasen oder Fuchses mindestens 300 Meter weit folgt und den gefundenen Hasen oder Fuchs seinem Führer apportiert.

6. Bringtreueprüfung (Btr)
Diese Prüfung hat ein Hund bestanden, der einen zuvor ausgelegten Fuchs (der nicht dorthin geschleppt wurde!) innerhalb von 20 Minuten seinem Führer zuträgt. Auf dieser Prüfung soll der Hund zeigen, daß er kaltes, zufällig gefundenes Wild seinem Führer zuverlässig zuträgt.

Wenn bei der nachfolgenden Besprechung der einzelnen Rassen keine Angaben mehr über die Prüfungen für diese Rasse gemacht werden, dann prüft dieser Zuchtverein ausschließlich nach der JGHV-Prüfungsordnung.

Führt der jeweilige Zuchtverein neben den Verbandsprüfungen noch eigene, rassespezifische Sonderprüfungen durch, so sind diese am Ende der Rassevorstellung aufgeführt.

DIE ENGLISCHEN VORSTEHHUNDE

Sind die *deutschen* Vorstehhunde schwerpunktmäßig auf die Arbeit *nach dem Schuß* gezüchtet, so waren die *englischen* Vorstehhunde ursprünglich Spezialisten für die Arbeit *vor dem Schuß.*

Ich hatte schon dargelegt, daß die starke Spezialisierung auf nur ganz wenige Aufgaben eine durchaus englische Tugend war und ist.

Für das Suchen und Vorstehen hatte und hat der englische Jäger Pointer und Setter, für das Buschieren den Spaniel, für das Verlorenbringen krankgeschossenen Haar- und Felderwildes die Retriever.

Der deutsche Vorstehhund hingegen wurde seit HEGEWALD und OBERLÄNDER auf große Vielseitigkeit gezüchtet, insofern unterscheiden sich die klassischen Aufgabengebiete der englischen und der deutschen Vorstehhunde eben doch beträchtlich.

Nun haben die »Engländer« hier in unserem Lande durch jahrzehntelange Zuchtauswahl eine überraschende Vielseitigkeit erworben. Die relativ große Zahl der VGP-Absolventen unterstreicht, daß diese klassischen Vorstehspezialisten eben doch mehr können als nur Suchen und Vorstehen.

Suchenstil und Vorstehmanieren der »Engländer« sind etwas für jagdkynologische Ästheten. Wer je das Glück hatte, hinter Pointer und Setter auf Hühner zu jagen, der wird mir bestimmt zustimmen.

Pointer und Setter sind von Hause aus Stummjager, ich weiß nicht, ob es laut jagende »Engländer« überhaupt je gab oder gibt. Wenn ja, sind sie wie weiße Raben und bestimmt die ganz seltene Ausnahme. Das engt natürlich ihre Einsatzmöglichkeiten als vielseitige »Gebrauchshunde« ein. Ein Stummjager als

Bild oben: Vorstehen und Sekundieren – das klassische Einsatzgebiet der englischen Vorstehhunde (hier Pointer).

Stöberhund ist ebenso unbrauchbar und unsinnig wie der Pointer im Hochwildrevier. Ein klassischer Hochwindsucher, der sein Wild aufgrund seines genetischen Programmes *gegen den Wind und mit hoher Nase sucht,* kann auf der Wundfährte kaum je zum Erfolg kommen.
Wir dienen weder der gerechten Jagdausübung, noch den Jagdhundrassen, wenn wir sie in Einsatzgebiete hineinzwängen, für die sei aufgrund ihrer rassespezifischen Veranlagung nicht geschaffen sind.
Ein Pointer oder Setter am Schweißriemen ist ebenso unsinnig wie ein Schweißhund bei der Hühnersuche!
Die englischen Vorstehhunde werden im JGHV von insgesamt 5 Zuchtvereinen betreut:
Verein für Pointer und Setter e.V.
Pointer-Club Deutschland e.V.
Irish-Setter-Club Deutschland e.V.
English-Setter-Club Deutschland e.V.
Gordon-Setter-Club Deutschland e.V.
Der »Verein für Pointer und Setter« prüft im wesentlichen nach den Prüfungsordnungen des JGHV, während die »Spezialvereine« Anlagen und Leistungen nach eigenen PO's bewerten.
Auf den Jugendanlagenprüfungen dieser Spezialvereine werden geprüft:
Nase, Vorstehen, Nachziehen, Stil, Schnelligkeit, Ausdauer, Führigkeit und Schußfestigkeit.
Auf der Alterssuche – Paarsuche – werden geprüft:
Nase, Vorstehen, Nachziehen, Stil, Schnelligkeit und Ausdauer, Führigkeit, allgemeiner Gehorsam, Sekundieren, Gehorsam am Federwild und am Hasen, Schußruhe.
Auf der Frühjahrseinzelsuche werden ebenfalls die vorstehenden Fächer – allerdings ohne Sekundieren – geprüft.

Die Herbstprüfung enthält folgende Fächer:

- *Feldfächer:*
  Nase, Vorstehen, Nachziehen, Stil, Schnelligkeit und Ausdauer, Führigkeit, allg. Gehorsam am Federwild, am Hasen, Schußruhe.
- *Wasserarbeit:*
  Stöbern hinter Ente
  Apport aus tiefem Wasser
- *Verlorensuche von Federwild 150 m*
- *Verlorensuche von Haarwild 300 m mit 2 Haken*
- *Apport von Federwild*

Das oben beschriebene Prüfungssystem ist das des English-Setter-Clubs Deutschland. Die Prüfungsordnungen der übrigen Spezialzuchtvereine differieren möglicherweise in einzelnen Punkten etwas. Für die Darstellung der Prüfungen unserer englischen Vorstehhunde ist es jedoch sicher ausreichend, hier nur die PO eines Zuchtvereins darzustellen.

Pointer

Der Pointer ist das klassische Ideal des Vorstehhundes schlechthin, dessen Blut letztendlich in allen kontinentalen Vorstehhunden fließt.
Der Pointer stammt ursprünglich wohl aus Spanien und kam von dort auf die Insel. Diese spanischen Pointer waren massige, schwere Hunde, die wohl der ästhetischen Vorstellung des englischen Herrenjägers wenig entsprachen. So kreuzte man im wesentlichen den Foxhound ein und machte damit den Pointer schneller, eleganter und trockener.
Der Pointer ist auch heute noch der Hund des anspruchsvollen Niederwildjägers. Wir haben in Deutschland sehr gute und vielseitige Gebrauchszuchten, die bei allem Bestreben, den Pointer auch für durchschnittlich-deutsche Verhältnisse zu züchten – ihn also vielseitiger zu machen – doch seinen überragenden Feldstil erhalten haben.
Züchterisch betreut wird er durch den »Verein für Pointer und Setter« und »Pointer-Club-Deutschland«.
Alljährlich werden knapp unter 100 Welpen in die Zuchtbücher der beiden Zuchtvereine eingetragen.

STANDARD POINTER

Ursprungsland Großbritannien

Allgemeines Erscheinungsbild symmetrisch und korrekt gebaut, grundsätzlich stellen die Umrißlinien ein Ineinanderfügen von harmonisch fließenden Schwüngen dar. Eine kräftige, jedoch geschmeidige Erscheinung.

Charakteristika aristokratisch, rege, erweckt den Eindruck von Kraft, Ausdauer und Schnelligkeit.

Wesen freundlich und ausgeglichen.

Kopf und Schädel mittelbreiter Schädel, in Proportion zur Länge des Vorgesichts. Deutlich ausgeprägter Stop und ausgeprägtes Hinterhauptbein. Nase und Augenränder dunkel, bei zitronenfarbenen und weißen Hunden auch etwas heller gestattet, mit gut geöffneten Nasenlöchern, diese sind weich und feucht. Fang leicht konkav, wobei sich der Fanganfang in einer Höhe mit den Nasenlöchern befindet, dies ergibt das »dishface« (Himmelfahrtsnase). Leichte Vertiefung unterhalb der Augen, die Backenknochen sind nicht auffallend. Weiche, gut entwickelte Lefzen.

Augen sie sitzen in gleichem Abstand vom Hinterhauptbein wie von der Nasenspitze, sie sind leuchtend, mit freundlichem Ausdruck. Die Farbe der Augen ist entsprechend der Farbe des Haarkleides entweder haselnußbraun oder braun. Sie sind weder hervortretend noch stechend und blicken nicht nach unten auf die Nase.

Behang Ohrleder dünn, Ohren ziemlich hoch angesetzt und dicht am Kopf anliegend. Von mittlerer Länge und am unteren Ende leicht spitz.

Gebiß kräftiger Kiefer mit einem perfekten, regelmäßigen und vollständigen Scherengebiß, wobei die obere Schneidezahnreihe ohne Zwischenraum über die untere greift und die Zähne senkrecht im Kiefer stehen.

Hals lang, muskulös und leicht gebogen, klar von den Schultern abgesetzt, ohne lose Kehlhaut.

Vorhand Schultern lang, schräg und gut zurückliegend. Brust breit. Tiefes Brustbein, es liegt auf einer Höhe mit den Ellenbogen. Die Vorderläufe sind gerade und

Der englische Pointer – aus dem schweren spanischen Pointer und dem Foxhound als Prototyp des kurzhaarigen Vorstehhundes entstanden. – Bild rechts: »Weiß« ist die vorherrschende Grundfarbe des englischen Setters.

fest, mit guten, ovalen Knochen, die hinteren Sehnen sind stark und sichtbar. Vorderläufe und Kniegelenk liegen in einer Ebene, wobei das Kniegelenk an der Innenseite leicht hervorsteht. Vordermittelfuß, lang, elastisch, wenig geneigt.
Gebäude gut gewölbte Rippen, die weit nach hinten reichen und zur kräftig bemuskelten und leicht gebogenen Lendenpartie hin allmählich abflachen. In der Lendenpartie kurz. Hüftbeinknochen weit auseinander und hervorstehend, jedoch nicht über die Rückenlinie herausragend.
Hinterhand sehr muskulös. Gut gewinkelte Kniegelenke. Gute Breite von Ober- und Unterschenkel. Sprunggelenke tief stehend.
Pfoten oval, festgefügt, Zehen aufgeknöchelt, Pfoten von unten gut gepolstert.
Rute von mittlerer Länge, dick an der Wurzel, sich zur Spitze hin allmählich verjüngend, gut und dicht mit Haar bedeckt. Wird mit dem Rücken in einer Linie getragen, ohne sich dabei nach oben zu krümmen. Die Rute sollte in der Bewegung von einer Seite zur anderen schlagen.
Gangart/Bewegung fließend und sehr raumgreifend. Viel Schub. Ellenbogen weder ein- noch ausdrehend. Auf keinen Fall steppend.
Haarkleid fein, kurz, fest und gleichmäßig verteilt. Vorkommen glatt und anliegend mit einem ausgeprägten Glanz.
Farbe Übliche Farben sind zitronenfarben und Weiß, Orange und Weiß, Leberbraun und Weiß und Schwarz und Weiß. Auch einfarbig und dreifarbig (tri-colour) ist standardgerecht.
Größe erwünschte Widerristhöhe Rüden 63 bis 69 cm, Hündinnen 61 bis 66 cm.

Die Setter

Die Setter stammen zweifellos vom Pointer und verschiedenen Vorgängern heutiger Spanielrassen ab. Die für die Setter typische Langhaarigkeit ist dagegen kein Widerspruch. Langhaar kann sich direkt aus Kurzhaar entwickeln, wie wir heute in der breiten Vielfalt unserer Jagdhundrassen beim Weimaraner sehen: auch bei dieser Rasse entwickelt sich sprunghaft von einer Generation zur anderen aus Kurzhaar Langhaar.

Dem Setter wird allgemein größere Vielseitigkeit nachgesagt als dem Pointer.

Man mag es bedauern – alle drei Setterschläge sind fraglos ausnehmend »schöne« Hunde und so kam es, wie es kommen mußte: die Schönheitszüchter nahmen sich der Setter an und es erging ihnen nicht anders als Cockerspaniel und Teckel. Die reinen »Formzuchten« dominieren bei weitem, und der Jäger, der einen nach jagdlichen Kriterien gezüchteten Setter sucht, muß sich sehr genau informieren und umsehen. Es ist überhaupt nicht schwierig, einen Setter aus Form- bzw. Liebhaberzucht zu finden, aber es bedarf schon der Mithilfe der Zuchtvereine, einen Setterwelpen aus jagdlicher Leistungszucht zu bekommen. Es gibt sie noch – Gott sei Dank – und wir sollten den Zuchtvereinen dankbar sein, daß sie sich wirklich bemühen, auch die jagdliche Leistungszucht zu erhalten und zu fördern.

English-Setter

Für den English-Setter sind züchterisch der Verein für Pointer und Setter und der English-Setter Club zuständig. Alljährlich werden etwa 125 Welpen in die Zuchtbücher ihrer Zuchtvereine eingetragen.

Die englischen Vorstehhunde (hier ES) sind »lupenreine« Vorstehspezialisten

STANDARD ENGLISH-SETTER

Ursprungsland Großbritannien

Allgemeines Erscheinungsbild von mittlerer Größe mit klarumrissener Silhouette, Gesamterscheinung und Bewegung elegant.

Charakteristika sehr aktiv mit ausgeprägtem Jagdsinn.

Wesen besonders freundlich und gutmütig.

Kopf und Schädel der Kopf wird hoch erhoben getragen, er ist lang und verhältnismäßig trocken, mit deutlich ausgeprägtem Stop. Schädel von Behang zu Behang oval, mit erkennbar viel Raum für das Gehirn, deutlich hervortretendes Hinterhauptbein. Fang mäßig tief und ziemlich viereckig. Die Länge des Fanges vom Stop bis zur Nasenspitze sollte gleich der Länge vom Hinterhauptbein bis zum Stop sein. Nasenlöcher weit, Kiefer von ungefähr gleicher Länge, Lefzen nicht zu sehr pendelnd. Nasenfarbe schwarz oder lederbraun im Einklang mit der Farbe des Haarkleides.

Augen intelligent, sanft und ausdrucksvoll. Augenfarbe von haselnußbraun bis dunkelbraun, je dunkler umso besser. Nur bei Hunden mit der Farbe »Liver Belton« ist ein helleres Auge zulässig. Augenform oval. Augen nicht hervortretend.

Behang von mittelmäßiger Länge, tief angesetzt, in einer schönen Falte dicht an der Wange anliegend. Spitze des Behangs samtartig, oberer Teil mit feinem seidigen Haar bedeckt.

Gebiß kräftige Kiefer mit einem perfekten, regelmäßigen und vollständigen Scherengebiß, wobei die obere Schneidezahnreihe ohne Zwischenraum über die untere greift und die Zähne senkrecht im Kiefer stehen. Vollzahnigkeit erwünscht.
Hals ziemlich lang, muskulös und trocken, am Kopfansatz leicht gebogen und gut vom Kopf abgesetzt, zur Schulter hin stärker werdend, keine lose Kehlhaut oder lose Haut unterhalb des Kehlbereichs. Elegant.
Vorhand gut zurückliegende schräge Schultern, Brust breit und tief, sie liegt gut zwischen den Schulterblättern, ausgeprägtes Brustbein. Die Vorderläufe sind gerade und sehr muskulös mit runden Knochen. Ellenbogen gut anliegend und gut unter dem Körper stehend, Vormittelfuß kurz, kräftig, rund und gerade.
Gebäude mäßig lang, kurzer gerader Rücken. Mit gut gerundeten stark gewölbten Rippen, wobei die Rippen weit nach hinten reichen.
Hinterhand breite, leicht gewölbte Lendenpartie, kräftig und muskulös. Läufe sehr muskulös, das gilt auch für die Unterschenkel. Kniegelenke gut gewinkelt, von der Hüfte bis zu den Sprunggelenken gute Länge der Schenkel. Sprunggelenke weder ein- noch ausdrehend und gut tiefstehend.
Pfoten gut gepolstert, geschlossen, mit dicht zusammenstehenden und gut aufgeknöchelten Zehen, geschützt durch einen dichten Haarbesuchs dazwischen.
Gangart/Bewegung freie, anmutige Bewegung, die den Eindruck von Schnelligkeit und Ausdauer vermittelt. Freie Bewegung aus den Sprunggelenken bewirkt den kraftvollen Schub. Von hinten betrachtet bilden Hüfte, Knie- und Sprunggelenke eine Linie. Kopf natürlich hoch getragen.
Rute annähernd in Höhe und Linie des Rückens angesetzt, mittellang, nicht tiefer als bis zu den Sprunggelenken reichend, weder gedreht oder gewunden, leicht gebogen oder krummsäbelförmig. Dabei jedoch ohne die geringste Tendenz die Rute erhoben zu tragen. Die Befederung oder Fahne hängt in langen buschigen Fransen nach unten. Die Befederung beginnt knapp unterhalb des Rutenansatzes, sie wird zur Mitte hin länger und die Fransenlänge wird zum Rutenende hin wieder kürzer. Haar lang, glänzend, weich und seidig, leicht gewellt aber nicht gelockt. Die Rute wird in der Bewegung lebhaft von einer Seite zur anderen geschlagen, dabei in einer Ebene mit der Rückenlinie, jedoch nicht darüber, getragen.
Haarkleid vom Hinterkopf in Höhe des Behangs beginnend über den ganzen Körper verteilt, leicht gewellt aber nicht gelockt, lang und seidig. Hosen an den Hinterläufen und Befederung an den Vorderläufen fast bis zu den Pfoten reichend.
Farbe Schwarz und Weiß (»bluebelton), Orange und Weiß (»organgebelton«), zitronenfarben und Weiß (»lemonbelton«), Leberbraun und weiß (»liverbelton«) oder Tricolour; dieses Tricolour besteht aus »bluebelton« und Tan oder »liverbelton« und Tan; hierbei werden Hunde mit Farbtüpfelung (»belton«) denen mit Platten am Körper bevorzugt.
Anmerkung der Standardkommission *»Belton«* dient als Farbbezeichnung für eine Tüpfelung und/oder ein Zusammenlaufen von Farben und gilt für den English-Setter. Belton ist ein Dorf in Northumberland und der Name wurde von Mr. Edward Lavarack, dem Züchter, der die Rasse in seiner heutigen Form geprägt hat, in seinem Buch über die English Setter verwendet, um diese Färbung zu kennzeichnen.
Größe Schulterhöhe: Rüden 65 bis 68 cm, Hündinnen 61 bis 65 cm.
Anmerkung....Rüden sollten zwei offensichtlich normal entwickelte Hoden aufweisen, die sich vollständig im Skrotum befinden.

Irish-Setter

Der Irish-Setter wird sowohl auf der Insel als auch hierzulande in zwei Farbvarietäten gezüchtet, für die es auch zwei verschiedene Standards gibt. Es sind also zwei verschiedene Rassen, wobei der bei uns bekanntere »Mahagoni-Setter« vom »rot-weißen« Iren abstammen soll.

Der Verein für Pointer und Setter betreut sowohl den Roten Irish-Setter, wie auch den Rot-weißen »Iren«, der Irish-Setter-Club hingegen nur den Roten Irish-Setter.

Alljährlich werden etwa 800 Welpen des Roten Irish-Setter in die Zuchtbücher eingetragen. Die Zahl der eingetragenen »Rot-weißen« ist dagegen sehr gering, da es erst wenige Zwinger dieser Rasse hierzulande gibt. Bei Drucklegung dieses Buches stammen die wenigen Exemplare dieser Rasse überwiegend aus Importen.

English- und Irish-Setter beim Vorstehen und »Sekundieren«.

Bild links: Den mahagonifarbenen »Irish-Setter« kennt jeder. – Bild oben: Der »rot-weiße« Ire ist bei uns weniger bekannt.

STANDARD IRISCHER ROTER SETTER

Ursprung Irland

Verwendung hervorragender Hund im Feld, als Familienhund anhänglich und treu.

Klassifikation Gruppe 7 (Vorstehhunde) Sektion 2 (Britische und Irische Vorstehhunde)

Kurzer geschichtlicher Überblick Die Ursprünge des Irischen Roten Setters sind verhältnismäßig jung, obwohl sie auf das frühe 18. Jahrhundert zurückgehen. Diese Setter wurden zweifelsohne in Irland im 18. Jahrhundert bekannt, als sie für die Arbeit vor dem Schuß gearbeitet wurden. Obwohl der Rote Setter (Anfang des 19. Jahrhunderts) vergleichsweise selten war, gewann er schnell an Bekanntheit. Als der Irish Red Setter Club 1882 in Dublin gegründet wurde, wurde er von vielen für den einzigen Irischen Setter gehalten. Von diesem Tag an wuchs die Zahl der Roten Setter, während die Zahl der Rot und Weißen Setter abnahm. Bis zum Ende des 19. Jahrhunderts wurden schon sehr viele Rote Setter exportiert und außerhalb Irlands gezüchtet. Er ist nun schon in Großbritannien, Europa und Amerika so alltäglich wie in Irland. Manche Besitzer kamen zu der Ansicht, der Setter sei eher ein schöner Liebhaberhund als ein nützlicher Jagdbegleiter. Wie auch immer, der Irish Kennel Club ist davon überzeugt, daß von den Irischen Roten Settern das Bestehen einer schweren Feldprüfung zu verlangen ist. Der Irische Rote Setter hat bewiesen, mehr zu sein als (nur) ein schöner Hund.

Allgemeines Erscheinungsbild rassiger, athletischer Hund, der insgesamt eher durchtrainiert und elastisch wirkt als kräftig und muskulös.

Temperament voller Qualität, freundlich im Ausdruck. Aristokratisch, lebhaft und intelligent.

Kopf lang, trocken, nicht schmal oder spitz, nicht grob.
Schädel oval zwischen dem Behang, mit ausgeprägtem Hinterhauptbein.
Stop ausgeprägt.
Nase dunkelmahagoni, dunkelwalnußfarben oder schwarz. Weite Nasenlöcher.
Fang tief und fast rechteckig. Lang zwischen Stop und Nasenschwamm.
Stirn Augenbrauenbogen erhöht.
Kiefer kräftig, nahezu gleichlang, Lefzen nicht pendelnd. Scherengebiß.
Augen dunkel, haselnußfarben oder dunkelbraun, nicht groß.
Behang von mittlerer Größe, fein, tief und weit hinten angesetzt, in einer schönen **Falte** dicht am Kopf herabhängend.
Hals von mittlerer Länge, muskulös, nicht dick, leicht gebogen, trocken.
Körper passend zur Größe des Hundes.
Obere Linie sollte von der Schulter bis zur Rute allmählich gerade abfallen.
Schultern gut erkennbare Schulterblattkämme. Tiefreichend und schräg zurückliegend.
Lenden muskulös und leicht gewölbt.
Brustkorb tief, schmale Front. Gut gewölbte Rippen, mit viel Platz für die Lungen, doch darf der Hund nicht faßförmig sein.
Untere Linie ansteigend, aber gerade.
Rute von mittlerer Länge, passend zur Größe des Körpers, ziemlich tief angesetzt, stärker an der Wurzel, sich zu einer feinen Spitze verjüngend. Getragen auf gleicher Höhe mit dem Rücken oder tiefer. Ein leicht erhöhtes Tragen ist zulässig, wenn der Hund während der Arbeit Wild fest vorsteht.
Vorderläufe gerade und sehnig, gute Knochenstärke.
Ellenbogen frei und gut heruntergelassen, nicht nach außen oder innen gerichtet.
Hinterhand breit, kraftvoll.
Hinterläufe von der Hüfte bis zum Sprunggelenk lang und muskulös; vom Sprunggelenk bis zur Ferse kurz und kräftig.
Knie und Sprunggelenke gut gebeugt, nicht nach außen oder innen gerichtet.
Pfoten klein, fest. Kräftige Zehen, gut geschlossen und gewölbt.
Gangwerk / Bewegung freie fließende, raumgreifende Bewegung ist wünschenswert. Hoch getragener Kopf. Die Aktion der Hinterhand ist geschmeidig und sehr kraftvoll. Die Vorderläufe greifen gut voraus, dabei dicht über dem Boden bleibend. Sich kreuzende Läufe oder einwärts schwingende Vordermittelfüße sind höchst unerwünscht.
Haar am Kopf, an den Vorderseiten der Läufe und an den Behangspitzen kurz und fein; an den anderen Körperteilen und an den Läufen von mittlerer Länge, glatt und möglichst frei von Locken und Wellen. Befederung am oberen Teil des Behanges lang und seidig; auf der Rückseite der Vorder- und Hinterläufe lang und fein; am Bauch ausreichend behaart, um eine Franse zu bilden, die sich über die Brust bis zur Kehle fortsetzen kann. Die Pfoten zwischen den Zehen gut befedert. Das mäßig lange Haar der Rute bildet eine Fahne, die sich zur Spitze hin verjüngt. Die gesamte Befederung glatt und gleichmäßig.
Farbe sattes Kastanienbraun, ohne jede Spur von schwarz; weiß an der Brust, am Hals, am Kinn oder an den Zehen, oder ein kleiner Stern auf der Stirn, oder ein schmaler Streifen oder Blesse auf der Nase oder am Fang sind nicht disqualifizierend.

Fehler jede Abweichung von den vorgenannten Punkten sollte als Fehler angesehen werden, dessen Bewertung im genauen Verhältnis zum Grad der Abweichung stehen sollte.
Anmerkung Rüden sollten zwei offensichtlich normal entwickelte Hoden aufweisen, die sich vollständig im Skrotum befinden.

STANDARD IRISCHER ROT-WEISSER SETTER

Ursprung Irland
Verwendung der Irische rot-weiße Setter ist ein freundlicher, zuverlässiger und leicht führiger Jagdhund. Sein gutes und liebenswürdiges Naturell machen ihn zu einem angenehmen Gefährten und Freund, sowohl im Hause als auch bei der Jagd. Der irische rot-weiße Setter wurde in erster Linie für die jagdliche Arbeit erzüchtet. Alle Richter müssen daher angehalten werden, die vorgestellten Exemplare in erster Linie vom Standpunkt ihrer Arbeitsbefähigung zu bewerten.
Klassifikation Gruppe 7 – Vorstehhunde – Sektion 2 – britische und irische Vorstehhunde
Kurzer geschichtlicher Überblick der Irische rot-weiße Setter wurde wahrscheinlich Ende des siebzehnten Jahrhunderts erzüchtet. Außerhalb Irlands war es nicht sehr bekannt, daß es zwei irische Setterarten gibt, aber es ist ziemlich sicher, daß der Rot-weiße Setter die ältere der beiden Rassen ist, wobei durch wohlüberlegte Zuchtauswahl der einfarbige Rote Setter entstanden ist. Als die irischen Setter kurz nach Mitte des neunzehnten Jahrhunderts auf den Ausstellungen erschienen herrschte eine sehr große Ungewißheit über die korrekte Farbe. Ende des neunzehnten Jahrhunderts hatte der Rote Setter den Rot-weißen in den Schatten gestellt. Letzterer wurde so selten, daß man glaubte, er sei ausgestorben. In den Jahren nach 1920 wurden dann große Anstrengungen unternommen um diese Rasse wieder zu etablieren. 1944 hatte sich die Rasse dann wieder so gut gefestigt, daß sich ein eigener Rassehundeclub gründete. Heutzutage kann der Rot-weiße Setter in züchterisch vernünftiger Anzahl auf den irischen Ausstellungen angetroffen werden. Jagdausübende schätzen ihn etwas höher als den roten irischen Setter ein, da er ein ausgeglicheneres Wesen aufweist und in herbstlicher Umgebung besser erkennbar ist.
Allgemeines Erscheinungsbild des Hundes stark und kraftvoll, sehr ausgewogen und gut proportioniert, ohne jegliches Zeichen von Schwerfälligkeit, eher athletisch als rassig.
Wesen aristokratisch, leidenschaftlich und intelligent. Zeigt nach außen eine liebeswürdige, freundliche Grundhaltung, hinter der sich Entschlossenheit, Mut und Energie verbergen.
Kopf breit im Verhältnis zum Körper, mit ausgeprägtem Stop.
Oberkopf gewölbt, Hinterhauptbein nicht deutlich erkennbar, wie es beim Irish-Red-Setter der Fall ist.
Stop ausgeprägt.
Vorgesicht makellos geformt und rechteckig.
Gebiß/Zähne Kiefer von gleicher oder fast gleicher Länge, regelmäßiges Gebiß, ideal ist das Scherengebiß, Zangengebiß zulässig.
Augen dunkelhaselnußbraun oder dunkelbraun; rund, leicht hervortretend, Nickhaut nicht sichtbar.

Behang in einer Höhe mit den Augen und weit hinten angesetzt, dicht am Kopf anliegend getragen.
Hals angemessen lang, sehr muskulös, jedoch nicht zu dick, leicht gebogen, frei von jeglichem Anzeichen einer Wamme.
Körper kräftig und muskulös, tiefe Brust mit gut gewölbten Rippen. Rücken soll sehr muskulös und kraftvoll sein.
Rute mittellang, nicht tiefer als bis zu den Sprunggelenken reichend, kräftig an der Wurzel, verjüngt sie sich allmählich zu einer feinen Spitze. Weder gedreht noch gewunden. In einer Ebene mit der Rückenlinie oder darunter getragen.
Gliedmaßen
Vorhand gut zurückliegende, schräge Schultern, Ellenbogen frei an den Seiten, dabei weder ein- noch ausdrehend. Vorderläufe gerade und sehnig, gute Knochenstärke, mit kräftigem Vordermittelfuß.
Hinterhand breit und kraftvoll, von der Hüfte bis zu den Sprunggelenken gute Länge der Schenkel, Hintermittelfuß angemessen lang und stark. Kniegelenk gut gewinkelt, Sprunggelenk gut tiefstehend und weder ein- noch ausdrehend.
Läufe starke Knochen, gut bemuskelt und sehnig.
Pfoten gut geformt, geschlossen, mit reichlicher Befederung zwischen den Zehen.
Gangwerk im Trab weit ausgreifend, sehr lebhaft, anmutig und rationell. Den Kopf hoch erhoben getragen, Hinterhandbewegung fließend mit großem Schub. Die Vorderläufe bewegen sich bei gutem Vortritt flach über dem Boden. Von vorn oder von hinten betrachtet, bewegen sich die Vorderläufe und die Hinterläufe ab den Sprunggelenken abwärts im Bezug zum Boden gerade wie ein Pendel; weder in Vor- noch Hinterhand kreuzend oder strickend.
Haarkleid
Beschaffenheit des Haares langes seidiges Haar, als sogenannte Befederung an der Rückenseite der Vorder- und Hinterläufe, sowie auf der Außenseite des Behangs. Gleichfalls ist eine angemessene Menge Haar an den Flanken zu finden, welches sich an Brust und Hals fortsetzt und dort eine Art Besatz bildet. Befederung grundsätzlich gerade, glatt und nicht üppig. Die Rute sollte gut befedert sein. Am Kopf, an den Vorderseiten der Läufe, sowie an den restlichen Partien des Körpers sollte das Haar kurz und glatt, ohne jegliche Lockenbildung sein, wobei eine geringe Wellenbildung zulässig ist.
Farbe Grundfarbe weiß, mit nicht durchbrochenen roten Flächen (wie gut abgegrenzte rote Inseln); wobei beide Farben ein Maximum von Intensität und Leuchtkraft auszeichnen sollte. Tüpfelung, jedoch keine Streifenbildung (ROAN) am Gesicht, an den Pfoten, an den Vorderläufen bis höchstens zu den Ellenbogen und an den Hinterläufen bis höchstens zu den Sprunggelenken ist zulässig. Streifenbildung (ROAN), Tüpfelung und Sprenkelung an jedem anderen Körperteil ist unerwünscht und muß bei der Beurteilung bestraft werden.
Größe erwünschte Schulterhöhe: Rüden 62 bis 66 cm, Hündinnen 57 bis 61 cm.
Anmerkung Rüden sollten zwei offensichtlich normal entwickelte Hoden aufweisen, die sich vollständig im Skrotum befinden.

Bild oben rechts: Der Gordon-Setter hat die Farben der Brandlbracke.

Gordon-Setter

Der Gordon (oder Schottische) Setter ist fraglos der vielseitigste Setter überhaupt, er ist auch der größte und knochigste der drei Settervarietäten.
Bemerkenswert ist besonders, daß er die klassische Farbe jagender Hunde hat – er ist farblich das langhaarige Pendant zur Brandlbracke.
Ob er tatsächlich Blut jagender Hunde führt, ist umstritten. Nicht zu bestreiten ist jedoch, daß es unter den Gordons ausgesprochen scharfe und vielseitige Gebrauchshunde gibt, die auch im Wasser kaum zu schlagen sind.
Der Verein für Pointer und Setter und der Gordon-Setter-Club Deutschland tragen alljährlich etwa 200 Welpen in ihre Zuchtbücher ein.

STANDARD GORDON SETTER

Ursprungsland Großbritannien.

Allgemeines Erscheinungsbild eleganter Hund, mit den Konturen eines Vollblüters. Sein Körperbau ist ausgewogen und mit dem eines leistungsfähigen Jagdpferdes vergleichbar. Vollkommen harmonische Proportionen.

Charakteristika intelligent, leistungsfähig, von vornehmer Gelassenheit.

Wesen mutig, offen, freundlich und ausgeglichen.

Kopf und Schädel Kopf eher tief als breit, Schädel breiter als der Fang, mit erkennbarem Raum für das Gehirn. Schädel leicht gerundet, am breitesten zwischen den Behängen. Ausgeprägter Stop. Länge vom Hinterhauptbein zum Stop größer als vom Stop bis zur Nase. Unterhalb und oberhalb der Augen trocken. Die Wangenpartien gerade so schmal zueinander, wie es einem trockenen Kopf entspricht. Fang lang, mit fast parallelen Linien, weder aufgeworfen noch schwach und spitz zulau-

Ist es ein Wunder, daß der Gordon auch Nichtjägern gefällt?

fend. Lefzen nicht pendelnd, jedoch deutlich ausgeprägt. Nase groß, breit und schwarz, Nasenlöcher weit geöffnet, Fang nicht so tief wie lang.
Augen dunkelbraun, ausdrucksvoll. Weder zu tief liegend noch hervortretend, genügend tief unter den Brauen, ihr Ausdruck ist entschlossen, intelligent.
Behang mittelgroß und dünn. Tief angesetzt und dicht am Kopf anliegend.
Gebiß kräftiger Kiefer mit einem perfekten, regelmäßigen und vollständigen Scherengebiß, wobei die obere Schneidezahnreihe ohne Zwischenraum über die untere greift und die Zähne senkrecht im Kiefer stehen.
Hals lang, trocken, gebogen, ohne lose Kehlhaut.
Vorhand lange Schulterblätter, die gut und schräg zurückliegen. Schulterblattknochen breit und flach, am Widerrist geschlossen. Schultern nicht überladen. Ellenbogen gut unterstellt und dicht am Rumpf anliegend. Vorderläufe mit flachen Knochen, gerade und kräftig. Aufrechter Vordermittelfuß.
Gebäude mäßig lang, tief, Rippen gut gewölbt. Gut aufgerippt. Lendenpartie breit und leicht geschwungen. Brust nicht zu breit.
Hinterhand zwischen Hüfte und Sprunggelenk lang, breit und muskulös. Abstand vom Sprunggelenk bis zu den Ballen kurz und gerade. Kräftiger Hintermittelfuß. Kniegelenke gut gewinkelt. Lage des Beckenknochens tendiert zur Waagrechten.
Pfoten oval, geschlossen, mit gut aufgeknöchelten Zehen; zwischen den Zehen üppig behaart. Gut gepolsterte Zehen und Ballen.
Rute gerade oder leicht säbelförmig, nicht über die Sprunggelenke hinabreichend. Waagrecht oder unterhalb der Rückenlinie getragen. Am Ansatz kräftig, zu einer feinen Spitze auslaufend. Die Befederung bzw. die Fahne beginnt in der Nähe des Rutenansatzes, ist lang und gerade und nimmt zur Spitze hin gleichmäßig ab.

Der Gordon ist sicher der wasserfreudigste unter den Settern.

Gangart/Bewegung gleichmäßiger, freier und korrekter Bewegungsablauf mit sehr viel Schub.
Haarkleid am Kopf, an den Vorderseiten der Läufe und an den Spitzen des Behang kurz und fein, mäßig glatt; ohne Locken oder Wellung an allen anderen Körperteilen. Die Befederung am oberen Bereich des Behangs ist lang und seidig, an den Rückseiten der Läufe lang, fein, glatt und gerade, die Fransen am Bauch können sich bis zur Brust und zum Hals hin fortsetzen und sind dabei so wenig wie möglich gelockt oder gewellt.
Farbe tiefglänzendes Kohlschwarz, ohne Rostschimmer, mit kastanienrotem, d. h. leuchtendem Brand. Schwarze Strichelung (pencil markings) auf den Zehen und ein schwarzer Strich unter dem Unterkiefer erlaubt.
»Brand«: zwei deutlich erkennbare Punkte über den Augen, die nicht größer als knapp 2 cm im Durchmesser sein dürfen. An den Seiten des Fanges nicht über den Nasenansatz hinausreichend, ähnlich einem Streifen von einer Seite zur anderen um das klar abgegrenzte Fangende. Ebenfalls an der Kehle und als zwei große, deutlich abgegrenzte Flecken an der Brust. An den Innenseiten der Hinterläufe, Oberschenkel, an der Vorderseite des Kniegelenks hinablaufend und sich von den Sprunggelenken zu den Zehen nach außen verbreiternd. Hinten an den Vorderläufen bis zum Ellenbogen auf der Vorderseite bis zum Vorderfußwurzelgelenk oder etwas darüber; rund um das Weidloch. Ein sehr kleiner weißer Brustfleck ist gestattet. Keine andere Farbe ist erlaubt.
Größe Schulterhöhe Rüden 66 cm, Hündinnen 62 cm
Anmerkung Rüden sollten zwei offensichtlich normal entwickelte Hoden aufweisen, die sich vollständig im Skrotum befinden.

DIE UNGARISCHEN VORSTEHHUNDE (Magyar Vizsla)

Kurzhaariger Vorstehhund (Vizsla)

Herkunft und jagdliche Verwendbarkeit dieser alten ungarischen Vorstehhundrasse sind im äußerst ausführlichen Standard so präzise beschrieben, daß ich auf eine eigene Darstellung verzichten kann.
Der Kurzhaar-Vizsla ist hierzulande sehr viel häufiger anzutreffen als sein drahthaariger Vetter. Für beide Haarvarietäten gilt gleichermaßen, daß sie besonders leichtführig sind. Auch Hundeführer ohne Dompteureigenschaften kommen mit einem Vizsla gut zurecht.

Die ungarischen Vorstehhunde haben auch in Deutschland viele Freunde. Neben der auffälligen, aparten Farbe ist es ihre Leichtführigkeit, die sie beliebt macht.

Auch im Wasser steht er seinen »Hund«.

STANDARD KURZHAARIGER VORSTEHHUND (VIZSLA)

Allgemeine Charakteristika ein Jagdhund von mittlerer Größe, von eleganter Erscheinung, etwas leicht gebaut, sandgelb, kurzhaarig. Er zeigt die vollendete Harmonie der Schönheit und Kraft. Er ist ausgeglichen, intelligent und von lebhaftem Temperament.

Laut der Meinung der Historiker war einer seiner Vorläufer die pannonische Bracke. Bei der Entstehung der Rasse hatte der »gelbe Jagdhund« der Türken auch einen bedeutenden Einfluß.

Nach der Ansicht einiger Experten der Fachliteratur wurde aber seine Erscheinung schon viele hundert Jahre vorher historisch bestätigt. Neuere Forschungsergebnisse lassen die Folgerung zu, daß in der Reihe der Ahnen der Vizslas der »Sloughi« auch zu finden ist.

Die ersten Exemplare der heutigen Form sind schon Anfang des 18. Jahrhunderts erschienen. Zur Veredelung und Anpassung an die Entwicklung der Jagdformen wurden im 19. Jahrhundert auch andere Jagdhundrassen eingekreuzt, und es entstand eine gelbe, selbständige, nationale Jagdhundrasse, deren Bestand die Kriegsverluste überwunden hatte und deren heutige Form folgend zu charakterisieren ist:

Er ist leicht und schnell abrichtbar. Sein Charakter kann eine grobe Behandlung schwerlich ertragen. Seine ererbten guten Eigenschaften wie das ausgezeichnete Gedächtnis, die Lern- und Kombinationsfähigkeit sind vorzüglich und sichern ihm die Stellung eines modernen Jagdhundes unserer Zeit.

Neben seiner ausgeprägten Jagdleidenschaft fühlt er sich in der Wohnung des Hal-

Das Apportieren ist für den Vizsla kein Problem, seine »Achillesferse« ist der meist fehlende Spurlaut.

ters sehr wohl. Entsprechend dieser Eigenschaften und des vornehmen Benehmens wird er auch aus Liebhaberei gehalten.
Seine ganz vorzügliche Akklimatisationsfähigkeit ist weitbekannt, er arbeitet auch in der größten Hitze unermüdlich.
Neben seinen angeborenen guten Eigenschaften sind vorhanden: eine ausgezeichnete Nase, ein festes Vorstehen, ausgesprochene Anlagen für Stöbern und Apportieren, Wasserfreudigkeit und besonders die ausgezeichnete Fähigkeit zur Kontakthaltung.
Kopf trocken, edel, gut proportioniert. Der Kopf ist mäßig breit und leicht gewölbt. Die Mittelfurche des Oberschädels ist mäßig ausgeprägt und verläuft von dem mittelmäßig entwickelten Hinterhauptbein gegen die Stirn. Der Stop ist mäßig. Der Nasenrücken ist immer gerade. Die Schnauzenpartie ist gut gewölbt, nicht langgestreckt, breit, der Nasenspiegel gut entwickelt, mit möglichst weiten Nasenlöchern. Die Schnauzenpartie – gemessen von der Nasenspitze bis zu der Geraden, die die Augenhöhlen verbindet – soll in allen Fällen weniger als 50 Prozent der gesamten Kopflänge sein. Der Unterkiefer ist gut entwickelt und gut bemuskelt. Das Gebiß ist kräf-

tig, die Schneidezähne treffen sich im normalen Scherengebiß. Die am Gebiß anliegenden Lefzen hängen nicht herab. Die Augen sind etwas ovalförmig. Der Blick ist lebhaft und intelligent. Die Augenlider sind gut geschlossen. Die Haarfarbe harmonisiert mit der Augenfarbe, ein dunkler Ton des Auges ist erwünscht. Die Ohren sind mittellang, ein wenig nach innen und mittelhoch angesetzt und liegen flach zum Gesicht. Sie decken gut die Ohrenöffnung und haben die Form eines abgerundeten »V«.

Hals mittellang, gut bemuskelt, leicht gebogen, ohne störende Wamme und dem Rumpf mittelhoch angepaßt.

Rumpf kräftig und gut proportioniert, ein wenig länger wie bei den quadratförmigen Rassen. Der Widerrist ist markant und muskulös. Der Rücken ist kurz und gerade, die Lendenpartie fest, die obere Linie rundet sich leicht ab zum Rutenansatz. Der Brustkorb ist mittelbreit, tief und reicht bis zum Ellenbogengelenk. Die Rippen sind mäßig gebogen. Die Schulter ist gut bemuskelt, das Schulterblatt ist entsprechend geneigt und frei beweglich.

Gliedmaßen Vorderläufe sind gerade, mit starken Knochen, geschlossenen Ellbogen. Die Hinterläufe sind gut bemuskelt, mäßig gewinkelt und haben ein wenig tiefliegende Sprunggelenke. Die Zehen sind stark, gut gewölbt, fest geschlossen, die Pfote ist leicht oval. Die Krallen sind kräftig ausgebildet, die Fußballen elastisch und hart.

Rute etwas niedrig angesetzt, mittelmäßig stark, verjüngt sich und ist am Ende leicht nach oben gekrümmt. Sie bildet eine ästhetische Einheit, wenn drei Viertel der gesamten Länge bleiben. Dementsprechend kupiert man gewöhnlich nur ein Viertel der Rute. Eine Kupierung der regelmäßig, schön waagerecht getragenen Rute ist nicht obligatorisch.

Haut fest, ohne Falten und Runzeln. Sie ist pigmentiert, der Nasenspiegel fleischfarbig, die Lefzen, der Augenliderrand und die Krallen sind braun. Die Fußballen sind schiefergrau.

Behaarung Haare sind dicht anliegend, kurz, gerade und rauh. Der Bauch ist wenig behaart, das Haar ist bei den Ohren eher kürzer und seidig. Die Behaarung der Rute ist länger.

Farbe Semmelgelb oder verschiedene Nuancen der sandgelben Farbe. Kleine weiße Flecken an der Brust und an den Pfoten und Punktierungen sind keine Fehler.

Fortbewegung/Bewegung raumgreifend, schwungvoll und leicht. Im Feld ist als Gangart ein ausgeglichener, ausdauernder Galopp charakteristisch.

Körpergröße/Stockmaß die Idealgröße für Rüden beträgt 56 bis 61 cm, für Hündinnen 52 bis 57 cm. Abweichung von + - 4 cm sind zulässig, sofern Hund harmonisch bleibt. Die Harmonie des Körpers in Ruhestellung und Bewegung ist viel wichtiger als die in Zentimetern ausgedrückten Maße.

Drahthaariger Vizsla

Sein Standard entspricht weitgehend dem Kurzhaar-Vizsla, wenn man von der Behaarung einmal absieht.
In Deutschland werden im langjährigen Mittel knapp 70 Welpen im Jahr in das Zuchtbuch eingetragen.

Portrait des »UD«.

Der Vollständigkeit halber sei erwähnt, daß der lockere Spurlaut nicht gerade eine Stärke des Vizsla ist. Sicher gibt es auch spurlaute Hunde, aber genetisch fest fixiert dürfte der Spurlaut bei dieser Rasse nicht sein. Vielleicht ist er in diesem Punkt noch am ehesten mit dem Weimaraner vergleichbar, auch dort ist der Anteil nicht spurlauter Hunde nicht gerade gering.
Es kommt natürlich sehr darauf an, in welchen Revierverhältnissen ich den Hund einsetze. Im reinen Feldrevier kann ich noch am ehesten auf den Spurlaut verzichten. Als Stöberer sind dem Stummjager jedoch Grenzen gesetzt. Wie wichtig der Spurlaut für jeden Einsatz im Wald ist, habe ich ja bereits bei den Bracken ausführlich dargelegt.
Jedenfalls ist der Vizsla – ob kurz- oder drahthaarig – eine interessante Alternative zu den deutschen und englischen, auch den französischen Vorstehhunden,

Bild links: Der »Deutsch-Drahthaar« verhalf dem Drahthaarigen Vizsla zu seiner rauhen Jacke.

wenn der Schwerpunkt des Einsatzes im weiten Feldrevier liegt.
Hervorzuheben ist die ausgesprochene Leichtführigkeit der Ungarischen Vorstehhunde und ihr angenehmes, ruhiges Wesen. Geballte Energie und Passion im Revier und Ruhe und Ausgeglichenheit in der Familie zeichnen die Vizsla aus. Viele Jäger, die nicht zu den Dompteur-Naturen zu zählen sind, finden im Ungarischen Vorstehhund ihren idealen Jagdgefährten, wenn ihre speziellen jagdlichen Möglichkeiten dem Einsatzspektrum dieser Rasse entsprechen.

STANDARD DRAHTHAARIGER VIZSLA

Allgemeine Charakteristik mittelgroßer, gelber, drahthaariger Jagdhund, von kräftigem Körperbau, mit stärkerer Knochenstruktur und etwas größeren Körpermaßen als der Kurzhaar Vizsla. Mit seiner wetterharten Haarstruktur widerstandsfähig gegen Kälte und Wasser, ist er der beliebte Jagdhund in schwerem Gelände, in Schilfdickichten und bei schwerer Wasserarbeit. Neben seiner robusten Erscheinung zeigt er doch viel von der Eleganz des Kurzhaars. Er ist intelligent, anhänglich und ausgeglichen.
Der Anfang seiner Entwicklung waren die dreißiger Jahre des 20. Jahrhunderts. Zu seiner Hochzüchtung hat man den Deutsch-Drahthaar eingekreuzt. In der durch lange Jahrzehnte durchgeführten Selektion hat man neben der Verankerung der neuen Formen auf die jagdliche Brauchbarkeit großen Wert gelegt, weil das Ziel der züchterischen Arbeit die Sicherung einer Vizsla-Rasse war, deren Vielseitigkeit und ausgezeichnete, große Arbeitstüchtigkeit auch unter schwierigen Verhältnissen gut zur Geltung kommen soll. Heute ist das gemeinsame Ziel der Liebhaber dieser Rasse die weitere Homogenisierung der Formen und der Haarstruktur. Hinsichtlich seiner Eigenschaften ist er in seinem Charakter dem Kurzhaar-Vizsla ähnlich, er ist leicht zu führen, gelehrig und empfindlich gegen grobe Behandlung. Er hat eine vorzügliche Nase, ist sehr wasserfreudig, ist ein guter Apporteur und ist in seinem Stil, seiner Arbeitsweise und im festen Vorstehen gleichrangig gegenüber anderen Drahthaarrassen unseres Kontinents.
Behaarung an der Schnauzenpartie ist die Behaarung kurz und grob. Am Kinn bilden die Haare einen kleinen Bart. Der Oberkopf ist bedeckt mit kurzem, sprödem Haar. Die Behaarung an den Ohren ist beinahe gleich wie beim Kurzhaar. Die Augenbrauen sind dicht, spröd und hart. Am Hals und Rumpf ist das anliegende, harsche, harte, dichte Deckhaar 2 bis 4 cm lang, darunter mit dichter Unterwolle. Die Behaarung ist am unteren Teil der Gliedmaßen, des Brustkorbes und des Bauches kürzer. An den hinteren Kanten der Gliedmaßen ist eine längere Behaarung auch erlaubt. Die Struktur der Behaarung soll als Schutz gegen Witterung und Verletzung dienen. An den Pfoten und zwischen den Zehen ist das Haar kürzer und weicher. Die Behaarung der Rute ist dicht und stark. Die Farbe der Behaarung ist sandgelb, in verschiedenen Abtönungen. Kleinere weiße Flecken an Brust und an den Pfoten und Punktierungen sind keine Fehler.
Herkunftsland Ungarn

DIE DEUTSCHEN VORSTEHHUNDE

Ob die deutschen Vorstehhunde alle verschiedene *Rassen* darstellen oder nur verschiedene *Schläge* einer einzigen Rasse sind, darüber wurde und wird in der Jagdkynologie gelegentlich gestritten.
Nach FCI/VDH-Reglement handelt es sich bei einer Hundepopulation dann um eine *Rasse*, wenn für sie ein Standard existiert, der von der FCI anerkannt ist. Dies ist für alle deutschen Vorstehhunde der Fall. Somit betrachten wir im Rahmen dieses Buches die deutschen Vorstehhunde als *verschiedene Rassen*. Aber ob »Schlag« oder »Rasse«, es ist letztendlich ein akademischer Streit, und ich erlaube mir daher, beide Begriffe parallel zu verwenden.

Deutsch-Kurzhaar

Der wohl zweifellos älteste deutsche Vorstehhundschlag ist der Deutsch-Kurzhaar. Die gelegentliche »Übersetzung« des Rassenamens in »German Pointer« wird der Vielseitigkeit dieser Gebrauchshundrasse nicht gerecht. Es ist sicher richtig, daß der Deutsch-Kurzhaar vielleicht mehr als andere deutsche Vorstehhundrassen Pointerblut aufgenommen hat, seiner vielseitigen Verwendbarkeit hat das jedoch wenig Abbruch getan. Seine oft bestechenden Feldmanieren lassen auch keinen Zweifel an dieser Blutanleihe zu. Daneben hatten und haben wir Hunde dieses Schlages, die auf der Schalenwild-Wundfährte Überdurchschnittliches leisteten und leisten.
Erinnert sei nur an zwei überragende Nachsuchenhunde, die sich in den Ahnentafeln vieler heute lebender »Kurzhaar« finden lassen: Duro vom Bramautal (Führer HERBERT BANSEN) und Vlotho-Sand (Führer von TROTT zu SOLZ).
Die »klassischen« Farben des Deutschen Kurzhaar sind Braun und »Braunschim-

mel«. Die seltenere Farbspielart »Schwarzschimmel« hat ihren Ursprung in der Einkreuzung schwarzer Pointer. Bis gegen Ende der dreißiger Jahre wurden diese Schwarzschimmel in einem eigenen Anhang zum Zuchtbuch-DK als »Preußisch-Kurzhaar« geführt. Über dieses »Preußisch-Kurzhaar« und den Pudelpointer entstand auch der Schwarzschimmel-Deutsch-Drahthaar.

STANDARD DEUTSCHER KURZHAARIGER VORSTEHHUND

Ursprung Deutschland.
Verwendung vielseitig einsetzbarer Jagdgebrauchshund.
Klassifikation FCI Gruppe 7 Vorstehhunde – Sektion 1 Kontinentale Vorstehhunde – Mit Arbeitsprüfung.
Kurzer geschichtlicher Überblick Die Geschichte vom Deutsch Kurzhaar beginnt mit den Hunden, die bei der Netzjagd auf Federwild, vor allem in den Mittelmeerländern, und bei der Beizjagd eingesetzt wurden. Über Frankreich, Spanien und Flandern kamen die Vorstehhunde an die deutschen Fürstenhöfe. Die wichtigste Eigenschaft dieser Hunde war ihre Vorstehleistung. Mehr noch wurde ein vorstehender Hund verlangt, nachdem die erste Doppelflinte (1750) gefertigt war. Vor dem Hunde wurde »Flugwild im Fluge« erlegt. Das war der Einstieg zum Übergang von einem reinen Vorstehhund zum vielseitigen Jagdgebrauchshund. Als entscheidende Unterlage für den Aufbau und die Entwicklung der Zucht erscheint seit 1897 das »Zuchtbuch Deutsch Kurzhaar«. Prinz Albrecht zu Solms-Braunfeld war es, der Rassekennzeichen, Beurteilungsregeln der Körperform und schließlich auch einfache Prüfungsregeln für Jagdhunde aufstellte. Heute durchläuft der Deutsch Kurzhaar den Filter einer ausgefeilten Zucht- und Prüfungsordnung. Im Standard wird festgelegt, wie der vielseitige Jagdgebrauchshund Deutsch Kurzhaar beschaffen sein soll. Das befähigt ihn, alle Anforderungen im Jagdbetrieb bis ins hohe Alter zu erfüllen.
Allgemeines Erscheinungsbild Das eines edlen, harmonischen Hundes, dessen Körperbau Kraft, Ausdauer und Schnelligkeit gewährleistet. Aufrechte Haltung, fließende Außenlinien, trockener Kopf, gut getragene Rute, straffes, glänzendes Fell und raumgreifende harmonische Bewegungen unterstreichen seinen Adel.
Wichtige Maßverhältnisse Die Rumpflänge sollte die Widerristhöhe ein wenig übertreffen.
Wesen fest, ausgeglichen, zuverlässig, gezügeltes Temperament, weder nervös, scheu noch aggressiv.
Kopf trocken, markant, weder zu leicht noch zu schwer; in Stärke und Länge der Körperform und dem Geschlecht entsprechend.
Oberkopf genügend breiter, flach gewölbter Schädel, schwach ausgeprägter Hinterhauptstachel, Stirnfurche nicht zu tief, erkennbar ausgebildete Augenbrauenbögen.
Stop nur mäßig ausgebildet.
Nase etwas vorspringend. Nasenöffnungen genügend weit, breit und beweglich.
Grundsätzlich Braun. Nur bei weißer Grundfarbe ist eine fleischfarbene oder gefleckte Nase zulässig.
Fang lang, breit, tief und kräftig, um dem Hund das richtige Tragen des Wildes zu erleichtern. Der Nasenrücken zeigt, von der Seite gesehen, eine leichte Wölbung in

allen Übergängen von einer edel geformten Ramsnase bis zu einer geringen Erhebung über die gerade Linie, beim Rüden stärker ausgeprägt. Die ebenfalls noch zulässige ganz gerade Nasenrückenlinie ist weniger ansprechend, ein durchgebogener (konkaver) Nasenrücken ist ein schwerer Fehler.
Lefzen anliegend, nicht zu stark überhängend, gut pigmentiert. Fallen von der Nase bis zum Tennungspunkt fast senkrecht ab, gehen dann in einem flachen Bogen zum mäßig ausgeprägten Lefzenwinkel.
Kiefer/Gebiß/Zähne kräftige Kiefer mit einem perfekten, regelmäßigen und vollständigen Scherengebiß, wobei die obere Schneidezahnreihe ohne Zwischenraum über die untere greifen sollte und die Zähne in etwa senkrecht im Kiefer stehen; mit 42 gesunden Zähnen, gemäß der Zahnformel.
Wangen kräftig, gut bemuskelt.
Augen von mittlerer Größe, weder hervortretend noch tiefliegend. Die ideale Farbe ist dunkelbraun. Die Lider gut anliegend.
Behang mäßig lang, hoch und breit angesetzt, glatt und ohne Drehung dicht am Kopf herabhängend, unten stumpf abgerundet. Weder zu fleischig noch zu fein. Er soll, nach vorn gelegt, ungefähr mit dem Lefzenwinkel abschneiden.
Hals Länge und Harmonie zum Gesamtbild, zum Rumpf hin allmählich breiter werdend. Nacken sehr muskulös und leicht gewölbt. Straff anliegende Kehlhaut.
Körper – obere Linie gerade und leicht abfallend.
Widerrist deutlich.
Rücken fest, gut bemuskelt. Die Dornfortsätze sollen durch Muskulatur verdeckt sein.
Lenden kurz, breit, muskulös, gerade oder leicht gewölbt. Übergang vom Rücken zur Lende stramm und gut geschlossen.
Kruppe breit und genügend lang, nicht kurz abgeschlagen und zur Rute hin nur leicht abfallend, gut bemuskelt.
Brust mehr tief als breit mit gut ausgeprägter Vorbrust und möglichst weit nach hinten reichendem Brustbein. Brustbein und Ellenbogengelenk sollen in gleicher Höhe liegen. Rippen gut gewölbt, weder flach noch tonnenförmig. Hintere Rippen gut herabreichend.
Untere Linie in einem eleganten Bogen leicht aufgezogen nach hinten verlaufend, trocken.
Rute hoch angesetzt, im Ansatz kräftig, sodann sich verjüngend, mittellang. Für den Jagdgebrauch etwa um die Hälfte gekürzt. In der Ruhe herabhängend, in der Bewegung waagerecht und nicht zu hoch über der Rückenlinie oder stark gekrümmt getragen. (In Ländern, in denen der Gesetzgeber ein Rutenkupierverbot erlassen hat, kann die Rute naturbelassen bleiben. Sie sollte bis zum Sprunggelenk reichen und gerade bzw. leicht säbelförmig getragen werden).
Vorderhand – Allgemeines von vorne betrachtet gerade und parallel, von der Seite betrachtet gut unter dem Körper stehende Läufe.
Schultern schräg und nach hinten flach anliegendes Schulterblatt. Kräftige, trockene Muskulatur. Gute Winkelung zwischen Schulterblatt und Oberarm.
Oberarm möglichst lang, gut und trocken bemuskelt.
Ellenbogen am Körper anliegend, jedoch nicht angepreßt, weder auswärts noch einwärts gedreht, weit nach hinten plaziert. Gute Winkelung zwischen Oberarm und Unterarm.

Als Verlorenbringer ist der DK ein Vollgebrauchshund in des Sinnes bester Bedeutung.

Unterarm gerade, ausreichend bemuskelt. Kräftige, nicht grobe Knochen.
Vorderfußwurzelgelenk kräftig.
Vordermittelfuß minimale Winkelung von Unterarm und Vordermittelfuß, nie steil stehend.
Vorderpfoten rund bis löffelförmig, mit gut geschlossenen, ausreichend gewölbten Zehen. Kräftige Zehennägel. Derbe, widerstandsfähige Ballen. Sie fußen parallel, im Stand und in der Bewegung weder ein- noch auswärtsgerichtet.
Hinterhand – Allgemeines von hinten betrachtet gerade und parallel. Gute Winkelungen. Kräftige Knochen.
Oberschenkel lang, breit und muskulös. Gute Winkelung zwischen Becken und Oberschenkel.
Knie kräftig, mit guter Winkelung zwischen Ober- und Unterschenkel.
Unterschenkel lang, muskulös und sehnig. Gute Winkelung zwischen Unterschenkel und Hintermittelfuß.
Sprunggelenk kräftig.
Hintermittelfuß senkrecht stehend, kräftig.
Hinterpfoten rund bis löffelförmig, mit gut geschlossenen, ausreichend gewölbten Zehen. Kräftige Zehennägel. Derbe, widerstandsfähige Ballen. Sie fußen parallel, im Stand und in der Bewegung weder ein- noch auswärts gerichtet.
Gangwerk raumgreifend, mit viel Schub und entsprechendem Vortritt, in Vorder- und Hinterhand gerade und parallel; dabei gut aufgerichtete Haltung. Paßgang ist unerwünscht.

Haut straff anliegend, ohne Faltenbildung.
Beschaffenheit des Haares kurz und dicht, soll sich derb und hart anfühlen. Am Kopf und am Behang soll es dünner und kürzer sein, an der Unterseite der Rute nicht auffallend länger. Es soll den ganzen Körper bedecken.
Farbe a) Braun, ohne Abzeichen. b) Braun, mit geringen weißen oder gesprenkelten Abzeichen an Brust und Läufen. c) Dunkler Braunschimmel mit braunem Kopf, braunen Platten oder Tupfen. Die Grundfarbe eines derartig gezeichneten Hundes ist nicht braun mit weiß oder weiß mit braun, sondern das Haar zeigt ein so inniges Gemisch von braun und weiß, daß hieraus jenes für den praktischen Jagdgebrauch so wertvolle, unauffällige Äußere entsteht. An der Innenseite der Hinterläufe sowie an der Rutenspitze ist die Färbung häufig heller. d) Heller Braunschimmel mit braunem Kopf, braunen Platten, Tupfen oder ohne Platten. Bei dieser Färbung sind braune Haare in geringem Maße vorhanden, es herrschen die weißen Haare vor. e) Weiß, mit brauner Kopfzeichnung, braunen Platten oder Tupfen. f) Schwarze Farbe in denselben Nuancen wie die braune bzw. Braunschimmelfarbe. Gelber Brand ist zugelassen. g) Blesse, Schnippe mit gesprenkelten Lefzen sind zulässig.
Größe Widerristhöhe Rüden: 62 bis 66 cm, Hündinnen: 58 bis 63 cm.
Fehler Jede Abweichung von den vorgenannten Punkten ist als Fehler anzusehen, dessen Bewertung im genauen Verhältnis zum Grad der Abweichung stehen sollte, insbesondere: – Fehler in der Aufrichtung, Fehler im Geschlechtstyp. – Zu kurzer Fang. – Zu starke oder zu geringe Belefzung. – Zu langer, zu kurzer, zu schwerer, zu schmal angesetzter oder gedrehter Behang. – Zu helles Auge. Hellgelbe Greifvogelaugen. – Fehlen von insgesamt 2 Zähnen (P1 und M3), d.h. von den insgesamt 4 P1 und 2 M3 dürfen höchstens 2 Zähne fehlen. – Lose Kehlhaut. – Leichter Karpfenrücken. – Zu kurze Kruppe. – Steile Hinterhand. – Zu tiefe Brust. – Nach auswärts oder einwärts gedrehte Ellenbogen. Zeheneng oder zehenweit, bodeneng oder bodenweit. – Leichte Faßbeinigkeit, leichte Kuhhessigkeit oder Enghessigkeit. – Rute zu hoch über der Rückenlinie oder stark gekrümmt getragen.
Schwere Fehler Schwerfälliger, lymphatischer grobknochiger Körperbau. – Spitzer Fang. Durchgebogener (konkaver) Nasenrücken. – Ausgeprägter Stop. – Fleischfarbene oder gefleckte Nase (außer bei weißer Grundfarbe). – Zangenbiß sowie partielle Zange. (Bei Hunden im Alter von mehr als 4 Jahren hat eine sog. Alterszange keinen Einfluß auf die Bewertung, sofern ein Deutsch-Kurzhaar-Club bestätigt, daß auf einer vorherigen Zuchtschau ein korrektes Gebiß festgestellt wurde.) – Deutlicher Karpfenrücken. Leichter Senkrücken. – Erheblich fehlende Brusttiefe. Unausgeprägte Vorbrust. Zu flacher oder tonnenförmiger Brustkorb. – Stark auswärts oder stark einwärts gedrehtes Ellenbogengelenk. – Weiches, zu stark überstrecktes Vorderfußwurzelgelenk. – Steil stehender Vordermittelfuß. Flache Pfoten. – Gespreizte Zehen. – Schwerfälliges Gangwerk. – Stark kuhhessig oder stark faßbeinig, sowohl im Stand wie auch in der Bewegung. – Überbaute Hinterhand. – Abweichungen von mehr als 2 cm von den genannten Widerristhöhen.
Ausschließende Fehler Grobe Abweichungen vom Geschlechtstyp. – Jede Art von Wesensschwäche. – Fehlen von mehr als 2 von den insgesamt 4 P1 und 2 M3. Fehlen eines Zahnes oder mehrerer Zähne (außer P1 und M3). Nicht sichtbare Zähne gelten als fehlende Zähne, sofern nicht ein Deutsch-Kurzhaar-Club bestätigt, daß auf einer vorherigen Zuchtschau oder Zuchtprüfung deren Vorhandensein festgestellt wurde. – Vor- und Rückbiß, Kreuzbiß sowie alle Übergangsformen dazu. – Stark lose

Lider, Ektropium, Entropium, Distichiasis (doppelte Wimpernreihe). – Starker Senkrücken. Verkrümmung der Wirbelsäule. – Deformierter Brustkorb, z.B. »abgesetzte Brust«. – Hodenfehler. – Wolfszehen und Wolfskrallen. – Kiefer- und Lefzenspalt. – Überzählige Zähne, außerhalb der Zahnreihe.
N.B.: Rüden müssen zwei offensichtliche normal entwickelte Hoden aufweisen, die sich vollständig im Skrotum befinden.

Datum der Publikation des Originalstandards 07.07.1994.

Der Deutsch-Kurzhaar ist ein in Deutschland weit verbreiteter Vorstehhund, den eigentlich jeder Jäger kennt (oder kennen sollte). Er ist in den immer noch niederwildgesegneten Gefilden in den Ebenen oder entlang der Rheinschiene noch häufiger anzutreffen als in den Waldrevieren der Mittelgebirge, was fraglos für seine Feldqualitäten spricht.
Betreut wird der Deutsch-Kurzhaar vom »Deutsch-Kurzhaar-Verband e. V.«. Jährlich werden etwas weniger als 1500 Welpen in das Zuchtbuch eingetragen. Damit ist der Deutsch-Kurzhaar nach dem Deutsch-Drahthaar der häufigste deutsche Vorstehhund.
Geprüft wird im »Deutsch-Kurzhaar-Verband« einmal nach der Prüfungsordnung des Jagdgebrauchshundverbandes, es werden aber auch eigene Zuchtprüfungen abgehalten, und zwar »Derby« und »Solms«.
Bei der Frühjahrszuchtprüfung »Derby« werden geprüft: Nase, Suche, Vorstehen, Gehorsam, Arbeitsfreude, evtl. Schußempfindlichkeit.

Die Herbstzuchtprüfung »Solms« enthält folgende Prüfungsfächer:

1. *Feldarbeit*
   Nase, Suche, Vorstehen, Arbeit am geflügelten Federwild (Fasan), einschließlich Bringen oder Verlorensuchen und -bringen eines geschossenen Federwildes (Fasan), dessen Herabfallen vom Hund nicht eräugt wurde, oder Bringen auf der Federwild-(Fasan-) Schleppe.
2. *Wasserarbeit*
   Stöbern hinter Ente
   Verlorenbringen aus tiefem Schilfwasser
3. *Haarwildschleppe* (Hase, Kanin)
4. *Art des Bringens*
   Hase oder Kanin, Ente, Huhn oder Fasan
5. *Führigkeit*
6. *Gehorsam*
7. *Arbeitsfreude*
8. *Art des Jagens*
   spurlaut, sichtlaut, stumm oder fraglich.

Deutsch-Kurzhaar sind unter den Leistungsträgern des Dachverbandes (Bringtreue, Vbr, Verbandsschweißprüfungen usw.) häufig zu finden, was wiederum für die vielseitige Verwendbarkeit dieses Vorstehhundes spricht.

Weimaraner

Der Weimaraner Vorstehhund ist, was seine vermutete Herkunft und sein Äußeres anbetrifft, eine sehr interessante Rasse.
Ob er tatsächlich in Weimar entstanden ist, wird wohl ewig im Dunkel der Geschichte bleiben. Fest steht wohl, daß er im Thüringer Land in der zweiten Hälfte des 19. Jahrhunderts recht verbreitet war.
FRIESS vermutet, daß die typische silbergraue Farbe durch Mutation (also Wandlung) aus braunem Kurzhaar entstanden ist. Hätte er recht, dann wäre der Weimaraner nichts weiter als ein silbergrauer, altdeutscher Kurzhaar.
Tatsächlich wurden die Weimaraner lange Zeit im Zuchtbuch Deutsch-Kurzhaar geführt, was die FRIESS'sche Theorie bestätigen würde.
Die zweite Theorie erscheint mir allerdings wahrscheinlicher: Der Weimaraner verdankt danach seine Entstehung der Mischung altdeutscher, kurzhaariger Vorstehhunde mit Leithunden. Diese »Vermischung« soll danach etwa in der Mitte des 19. Jahrhunderts stattgefunden haben. Der Weimaraner wäre somit neben dem Hannoverschen Schweißhund ein weiterer Leithund-Nachfahre.
Für diese zweite Theorie spräche die Tatsache, daß der Weimaraner nicht gerade zu den lautfreudigen Rassen zählt, ja man kann durchaus sagen, daß spurlaute Hunde in dieser Rasse zu den ausgesprochenen Raritäten zählen.
Es ist tatsächlich sehr interessant – unterstellt man, daß die Leithund-Theorie stimmt – wie sich die beiden Leithund-

abkömmlinge weiterentwickelt haben.
Im Falle des Hannoverschen Schweißhundes hat die Einkreuzung der Haidbracke den Laut genetisch so fixiert, daß fehlender Laut kein besonderes züchterisches Problem darstellt. Beim Weimaraner fehlte dieser »Lautaufmöbeler«, die altdeutschen Vorstehhunde waren gewiß ebenfalls nicht sehr beredsam auf Fährte und Spur.
Es beweist wieder einmal, wie sich der Laut bei unseren Jagdhunden vererbt: Spurlaut dominiert über Sichtlaut, Sichtlaut dominiert über Stumm!

Bild links: Langhaar-Weimaraner, eine genetisch hochinteressante Variante des Weimaraners.
Der Weimaraner hat vielleicht die altdeutschen Gebrauchshundtugenden von allen deutschen Vorstehhunden am besten konserviert.
Kurzhaar-Weimaraner – die Urform (unten), aus der sich das Langhaar »sprunghaft« entwickelt hat.

Stummes Jagen ist immer reinerbig rezessiv – was bedeutet, daß aus zwei stummen Eltern keine lautjagenden Nachkommen mehr fallen können.
Mehr darüber im Kapitel »Definition züchterischer Begriffe« (s. Seite 217ff.)
Woher der Weimaraner letztendlich stammt, ist eigentlich egal. Er ist fraglos eine Bereicherung in der Palette unserer großen Gebrauchshunde. Er hat ganz gewiß – wenn überhaupt – weniger Pointerblut aufgenommen als der Bruder »Deutsch-Kurzhaar«. Ebenso gewiß hat dies zur Konservierung altdeutscher Gebrauchshundtugenden beigetragen, wenn er auch vielleicht im Feld mit weniger bestechenden Vorstehmanieren aufwartet als die durch Pointer- und Setterblut »aufgemotzten« anderen Vorstehhunde.
Eine züchterisch hochinteressante Variante des Weimaraners ist der »Langhaar-Weimaraner«, der sich unmittelbar aus dem Kurzhaar, also »sprunghaft«, entwickelte. Dieses Langhaar ist reinerbigrezessiv, was bedeutet, daß aus zwei langhaarigen Eltern nur noch langhaarige Nachkommen fallen können, selbst dann, wenn diese ihrerseits auch von kurzhaarigen Eltern stammen.
Interessant ist übrigens, daß FRIESS den Langhaar-Weimaraner überhaupt nicht erwähnt, obwohl es sie damals schon gegeben haben muß. Man war sich möglicherweise nicht über den Erbgang im Klaren und vermutete wohl eine Langhaar-Einkreuzung.
Der Weimaraner ist ein Gebrauchshund mit besonderer Eignung für die Arbeit nach dem Schuß. Man rühmt ihn wegen besonderer Leistungsfähigkeit als Verlorenbringer. Wer einen Vorstehhund sucht, der „unter der Flinte" bleibt und der krankes Haar- und Federwild verläßlich verlorenbringt, der ist bei dieser Rasse in besten Händen. Die aparte Farbe trägt zudem dazu bei, ihm immer neue Freunde zu gewinnen.

STANDARD WEIMARANER VORSTEHHUND

Ursprungsland Deutschland

FCI Klassifikation Gruppe VII – Sektion I –; Kontinentale Vorstehhunde; Typ »Braque«

Kurzer geschichtlicher Überblick Über die Entstehung des Weimaraner Vorstehhundes gibt es zahlreiche Theorien. Fest steht nur so viel, daß der Weimaraner, der damals noch sehr viel Leithundblut führte, schon im ersten Drittel des 19. Jahrhunderts am Hof zu Weimar gehalten wurde.

Zur Mitte des Jahrhunderts, also vor Beginn unserer Reinzucht, lag die Zucht fast ausschließlich in den Händen von meist nur nach Leistung züchtenden Berufsjägern und Förstern in Mitteldeutschland, vor allem in der Gegend um Weimar und in Thüringen. Als die Tage des Leithundes vorbei waren, kreuzten diese ihre Hunde auch mit dem Hühnerhund und züchteten mit diesen Kreuzungen weiter. Ab etwa 1890 wird die Rasse planmäßig gezüchtet und zuchtbuchmäßig erfaßt.

Neben dem kurzhaarigen Weimaraner kam auch schon vor der Jahrhundertwende, wenn auch nur vereinzelt, eine langhaarige Varietät vor.

Der Weimaraner wurde seit seiner zuchtbuchmäßigen Erfassung rein gezüchtet, ist also im Wesentlichen frei von Einkreuzungen fremder Rassen, vor allem von Pointern geblieben.

Damit ist der Weimaraner wohl die älteste deutsche Vorstehhundrasse, die seit rund 100 Jahren rein gezüchtet wird.

1. **Allgemeines Erscheinungsbild** mittelgroßer bis großer Jagdgebrauchshund. Zweckmäßiger Arbeitstyp, formschön, sehnig, mit kräftiger Muskulatur. Der Rüden- bzw. Hündinnentyp soll eindeutig ausgeprägt sein.
2. **Wichtige Maßverhältnisse** Rumpflänge zu Widerristhöhe etwa 12:11. Längenproportionen des Kopfes: von der Nasenspitze bis zum Stirnanfang etwas länger als von dort bis zum Hinterhauptbein. Vorderhand: Länge Ellbogen bis Mitte Vordermittelfußknochen und Länge Ellbogen bis Widerrist etwa gleich.
3. **Verhalten und Charakter** vielseitiger, leichtführiger, wesensfester und passionierter Jagdgebrauchshund mit systematischer und ausdauernder Suche, jedoch nicht übermäßig temperamentvoll. Nase von bemerkenswerter Güte. Raubzeug- und wildscharf; auch mannscharf, jedoch nicht aggressiv. Zuverlässig im Vorstehen und in der Wasserarbeit. Bemerkenswerte Neigung zur Arbeit nach dem Schuß.
4. **Kopf**

◦ *Oberkopf:* in Harmonie zu der Körpergröße und zum Gesichtschädel. Beim Rüden breiter als bei der Hündin, jedoch bei beiden im Verhältnis Breite des Oberkopfes zur Gesamtlänge des Kopfes in guter Proportion stehend. Auf der Stirnmitte eine Vertiefung. Hinterhauptbein leicht bis mäßig hervortretend. Hinter den Augen gut verfolgbares Jochbein. Stirnabsatz (Stop) äußerst gering.

◦ *Gesichtsschädel:*

Nase: Nasenschwamm groß, über den Kiefer vorstehend. Dunkelfleischfarben, nach hinten allmählich in Grau übergehend. – *Fang:* lang und besonders beim Rüden, kräftig, im Profil fast kantig wirkend. Fang- und Reißzahnbereich etwa gleich stark. Nasenrücken gerade, oft etwas gewölbt, niemals nach unten durchgebogen. – *Lefzen:* mäßig überfallend; diese wie Gaumen fleischfarben. Kleine Mundfalte. – *Kiefer:* kräftig – *Backen:* muskulös und deutlich ausgeprägt. »Trockener Kopf«. – *Gebiß:* vollständig, regelmäßig und kräftig. Schneidezähne

Da der Weimaraner meist stumm jagt, sind seinem Einsatz auf der Schalenwild-Wundfährte Grenzen gesetzt.

sich reibend berührend (Scherengebiß). – *Augen:* bernsteinfarben, dunkel bis hell, von intelligentem Ausdruck. Im Welpenalter himmelblau. Rund, kaum schräg gestellt. Lider gut anliegend. – *Behang:* breit und ziemlich lang, etwa den Mundwinkel erreichend. Hoch und schmal angesetzt, unten spitz abgerundet. Bei Aufmerksamkeit leicht nach vorne gedreht, gefaltet.

5. **Hals** edel wirkend und getragen, obere Profillinie geschwungen. Muskulös, fast rund, nicht zu kurz, trocken. Zu den Schultern sich verstärkend und in Rückenlinie und Brust harmonisch übergehend.
6. **Körper**

- *Oberlinie:* von der geschwungenen Halslinie über den gut ausgeprägten Widerrist harmonisch in den relativ langen, festen Rücken übergehend.
- *Widerrist:* gut ausgeprägt.
- *Rücken:* fest und muskulös, ohne Senkung. Hinten nicht überbaut. Ein etwas längerer Rücken ist, da rasseeigentümlich, nicht fehlerhaft.
- *Kruppe:* Becken lang und mäßig schräggestellt.
- *Brust:* kräftig, aber nicht übermäßig breit; mit genügender Tiefe – fast bis zum Ellenbogen reichend – und genügender Länge. Gute Wölbung, ohne tonnenförmig zu sein, mit langen Rippen, Vorbrust gut ausgeprägt.
- *Bauchlinie:* leicht ansteigend, Bauch aber nicht aufgezogen.
- *Rute:* Rutenansatz etwas tiefer unter der Rückenlinie als bei anderen vergleich-

baren Rassen. Rute kräftig und gut behaart. In der Ruhe hängend, bei Aufmerksamkeit und bei der Arbeit waagrecht oder auch höher getragen.

◦ *Geschlechtsorgane:* Rüden müssen zwei offensichtlich normal entwickelte Hoden aufweisen, die sich vollständig im Skrotum befinden.

7. **Gliedmaßen**

◦ *Vorderhand:* Läufe »hoch«, sehnig, gerade und parallel; aber nicht breit stehend. – *Schultern:* lang und schräg. Gut anliegend. Kräftig bemuskelt. Gute Winkelung des Schulterblatt-Oberarmgelenkes. – *Oberarm:* schräg gestellt, genügend lang und stark. – *Ellbogen:* frei und geradeliegend. Weder nach innen noch nach außen gedreht. – *Unterarm:* lang, gerade gestellt. – *Vorderfußwurzelgelenk:* kräftig, straff. – *Vordermittelfuß:* sehnig, leicht schräg gestellt. – *Vorderpfoten:* geschlossen und kräftig. Gerade zur Körpermitte stehend. Zehen gewölbt. Längere Mittelzehen sind rasseneigentümlich und somit nicht fehlerhaft. Krallen hell- bis dunkelgrau. Ballen gut pigmentiert, derb.

◦ *Hinterhand:* Läufe »hoch«, sehnig bzw. gut bemuskelt. Parallel gestellt, nicht nach außen oder innen gedreht. – *Oberschenkel:* genügend lang, kräftig und gut bemuskelt. – *Kniegelenk:* kräftig und straff. – *Unterschenkel:* lang, Sehnen deutlich hervortretend. – *Sprunggelenk:* kräftig und straff. – *Hintermittelfuß:* sehnig, fast senkrecht stehend. – *Hinterpfoten:* geschlossen und kräftig, ohne Wolfskrallen. Sonst wie Vorderpfoten.

8. **Gangwerk** Bewegungsablauf in allen Gangarten raumgreifend und fließend. Hinter- und Vorderläufe parallel gesetzt. Galoppsprung lang und flach. Im Trab Rücken gerade bleibend. Paßgang ist unerwünscht.

9. **Haut** kräftig. Gut, aber nicht zu eng anliegend.

10. **Haarkleid** *(Beschaffenheit:)*

◦ *Kurzhaar:* kurzes (aber länger und dichter als bei den meisten vergleichbaren Hunderassen), kräftiges sehr dichtes, glatt anliegendes Deckhaar. Ohne oder mit geringer Unterwolle.

◦ *Langhaar:* weiches, langes Deckhaar mit oder ohne Unterwolle. Glatt oder leicht wellig. Haar am Behangansatz lang überfallend. An den Behangspitzen ist samtartiges Haar zulässig. Haarlängen an den Seiten 3 bis 5 cm, an der Halsunterseite, der Vorbrust und am Bauch meist etwas länger. Gute Federn und Hosen, jedoch nach unten weniger lang. Rute mit guter Farbe. Zwischenzehenraum behaart. Kopfbehaarung weniger lang. Stockhaarähnliche Behaarung mit mittellangem, dichtem und gut anliegendem Deckhaar, dichter Unterwolle und mäßig ausgebildeten Federn und Hosen kommt bei mischerbigen Hunden gelegentlich vor.

◦ *Farbe:* silber-, reh- oder mausgrau sowie Übergänge zwischen diesen Farbtönen. Kopf und Behänge meist etwas heller. Weiße Abzeichen sind nur in geringem Maß an der Brust und an den Zehen zulässig. Gelegentlich über der Rückenmitte ein mehr oder weniger gut ausgeprägter dunkler „Aalstrich".

◦ Hunde mit ausgesprochen rot-gelben „Brand" dürfen höchstens den Formwert „gut" erhalten. Brauner Brand ist ein schwerer Fehler.

11. **Größe und Gewicht:**

◦ *Widerristhöhe:* Rüden 59 bis 70 cm (Idealmaße: 62–67 cm); Hündinnen 57 bis 65 cm (Idealmaße: 59 –63 cm)

◦ *Gewicht:* Rüden ca. 30 bis 40 kg; Hündinnen: ca. 25 bis 35 kg.

Silbergraue Farbe und bernsteingelbe Augen sind die typischen Merkmale des Weimaraners.

Seinem Einsatz auf der Schalenwildwundfährte sind – bedingt durch den meist fehlenden Laut – Grenzen gesetzt. Es wäre daher wünschenswert, würden sich die Weimaranerzüchter dieser meines Erachtens sehr wichtigen Eigenschaft besonders annehmen. Den Laut reinerbig zu machen, das allerdings wird beim Weimaraner wohl kaum je gelingen. Dazu fehlen alle Voraussetzungen, was rassegeschichtlich leicht nachzuweisen beziehungsweise zu vermuten ist.
Der Weimaraner ist über die Grenzen Deutschlands hinaus weit verbreitet, teilweise auch in außerjagdlichen Einsatzbereichen, leider in manchen Ländern auch als reiner Begleit- und Ausstellungshund.
Betreut wird der Weimaraner hierzulande vom „Weimaraner-Klub e.V.“ Die Zuchtzulassung wird auf den Zuchtprüfungen des Jagdgebrauchshundverbandes erbracht.
Alljährlich werden etwa 250 Welpen beider Haarvarietäten in das Zuchtbuch eingetragen.

Deutsch-Langhaar

Der Deutsch-Langhaar hat gewiß die gleichen Wurzeln wie der Deutsche Wachtel, was auch heute noch in Typ und Farbe deutlich zum Ausdruck kommt. Natürlich ist der Deutsch-Langhaar im Schnitt größer und schneller, quadratischer im Bau – überhaupt mehr auf Flüchtigkeit gezüchtet als der mehr gedrungene, in längeren Linien stehende Deutsche Wachtel. Aber Verwechslungen beider Rassen können auch dem Eingeweihten gelegentlich unterlaufen. Der Deutsch-Langhaar war seit seinen züchterischen Anfängen – und gewiß erst recht vorher – der deutsche Försterhund schlechthin, aus dem man *den deutschen Gebrauchshund* am sichersten hätte erzüchten können – so Konrad Andreas. Die alten Deutsch-Langhaar waren robuste, starke, gelegentlich auch bärenhafte, »neufundländer-ähnliche« Hunde, scharf und wesensstabil. Natürlich ist auch die Mode der zwanziger Jahre, das »Aufmotzen« durch Blut englischer Vorstehhunde, am Deutsch-Langhaar nicht spurlos vorüber gegangen. Er hat aber gewiß weniger Blut des eben doch sehr einseitigen Vorstehspezialisten Pointer mitbekommen als der Deutsch-Kurzhaar. Statt dessen nahm er wohl mehr Blut des von Hause aus gegenüber dem Pointer eben doch vielseitigeren Setters, bevorzugt wohl Irish- und Gordon-Blut auf. Die »Neufundländer«-Typen verschwanden dadurch fast völlig und so ist der Deutsch-Langhaar heutiger Zucht ein eleganter, schnittiger Hund mit allen guten Gebrauchshundtugenden mit Schwerpunkt *nach dem Schuß*.

STANDARD LANGHAARIGER DEUTSCHER VORSTEHHUND

Ursprungsland Deutschland

Verwendung vielseitiger Jagdgebrauchshund.

Klassifikation F.C.I Gruppe VII (Vorstehhund).

Kurzer geschichtlicher Überblick im langhaarigen Jagdhund ist das Blut der Vogel-, Habichts-, Wasserhunde und Bracken vereint und somit die Anlagen zu großer Vielseitigkeit vorhanden. Ab dem Jahr 1879 wurde Reinzucht betrieben und im wesentlichen Rassenmerkmal festgelegt. Im Jahr 1897 stellte Freiherr von Schorlemer die ersten Rassekennzeichen für den Deutsch-Langhaar auf und legte somit den Grundstein für die heutige Reinzucht.

F.C.I.-Standard N° 117 b des Langhaarigen Deutschen Vorstehhundes (Deutsch-Langhaar)

1. **Allgemeines Erscheinungsbild des Hundes** kräftig, muskulös, tiefgestellte, flüssige Linien. Bei kleineren Hunden muß viel Substanz verlangt werden. Allzu mäßige und dabei schwerfällige Hunde sind nicht erwünscht.
2. **Wichtige Maßverhältnisse (Proportionen)** Fang und Schädel gleich lang, Hund hinten nicht überbaut, Schulter etwas höher als Kruppe.
3. **Verhalten und Charakter** ausgeglichen, ruhig, gezügeltes Temperament, gutartig, leicht zu führen.

4. **Kopf** auf den schönen Langhaarkopf muß besonderer Wert gelegt werden. Edles Aussehen, langgestreckt.
   - *Oberkopf:* leicht gewölbt. – *Stop:* Stirnabsatz leicht ansteigend, nicht plötzlich eingeschnitten.
   - *Gesichtsschädel:*

   Nasenschwamm: braun, leichte Schimmelabzeichen erlaubt. – *Nasenrükken:* leicht gewölbt, nicht zu schmal. – *Lefzen:* nicht allzu stark überfallend. – *Kiefer:* ohne Überfeinerung. – *Backen:* keine zu starken Backenknochen. – *Augen:* Farbe: braun, möglichst dunkel, Augenlider eng am Augapfel anliegend, ohne sichtbare rote Nickhaut. Weder zu tief liegend noch hervorquellend. – *Ohren:* nicht zu tief angesetzt, leicht nach vorne gedreht.
5. **Hals** Kräftig und edel, ohne Wamme in schöner Linie sich zur Brust hin erweiternd, nicht zu kurz.
6. **Körper**

   Rücken: Gerade, fest, nicht zu lang, Nierenpartie besonders muskulös. – *Kruppe:* lang, massig abfallend. – *Brust:* Vorderbrust vorhanden, Brustkorb breit und tief, mindestens bis zu den Ellenbogen reichend. – *Rute:* keine zu steile Haltung.
7. **Gliedmaßen**
   - *Vorderhand*

     Allgemeines: das Schulterblatt, das Oberarmbein, die Unterarm- und Fußknochen sollen beim stehenden Hund, von vorne gesehen, annähernd eine senkrechte Linie bilden. – *Schultern:* gut anliegend. Von der Seite gesehen,bei ruhiger Haltung, sollen Schulterblatt und Oberarmbein einem rechten Winkel sich möglichst nähern. - *Ellenbogen:* gut anliegend. – *Fesselgelenk:* leicht durchgebogen, nicht ganz gerade. – *Pfoten:* Ballen derb und kräftig.
   - *Hinterhand*

     Allgemeines: von hinten gesehen sollen das Hüftbein (Beckenknochen), das Oberschenkelbein, die Unterschenkel- und Fußknochen eine senkrechte Linie bilden. – *Sprunggelenk:* auf gute Winkelung ist besonderer Wert zu legen. – *Wolfskrallen:* sind gleich nach der Geburt zu entfernen.
8. **Gangwerk** raumgreifende Bewegung mit gutem Schub aus der Hinterhand.
9. **Haut** eng am Körper anliegend, nicht faltig.
10. **Haarkleid**
   - *Beschaffenheit des Haares:* auf die richtige Behaarung ist größter Wert zu legen: weder übermäßiger Haarwuchs noch zu kurzes Haar. – Am Rücken und am Rumpf seitlich: Haar 3 bis 5 cm lang, gut anliegend. – An der Halsunterseite, an der Brust und am Bauch dürfen die Haare noch länger sein.

     Bauch: gut behaart. – *Ohren:* Behaarung wellig und überfallend. – *Rute:* mit guter Fahne, bis zur Rutenspitze behaart. – *Rückseite der Vorderläufe:* behaart (Federn). – *Rückseite der Hinterläufe:* behaart (Hosen). – *Unterhalb des Sprunggelenkes:* Haar bedeutend kürzer. Zu starke Befransung ist nicht erwünscht. Zwischenräume zwischen den Zehen dicht und kurz behaart. – *Kopf:* Haar erheblich kürzer, aber immerhin länger als beim kurzhaarigen Hund. Schopfbildung am Oberkopf ist unerwünscht.

     Am Körper Haar schlicht fest, glatt oder leicht wellig, fest anliegend. Dicht mit guter Unterwolle.

Braune Langhaar-Hündin mit einem »gemischten« Wurf reinbrauner und »Schimmel«-Welpen.

- *Haarfarbe:* einfarbig braun – braun mit weißen oder geschimmelten Abzeichen (besonders an Brust und Pfoten) – Dunkelschimmel (mit größeren oder kleineren braunen Platten; brauner Kopf, evtl. mit Blesse, Schnippe oder Stern) – Hellschimmel (mit größeren oder kleineren braunen Platten; brauner Kopf, evtl. mit Blesse, Schnippe oder Stern) – Forellenschimmel (viele kleine braune Flecken auf weißem Untergrund. Kopf braun evtl. mit Blesse, Schnippe oder Stern) – Braun-weiß, entweder rein braun-weiß oder mit ganz wenigen kleinen Flecken (große braune Platten, mit Sattel oder Mantel, Kopf: braun, evtl. mit Blesse, Schnippe oder Stern). Vereinzelt kann gelber Brand als uraltes Brackenerbe auftreten.

11. **Größe und Gewicht** Idealmaß bei Rüden: 63 bis 66 cm (Mindestmaß 60 cm, Höchstmaß 70 cm). Idealmaß bei Hündinnen: 60 bis 63 cm (Mindestmaß 58 cm, Höchstmaß 66cm). Das Gewicht liegt bei 30 kg.

Einfarbig braun dominiert heute, aber auch die »Schimmel« haben viele Freunde, oft auch schon deshalb, weil sie meist besser im Haar sind als die einfarbig braunen.

Die braune Farbe ist beim Deutsch-Langhaar dominant gegenüber der Schecken-Farbe und epistatisch über die Schimmel-Farbe. Dunkel-Schimmel dominiert wiederum über Hell-Schimmel, beide sind epistatisch über Scheckung.

Bei den braun-weißen Hunden aus dem »Kalksteiner-Stamm« vermutete man – sicher zu Unrecht – einen starken »Schuß« Blut englischer Setter. Da aber

Braunschimmel-Langhaar.

– wie wir heute wissen – die braun-weiße Farbe rezessiv ist, kann man sehr leicht einen »Schecken«-Stamm aufbauen, aus dem nur noch weiß-braune Hunde fallen.

Der Deutsch-Langhaar wird heute in Deutschlang in reiner Leistungszucht gezüchtet. Schönheitszucht gibt es bei dieser Rasse – Gott sei Dank – nicht. Sein Haarkleid macht ihn für Kälte und Nässe unempfindlich und präsentiert ihn für Wald- und Wasserarbeit. Er ist ein »gründlicher« Hund und kein Flitzer, wer den Rassenamen »Deutsch-Langhaar« in »Deutsch-Langsam« verballhornt, der hat noch nie einen guten Langhaar arbeiten sehen.

Der Deutsch-Langhaar wird züchterisch vom »Deutsch-Langhaar-Verband« betreut. Jährlich werden ca. 700 Welpen in das Zuchtbuch eingetragen.

Die Zuchtzulassung wird nach der Prüfungsordnung für Zuchtprüfungen des Jagdgebrauchshundverbandes erlangt.

Auch auf der Wundfährte leisten die Langhaar oft Erstaunliches.

Großer schwarz-weißer Münsterländer

Der große, schwarz-weiße Münsterländer war und ist eigentlich eine farbliche Spielart des Deutsch-Langhaar. Er ist der einzige deutsche Vorstehhund, bei dem die Farbe »Schwarz« ein Muß ist, große Münsterländer ohne Schwarz gibt es nicht. Bei allen anderen Vorstehhundrassen, bei denen die Farbe »Schwarz« erlaubt ist, sind daneben noch andere Farbkombinationen möglich (Braun, Braunschimmel u.s.w.).

Der Große, schwarz-weiße Münsterländer wurde zunächst bei Deutsch-Langhaar in dessen Zuchtbuch mitgeführt, später in einen separaten Anhang zum Zuchtbuch »Deutsch-Langhaar« eingetragen und erst in der dreißiger Jahren vom damals neugegründeten »Verein für große, schwarz-weiße Münsterländer« züchterisch übernommen.

Der Große, schwarz-weiße Münsterländer gehört zu den fraglos besonders »schönen« Jagdhundrassen, und trotzdem ist er nicht in die Formzucht abgerutscht, sondern wird in scharfer Leistungsauslese als Jagdgebrauchshund in des Sinnes bester Bedeutung für den Jäger gezüchtet. Nachgewiesener Spurlaut ist eine der Zuchtzulassungsvoraussetzungen, neben den Zuchtprüfungen, die nach den Prüfungsordnungen des JGHV erbracht worden sein müssen. Überhaupt ist der lockere Spurlaut eine der Stärken des »Schwarz-weißen«, was ja gewiß *nicht* für Settereinkreuzung spricht, wie es gelegentlich immer wieder zu hören ist.

Die schwarze Farbe muß ja nicht von den »Engländern« herrühren, obwohl es fraglos englische Setter gibt, die schwarz-weiß sind und für den weniger Eingeweihten durchaus einem großen Münsterländer ähneln. Vieles spricht dafür, daß das »Schwarz« beim Großen Münsterländer ein Brackenerbe ist – insbesondere der schon erwähnte rassetypische lockere Spurlaut belegt diese Theorie. Daneben ist die Schärfe, und zwar sowohl die Wild- und Raubwildschärfe, wie auch häufig die Mannschärfe, beim Großen Münsterländer breit verankert.

Freuen wir uns also über diese ausgesprochen schöne und tüchtige Gebrauchshundrasse, die nach meinem Geschmack eine Bereicherung in der meist eintönig braunen Farbpalette unserer deutschen Vorstehhunde darstellt.

Betreut wird der Große, schwarz-weiße Münsterländer vom »Verband Große Münsterländer e.V.«. Die Zuchtzulassung wird auf Prüfungen nach den

Genetisch ist der GM eine Variante des DL, der erst vor etwa 60 Jahren »selbständig« wurde.

STANDARD GROSSER SCHWARZWEISSER MÜNSTERLÄNDER

Ursprungsland Deutschland.

Verwendung vielseitig verwendbarer Jagdgebrauchshund; seine Stärke liegt in der Arbeit *nach* dem Schuß.

Wissenschaftliche Einordnung

Klassifikation Gruppe VII (mit jagdlicher Anlage, Zucht- und Gebrauchsprüfung).

Kurzer geschichtlicher Überblick die geschichtliche Entwicklung des Großen Münsterländers geht zurück auf den weißbunten Vogel- und Beizhund des Mittelalters über den Stöberhund Wachtelhund auf den Vorstehhund des 19. Jahrhunderts. Der GM zählt ebenso wie der Kleine Münsterländer und der Deutsch-Langhaar zur Familie der langhaarigen deutschen Vorstehhunde, deren planmäßige Zucht gegen Ende des 19. Jahrhunderts begann. Nachdem der »Deutsch-Langhaar-Verein« 1909 die schwarze Farbe endgültig von der Zucht ausschloß, nahm sich der 1919 gegründete »Verein für die Reinzucht des langhaarigen schwarz-weißen Münsterländer Vorstehhundes« der Zucht der schwarz-weißen Langhaar an. Nach Erfassung der vor allem im westlichen Münsterland und in Niedersachsen noch vorhandenen Reste dieses bodenständigen Langhaarstammes in einer Urliste begann der Verein 1922 mit der planmäßigen Zucht des Großen Münsterländers. Die Urliste umfaßte 83 Hunde. Nachkommen aus Paarungen zwischen den in der Urliste erfaßten GM wurden in das Zuchtbuch Große Münsterländer (ZGM) eingetragen. Zuchtbuchführender Verein ist der Verband Große Münsterländer e.V. (VGM), organisiert in derzeit acht selbständige Landesgruppen. Der VGM ist Mitglied im VDH und im Jagdgebrauchshundverband (JGVH).

FCI – Standard des Großen Münsterländers

1. **Allgemeines Erscheinungsbild des Hundes** kräftiger, muskulöser Körperbau, dabei schnittiges Gesamtbild, Ausdruck von Intelligenz und Adel. Trockene Außenlinie.
2. **Wichtige Maßverhältnisse (Proportionen)** Rumpflänge und Schulterhöhe sollen möglichst gleich sein. Die Rumpflänge kann die Schulterhöhe um 2 cm überschreiten.
3. **Verhalten und Charakter** die wichtigsten Eigenschaften sind Führigkeit, Gelehrigkeit und zuverlässige Verwendbarkeit für die Jagd, insbesondere nach dem Schuß. Wesen lebhaft ohne Nervosität.
4. **Der Kopf** edel und langgestreckt mit geringem Stop und klugem Aussehen, ausgeprägte Kinnmuskulatur.
   Nase: Nasenrücken gerade mit ausgeprägtem schwarzen Nasenschwamm. – *Fang:* Kräftig, lang und für den Gebrauch gut ausgebildet. – *Lippen (Lefzen):* nicht überhängend. – *Gebiß:* kräftig und vollständig (42 Zähne) mit ausgeprägten Fangzähnen und einwandfreiem Scherengebiß. – *Augen:* Je dunkler, um so besser. – *Ohren (Behang):* Breit, ziemlich hoch angesetzt, unten gerundet, gut anliegend.
5. **Der Hals** kräftig, gut bemuskelt, edel geschwungen.
6. **Der Rumpf**
   Widerrist: mittelhoch, lang, gut bemuskelt. – *Brust:* von vorne gesehen breit, von der Seite gesehen tief mit deutlicher Vorbrust. – *Rücken:* kurz, fest, gerade mit sanft abfallender Kruppe. – *Lenden:* ausgeprägt, durch sanfte Muskulatur geschützt. – *Kruppe:* lang, breit, nur leicht abfallend, gut bemuskelt. – *Bauch:* leicht aufgezogen, straff, schlank, Flanken kurz und hoch angesetzt.

7. **Gliedmaßen**
   - *Vorderläufe (vordere Extremität):* fest an den Rippen anliegende Schulterblätter, korrekte Winkelung, gerade, stark und gut bemuskelt, elastische Vorderfessel. Pfoten gut geschlossen, von mässiger Länge und Rundung, Wolfskrallen.
   - *Hinterläufe (hintere Extremität):* kräftige und straffe Bemuskelung, senkrechte Stellung, korrekte Winkelung der Knie- und Sprunggelenke. Pfoten wie an den Vorderläufen. Wolfskrallen sind zu entfernen.
8. **Gangwerk** Schritt und Trab federnd, raumgreifend, mit weitem Vorgriff. Galopp: elastisch, schwungvoll mit nötigem Nachschub, weiter Sprung.
9. **Die Haut** straff.
10. **Das Haarkleid**
    - *Beschaffenheit des Haares:* lang und dicht, jedoch schlicht, nicht lockig oder abstehend da dies der jagdlichen Verwendung hinderlich ist. Typisches Langhaar. Das Haar muß beim Rüden als auch bei der Hündin, an der Rückseite der Vorder- und Hinterläufe besonders lang und dicht sein (gut befedert). Auch an der Rute soll das Haar besonders lang sein. Die stärkste Befahnung der Rute soll etwa in der Mitte ihrer Länge sein. Das Haar an den Behängen soll lang sein (gute Fransenbildung) und den Unterrand des Behangs seitengleich deutlich überragen (keine Lederbehänge). Im übrigen ist das Haar des Kopfes kurz und anliegend.
    - *Haarfarbe:* weiß mit schwarzen Platten und Tupfen oder schwarz geschimmelt. Kopf schwarz, evtl. mit weißer Schnippe oder Blesse.
11. **Größe und Gewicht** Schulterhöhe (Stockmaß Rüden 60 bis 65 cm; Hündinnen 58 bis 63 cm; Gewicht um 30 kg.

Zuchtprüfungsordnungen des JGHV erbracht. Jährlich werden etwa 350 Welpen in das Zuchtbuch eingetragen.

»Wie sag' ich's meinem Azubi?«

Oben: Große Münsterländer – gedeckt gefärbte Dunkelschimmel. – Unten: Kleiner Münsterländer: »Platten-Forellen-Scheck«.

Kleiner Münsterländer

Der Kleine Münsterländer ist eine völlig eigenständige Rasse und nicht etwa eine Zwergform des Großen Münsterländers, wie gelegentlich zu hören ist.
Der Phantasiename »Heidewachtel«, den EDMUND LÖNS, ein Bruder des großen Heidedichters, geprägt hat, läßt für weniger Eingeweihte eine Verwandtschaft zum »Wachtel« vermuten. Aber auch das ist abwegig, mit dem Deutschen Wachtelhund hat er ebenso wenig oder ebenso viel zu tun wie alle langhaarigen, deutschen Vorstehhunde, die irgendwann im Mittelalter einen gemeinsamen Ahnherrn in Form des damaligen langhaarigen Vogelhundes haben.
FRIESS vermutet, daß zur Zeit der Franzosenherrschaft in Westfalen kleinere, langhaarige Vorstehhunde von Frankreich nach dort gekommen sind und somit der Kleine Münsterländer und der »Epagneul Breton« verwandt sind beziehungsweise gemeinsame Ahnen haben.
Nun, ob dies so stimmt oder nicht, ist letztendlich auch egal. Wichtig ist, daß wir im Kleinen Münsterländer eine äußerst tüchtige Vorstehhundrasse haben, deren Qualitäten, ganz besonders in der Arbeit nach dem Schuß liegen.
Leider haben sich einige Schönheitszüchter außerhalb und innerhalb des zuständigen Zuchtvereins im JGHV seiner angenommen und so begegnet man

STANDARD KLEINER MÜNSTERLÄNDER VORSTEHHUND

Größe Schulterhöhe Rüden 52 bis 56 cm, Hündinnen 50 bis 54 cm. Zulässige Größenabweichungen +- 2 cm (Meßtoleranz).
Farbe braun-weiß, Braunschimmel, lohfarbene Abzeichen an Fang und Auge gestattet (Jungklaus'sche Abzeichen).
Kopf edel, trocken, leicht gewölbt, nicht zu breiter Oberkopf mit kleinem Stop. Der Kopfausdruck gehört zum Typ.
Fang kräftig, gerade; kurze, gut aufeinanderliegende Lefzen; Nasenschwamm braun, helle Flecken auf dem Nasenschwamm sind unerwünscht.
Behang breit, hoch angesetzt, fest anliegend, nach unten spitz zulaufend, nicht zu weit über den Lefzenrand hinausragend. Kurzhaariger, glatter Behang ist fehlerhaft.
Auge möglichst dunkelbraun. Augenlider fest am Augapfel anliegend und die Bindehaut bedeckend. Entropium/Ektropium und Vogelauge sind fehlerhaft.
Rumpf *Brust:* tief und geräumig, nicht tonnenförmig – *Hals:* mittellang. – *Nacken:* muskulös und leicht geschwungen. – *Rücken:* fest, mittellang, mit breiter, fester Nierenpartie. – *Leib:* wenig aufgezogen. – *Haut:* straff anliegend.
Haar schlicht, dicht, mittellang und wenig gewellt, fest anliegend.
Läufe Vorderläufe gerade, befedert, Hinterläufe gut gewinkelt, behost.
Pfoten rund, gewölbt, geschlossen. Zuviel Behaarung ist unerwünscht.
Rute mittellang, mit langer Fahne, gerade getragen, im letzten Drittel darf sie leicht nach oben gekrümmt sein.
Gesamteindruck bei viel Adel und Eleganz kräftig.
N.B.: Rüden müssen zwei sichtlich normale, gut im Strotum liegende Hoden aufweisen.

Portrait eines Kleinen Münsterländers.

ihm auch schon einmal in den Parkanlagen der Großstädte. Das ist schade, aber wohl nicht zu ändern. Hoffen wir, daß es dem jagdlichen Zuchtverein gelingt, das Gros der Rasse als Jagdgebrauchshund dem deutschen Jäger zu erhalten – und daß dies gelingt, daran habe ich selbst keinen Zweifel.

Ich sagte schon, daß die besonderen Qualitäten des Kleinen Münsterländers in der Arbeit nach dem Schuß liegen. Es ist in diesem Zusammenhang bemerkenswert, daß der Kleine Münsterländer auf Verbandsschweißprüfungen oft alle anderen vielseitigen Rassen weit hinter sich läßt, ja man kann durchaus sagen, daß diese Rasse – setzt man die Zahl der auf Verbandsschweißprüfungen geführten Hunde zu den erzielten Preisen ins Verhältnis – zu den auf diesem Spezialgebiet erfolgreichsten vielseitigen Gebrauchshunden gehört.

Betreut wird der Kleine Münsterländer vom »Verband für Kleine Münsterländer Vorstehhunde e. V.« Die Zuchtzulassung wird nach den Zuchtprüfungsordnungen des JGHV erbracht.

Daneben hat der zuständige Zuchtverband noch eine eigene »Ordnung für die Kleine-Münsterländer-Prüfung für Arbeiten nach dem Schuß« erlassen, auf der Leistungen in folgenden Fächern erbracht werden müssen:

1. *Schweißarbeit* – Riemenarbeit: Totverbellen (zusätzlich) – Totverweisen (zusätzlich)
2. *Bringtreue* – Fuchs
3. *Verlorensuche* – Nutzwild
4. *Wasserarbeit* Stöbern hinter Ente – Verlorensuchen Schilfwasser
5. *Fuchs über Hindernis*
6. *Gehorsam* im Wald – am Wasser
7. *Bringen* von Fuchs – von Hase – von Fasan – von Ente.

Alljährlich werden vom Verband für Kleine Münsterländer Vorstehhunde e. V. etwa 1200 Welpen in das Zuchtbuch eingetragen.

Stimmungsvolles Waidwerk mit dem Kleinen Münsterländer.

Deutsch-Stichelhaar

Der »Deutsch-Stichelhaar« ist fraglos die älteste rauhhaarige deutsche Vorstehhundrasse, die gewiß auch den größten Anteil an der Entstehung des »Deutsch-Drahthaar« hatte und größtenteils in diesem aufgegangen ist.
Der »Urjagdhund«, die Bracke also, ist von Hause aus niemals rauhhaarig, sondern stockhaarig. So muß das Rauhhaar (bzw. Stichelhaar) über eine jagdfremde Rasse hineingekommen sein, vermutlich über den »Wasserpudel«, den »Barbet« also. Dieser Wasserpudel war ein äußerst scharfer und dennoch leichtführiger Hund. Nach FRIESS waren diese Wasserpudel beziehungsweise Schafpudel die starken und scharfen Schutzhunde der Hirten gegen Wolf, Bär und menschliche Räuber.
Was lag also näher, als Schärfe und Lenkbarkeit dieser Pudel, verbunden mit der wetterfesten »Jacke«, auf den Jagdhund zu übertragen. Obwohl die ersten, um 1886 herausgekommenen Deutsch-Stichelhaar als »*Hessische* Rauhbärte« bezeichnet wurden, ist *Ostfriesland* heute die Heimat des Stichelhaar.
Trotz der verhältnismäßig geringen Verbreitung des Deutsch-Stichelhaar – auch noch regional im Wesentlichen auf Ostfriesland begrenzt – steht er im Prüfungsvergleich mit den anderen deutschen Vorstehhundrassen ausgesprochen gut da.
Aus den anfänglich knochigen, »vierschrötigen« Hunden sind »handfeste«, vielseitige und scharfe Vollgebrauchshunde geworden, die sich auch unter den Waldjägern immer noch großer Be-

Bild oben: Der Stichelhaar hat von allen Rassen dem »Drahthaar« am intensivsten seinen genetischen »Stempel« aufgedruckt.

STANDARD DEUTSCH-STICHELHAAR

Herkunftsland Deutschland

Allgemeine Erscheinung Höhe mittelgroß (Rüden etwa 60 bis 66 cm Stockmaß, Hündin etwas niedriger), Figur kräftig, aber keineswegs plump gebaut; die einzelnen Teile der vorderen und hinteren Gliedmaßen in regelmäßigen Verhältnissen zu einander und zum Rumpf stehend; im ruhigen Gange werden Hals und Kopf mäßig aufgerichtet, die Rute meist schräg hoch, während der Suche mehr horizontal getragen. Der Gesamteindruck des Hundes ernst und verständig, das Auge der buschigen Augenbrauen wegen anscheinend drohend.

Kopf mittelgroß (etwa 23 bis 25 cm lang), nicht zu schwer; Fang (Schnauzenteil des Kopfes) nicht zu kurz, mehr quadratisch, nicht spitz; die Lippen in gutem Schluß herabfallend, im Mundwinkel eine Falte bildend. Nasenbein (Nasenrücken) lang und breit, gerade, niemals durchgebogen, Absatz von der Stirn allmählich ansteigend, nicht plötzlich ausgeschnitten. Der Oberkopf leicht gewölbt, breit, von der Seite gesehen mit dem höchsten Teile der Wölbung in der Mitte, Hinterhauptbein nicht zu stark entwickelt.

Behang mittellang, oben nicht zu breit, unten stumpf abgerundet, hoch und gleichmäßig in voller Breite angesetzt, nicht zu weit über den Hinterkopf hinausragend und möglichst ohne Drehung glatt und dicht am Kopf herabhängend.

Auge leicht oval, mittelgroß, klar, weder vorspringend noch tiefliegend, Augenlider ringsum gut schließend. Farbe braun, bei hellerer Behaarung auch heller gefärbt, jedoch nicht raubvogelgelb. Die Augenbrauen kräftig und buschig entwickelt, die Haare im Bogen nach außen und abstehend gewendet.

Nase breit, gut geöffnet, mit kräftiger Entwicklung der Muskel; je nach der Farbe des Hundes dunkel oder hellbraun; Doppelnase unzulässig.

Hals mittellang, kräftig, im Nacken leicht gebogen, sich allmählich nach unten zur vollen Brustweite ausdehnend, ohne Kehlwamme.

Brust und Brustkorb Brust von vorn gesehen, mäßig breit, von der Seite gesehen, tief; die den Brustkorb bildenden Rippen gut gewölbt, niemals flach.

Rücken, Lende, Kruppe der Rücken breit und gerade, die Lende (Nierenpartie) möglichst breit und kurz, sowohl Rücken als Lenden möglichst kräftig bemuskelt, Kruppe nicht zu kurz, wenig abfallend.

Bauch und Flanken Bauch gut geschlossen, namentlich in den Flanken, nach hinten mäßig aufgezogen.

Rute mittellang, gerade, allenfalls schwach nach aufwärts gekrümmt. Die Wurzel der Rute kräftig, nicht zu niedrig angesetzt, allmählich in eine nicht zu dünne Spitze auslaufend. Mäßiges Stutzen der Rute gestattet, der verbliebene Teil soll jedoch mindestens so lang sein, wie die Hälfte der Entfernung zwischen Rutenansatz und Sprunggelenk.

Vordere Gliedmaßen Schultern schräg gestellt, Ellenbogen weder ein- noch auswärts gedreht. Lauf (Vorarm und Vordermittelfuß-Knochen) gerade und kräftig entwickelt; in der Vorderfußwurzel, Vorderknie nicht durchgebogen. Zehen gut gewölbt und geschlossen, nicht gespreizt. Fuß von vorn gesehen, rund. Ballen groß und derb. Die Nägel gut gekrümmt.

Hintere Gliedmaßen Kruppe, Oberschenkel (Keulen) und Unterschenkel muskulös; Unterschenkel in mäßigem Winkel zum Sprunggelenk (Fußwurzel) weder zu steil noch windhundartig schräg gestellt. Hintermittelfuß nicht zu schräg, sondern fast gerade unter die Sprunggelenke gestellt. Von hinten gesehen, sollen die Sprunggelenke weder nach außen, noch nach innen gedreht erscheinen.

Behaarung

- *Allgemeines:* Das Haar auf dem Körper des stichelhaarigen Vorstehhundes soll auf dem Rumpfe etwa 4 cm lang, lose anliegend und in der selben Richtung von vorn nach hinten, bzw. von oben nach unten gerichtet, straff hart, borstenartig sein. Unmittelbar über den Schultern wie an der Unterseite des Körpers verlängert es sich von der Kehle abwärts über die Mittellinie der Brust und des Bauches um eine Kleinigkeit, so daß die gerade abwärts stehenden längeren Haare eine kurze, leichte Franse oder Feder bilden. Am ganzen Körper findet sich oftmals kaum sichtbare Unterwolle, welche im Winter stärker, im Sommer nur schwach ist, bzw. ganz verschwindet. Es entscheidet die Gesamterscheinung, nicht der Maßstock.
- *Spezielles:* Am Fange bilden die Haare einen mäßigen Schnurrbart; auf dem Nasenbein sind sie kurz und rauh, nicht lang und weich oder gar überfallend. Auf dem Oberkopf ist das Haar flach anliegend, kurz und hart, auf dem Behange etwas länger als beim kurzhaarigen Hunde, namentlich härter als bei diesem, aber nicht so harsch wie auf dem Oberkopf. Der Kopf soll frei von jedem weichen, wolligen oder seidigen Haar sein, mit Ausnahme eines mäßigen Bartes und der Augenschopfe. Die Augenbrauen buschig, kräftig, die Haare nach oben und die Spitzen der einzelne Haare im Bogen schräg nach außen stehend. An der Vorderseite der Vorderläufe liegt das kurze, harte Haar flach auf, an der Hinterseite bildet es eine etwas verlängerte Feder, welche vom Ellenbogen bis zur Vorderfußwurzel reicht. An den Hinterläufen zeigt sich ebenfalls an der hinteren Seite eine schwache Feder, welche sich fast bis zum Sprunggelenk ausdehnt. Zwischen den Zehen der vorderen und hinteren Gliedmaßen zeigt sich kurze, weichere, nicht vorstehende Behaarung. Die Rute ist voll und stark behaart, an der unteren Seite ist das Haar etwas länger, ohne jedoch eine Bürste oder Fahne zu bilden. Die Haare legen sich der Rute entlang an, doch so, daß die längeren Haare an der Unterseite die gerade Linie nicht unterbrechen.
- *Farbe und Abzeichen:* braun und weiß, scheinbar grau meliert oder mit einzelnen größeren grauen Platten.

Der Stichelhaar ist heute die seltenste rauhhaarige deutsche Vorstehrasse.

liebtheit erfreuen. Optisch ist es selbst für den Fachmann oft schwer, wenn nicht gar unmöglich, den DSt. vom DD zu unterscheiden.

Betreut wird der Deutsch-Stichelhaar vom »Verein Deutsch-Stichelhaar e.V. von 1892« mit Sitz in Aurich (Ostfriesland).

Die Zuchtzulassung wird auf den Zuchtprüfungen nach den Prüfungsordnungen des JGHV erbracht.

Alljährlich werden etwa 50 Welpen in das Zuchtbuch eingetragen.

Pudelpointer

Die Idee, aus einer gezielten Kreuzung von Pudel und Pointer einen Jagdgebrauchshund zu schaffen, hatte in den siebziger Jahren des 19. Jahrhunderts Freiherr VON ZEDLITZ UND NEUKIRCH, der unter seinem Pseudonym »Hegewald« bekannter ist als unter seinem Geburtsnamen. Seine Vorstellung war »einen hochläufigen, eleganten rauhhaarigen Pointer schweren Schlages, aus dem der Pudel in äußerer Form herausgezüchtet ist, so daß nur das rauhe Gewand von ihm übrig bleibt, innen aber die kluge, verständige Seele des Pudels waltet«.

HEGEWALD hat in Wort und Schrift für seine Idee geworben und bereits 1881 fiel der erste Pudelpointer-Wurf.

Über einen Pudelpointer aus diesem ersten eingetragenen Wurf schrieb HEGEWALD später: »In diesem PP hat sich die Gelehrigkeit des Pudels, seine Apportierfreude und Folgsamkeit in ausgesprochener Harmonie mit der bekannt guten Nase, der unermüdlichen Ausdauer und dem herrlichen Temperament des Pointers vereinigt.

Liegt beispielsweise beim Weimaraner – was die Herkunft der Rasse anbetrifft – vieles im Dunkel, so ist Herkunft und geschichtliche Entwicklung bei nur wenigen Rassen so klar wie beim Pudelpointer.

In den mehr als hundert Jahren des Bestehens dieser Rasse hat sie sich ohne Zweifel so entwickelt, wie es die Gründer vorausgesehen und gewollt haben.

Der PP ist heute ein in konsequenter Leistungsauslese gezüchteter Vollgebrauchshund, der sowohl im Feld, als auch in Wald und Wasser gleichermaßen Hervorragendes leistet. Nach den Unterlagen des Zuchtvereins werden in manchen Jahren bis zu 85 Prozent der eingetragenen Hunde auf den Zuchtprüfungen des Verbandes, vornehmlich der VJP, geprüft. Dies beweist, wie verantwortungsbewußt der Zucht-

STANDARD PUDELPOINTER

Gebäude mittelgroß, nahezu quadratisch, kräftig bemuskelt; Rüden 60 bis 68 cm, Hündinnen 55 bis 63 cm Stockmaß.

Konstitution kräftig und trocken, dabei edel und feinzellig.

Nervenverfassung fest bei aufgewecktem Wesen.

Farbe *Zuchtziel:* dunkelbraun, dürrlaubfarbene oder schwarze Hunde sind zugelassen. Kleine weiße Abzeichen sind ohne Belang.

Haar geschlossenes, hartes, anliegendes, mittellanges Stockhaar mit guter Unterwolle (Länge auf dem Widerrist 4 bis 6 cm). Der Unterbauch soll gut behaart sein. *Unerwünscht sind:* langes, weiches, stark gewelltes oder offenes Haar, kurzes Haar und Hunde ohne Bart.

Kopf harmonisch lang und breit, dem Geschlechtstyp entsprechend mit ausgeprägtem Stop. Nasenrücken gerade, Nasenschwamm dunkel. Kopf rauh behaart mit starkem Bart und ausgeprägter Behaarung der Augenbrauen; Stirnlocke.

Auge seitlich stehend, groß, lebhaft, dunkelbernsteinfarbig mit fest schließenden Lidrändern.

Fang kräftig und spitz; kräftiges, gut schließendes Scherengebiß.

Pudel × Pointer, eine Rasse aus der Retorte!

Behang mittelgroß, anliegend, nicht fleischig, gut behaart.
Lefzen geschlossen, anliegend (keine Trieflefzen).
Hals mittellang, gut bemuskelt, im Nacken leicht gewölbt.
Brust breit, tief, Rippen gut gewölbt, aber nicht tonnig.
Rücken kurz, stramm, kräftig bemuskelt, Nierenpartie kräftig bemuskelt und leicht gespannt. Kruppe mittellang, schräg, aber nicht steil oder lang. Übergang von Kruppe und Rute in ungebrochener Linie. Rute muß gerade sein und soll nicht aufrecht getragen werden.
Vorhand Schulter und Vorhand gut gewinkelt und bemuskelt, sowie fest anliegend. Guter Vortritt. Ellenbogen weit hinten, fest anliegend, nicht nach außen drehend. Vorderläufe von vorn und von der Seite gerade stehend. Klare trockene Knochen und Gelenke.
Hinterhand Ober- und Unterschenkel gut gewinkelt und bemuskelt. Knie-, Sprung- und Mittelfußgelenk von hinten gesehen gerade, nicht nach außen drehend.
Pfoten rund bis oval, geschlossen. Ballen derb, Behaarung der Pfoten und Läufe nicht zu lang.
Bewegung harmonisch federnd mit raumgreifenden Schritten.
Der Form- und Haarwert eines Hundes wird anhand des Bewertungsbogens von mindestens drei Formwertrichtern auf einer vom Verein Pudelpointer ausgeschriebenen Veranstaltung festgestellt, wenn der Hund mindestens 18 Monate alt ist.
Der § 51 der VZPO ist sinngemäß zu beachten. Für die Zuerkennung der Form- und Haarwertnote »vorzüglich« (v) ist die Zustimmung des Zuchtwartes erforderlich.

verein und seine Züchter mit ihrer Rasse umgehen.
Während beim Deutsch-Drahthaar, an den auch der PP viel Blut abgegeben hat, die rein-schwarze Farbe verpönt ist, sind rein-schwarze PP nicht selten. Auch dies ist fraglos ein Pointer-Erbe.
Die Zuchtzulassung wird beim PP auf den Zuchtprüfungen des Jadgebrauchshundverbandes erworben.
Betreut wird der Pudelpointer vom »Verein Pudelpointer e. V.« der alljährlich etwa 140 Welpen in sein Zuchtbuch einträgt.
Zur Verbreiterung der recht schmalen Zuchtbasis wurde 1991 wieder eine »Ur«-Kreuzung Pudel x Pointer durchgeführt und auf Prüfungen getestet, die die befürchteten Folgen der Inzucht abmildern soll.

Portrait eines typischen Pudelpointers.

Wasser und Feld – die klassischen Einsatzgebiete des Pudelpointers.

Griffon

Gegen Ende des vorigen Jahrhunderts züchtete der in Deutschland lebende Holländer KORTHALS aus rauhhaarigen holländischen, belgischen und französischen Vorstehhunden und dem Barbet (Wasserpudel) einen eigenständigen Vorstehhundschlag, seinen »Vollblut-Korthals-Griffon«.

Der Griffon war und ist ein ausgezeichneter Feld- und Wasserhund in blaugrauer Farbe mit braunen Platten und dem typischen kokosmattenartigen Haar.

Er hat – wie alle kurz- und rauhhaarigen Vorstehhundrassen der damaligen Zeit – viel Blut an den Deutsch-Drahthaar abgegeben und manchen Linien seinen

STANDARD GRIFFON

Kopf groß und lang, rauh-, aber nicht langbehaart, mit deutlich ausgesprochenem Schnurrbart und Augenbrauen. Schädel nicht sehr breit, Fang lang und viereckig. Nasenrücken vorn leicht konvex gebogen, Stirnabsatz nicht zu steil abfallend.

Behang mittelgroß, flach anliegend, sich unten zuspitzend, nicht abgerundet, nicht zu tief angesetzt, das glatte Haar auf diesem ist mit längerem mehr oder weniger durchsetzt.

Augen groß, nicht durch die Augenbrauen verdeckt, von sehr klugem Ausdruck, möglichst braun von Farbe.

Nase immer braun.

Hals ziemlich lang.

Brust ungefähr 55 bis 60 cm bei Rüden, 50 bis 55 cm bei Hündinnen. Diese Größenangabe soll für die Richter keine Vorschrift, sondern ein Hinweis sein, der je nach den Verhältnissen entsprechend leicht über- oder unterschritten werden kann. Im allgemeinen soll der Griffon von mittlerer Größe und nicht zu hoch auf den Läufen sein (10 Prozent länger als hoch).

Schultern ziemlich lang, gut schräg liegend. Rippen leicht gewölbt.

Vorderläufe gerade, kräftig, gut unterstellt, rauh behaart.

Rücken kräftig, namentlich die Nierenpartie gut entwickelt, gerade, fest in der Bewegung.

Hinterläufe rauh behaart, die Schenkel lang und gut entwickelt, das Sprunggelenk gut gewinkelt.

Pfoten rund, kräftig, Zehen gut geschlossen.

Rute geradeaus oder leicht schräg aufwärts getragen, rauh behaart, jedoch ohne Fahne (⅓ bis nicht ganz ½ der Rute werden coupiert).

Farbe am liebsten blaugrau, grau mit braunen Platten oder einfarbig braun, öfters mit grauen Haaren gestichelt, ebenfalls zulässig weiß mit braun.

Behaarung rauh und harsch, sich wie feiner Draht oder Sauborsten anfühlend, niemals kraus oder wollig. Unter dem rauhen, längeren Deckhaar befindet sich dichtes, weicheres Unterhaar.

bis heute erkennbaren Stempel aufgedrückt.
Der Griffon ist – ich erwähnte es schon – ein ausgezeichneter Gebrauchshund, der mit Recht in Deutschland einen festen Platz in der Palette der Vorstehhunde gefunden hat.
In »Diezels Niederjagd« ist über die Griffons zu lesen »... weil sie wegen der starken Behaarung an Kopf, Läufen und Körper als ganz besonders geeignet für die Suche in stacheligem Gestrüpp, kaltem Wasser und rauhem Wetter galten...«.
Dies beschreibt klar des Griffons besondere Stärken und dem ist nichts mehr hinzuzufügen.

Die Zucht des Griffon liegt in den Händen des Griffon-Klubs e. V.
Die Zuchtzulassung wird nach den Zuchtprüfungsordnungen des JGHV erworben.
Alljährlich werden etwa 70 Welpen in das Zuchtbuch des Griffon-Klubs eingetragen.

Das dichte Kokosmattenhaar, die meist blau-graue Farbe und der dicht behaarte Kopf unterscheiden den Griffon von anderen rauhhaarigen Vorstehhundrassen.

Deutsch-Drahthaar

Der Deutsch-Drahthaar (DD) verdankt seine Entstehung eigentlich der Tatsache, daß es in den letzten Jahren des 19. Jahrhunderts eine ganze Reihe rauhhaariger Vorstehhundrassen in Deutschland gab und gewollte und auch ungewollte Kreuzungen nicht ausbleiben konnten. Diese Kreuzungsprodukte waren meist außerordentlich gute Gebrauchshunde. Es wäre ja tatsächlich schade gewesen, hätte man dieses Material züchterisch nicht genutzt. So entstand die Drahthaarbewegung, die einen in der deutschen Jagdkynologie beispiellosen Aufschwung nahm. Als Gegenpol bildete sich der »Rauhhaar-Reinzucht-Verband«, der aber den Aufschwung von Deutsch-Drahthaar nicht bremsen konnte.

So hat der DD viele Väter: den alten Deutsch-Stichelhaar, den Pudelpointer, den Griffon und auch den Deutsch-Kurzhaar, auf den auch heute noch gelegentlich Rückschläge in Form kurzhaariger Welpen ohne Bart fallen.

Die Schwarzschimmel-Drahthaar gehen auf das Blut von »Preussisch-Kurzhaar« und/oder Pudelpointer zurück und führen damit auch das Blut schwarzer Pointer.

Schwarze Deutsch-Drahthaar sind – im Gegensatz zum Pudelpointer, wo diese Farbe erlaubt ist – unerwünscht.

Daher sind die Paarungen einfarbig-brauner Drahthaar mit Schwarzschimmel verboten, da die Nachkommen nach den MENDEL'schen Erbgesetzen einfarbig-schwarz werden müssen (die dominanten Gene »Einfarbigkeit« und »Schwarz« kommen ja in diesem Falle zusammen).

Natürlich »mendeln« die alten, länger durchgezüchteten Urstämme immer wieder heraus und der Fachmann kann oft recht genau sagen, welches Blut in dem einen oder anderen DD dominiert.

STANDARD DEUTSCH-DRAHTHAAR

Ursprung Deutschland.
Verwendung vielseitig einsetzbarer Jagdgebrauchshund.
Klassifikation F.C.I. Gruppe 7 Vorstehhunde, Sektion 1 Kontinentale Vorstehhunde. Mit Arbeitsprüfung.
Kurzer geschichtlicher Überblick Der Deutsch-Drahthaar ist ein rauhhaariger Vorstehhund, der nach züchterischen Anfängen Ende des 19. Jahrhunderts (Griffon Korthals) auf der Grundlage der Ideen von »Hegewald« (Sigismund Freiherr von Zedlitz und Neukirch) seit der Jahrhundertwende mit dem ausdrücklich erklärten Ziel gezüchtet wurde, einen wesensfesten und leistungsfähigen, drahthaarigen deutschen Jagdgebrauchshund zu schaffen. Nach dem Prinzip »durch Leistung zum Typ« und bei konsequenter Beachtung der züchterischen Freiheit ist aus dem besten Material der Rauhhaarschläge (Pudelpointer, Griffon Korthals, Deutsch Stichelhaar) unter Zuführung von Deutsch Kurzhaar in kurzer Zeit ein Jagdgebrauchshund entstanden, der sich durch praktische, wetterfeste Behaarung und Vielseitigkeit auf allen Gebieten der Jagdpraxis auszeichnet. Durch diese Eigenschaften ist Deutsch-Drahthaar in wenigen Jahrzehnten zum beliebtesten und bewährtesten der großen Jagdgebrauchshunde in Deutschland und in vielen Ländern der Welt geworden.
Allgemeines Erscheinungsbild Vorstehhund von edler Erscheinung, mit harter, die Haut vollkommen schützender Behaarung, mit aufmerksamem und energischem Ausdruck. Seine Bewegungen sollen kraftvoll, raumgreifend, flüssig und harmonisch sein.
Wichtige Maßverhältnisse Rumpflänge und Schulterhöhe sollen möglichst gleich sein. Die Rumpflänge kann die Schulterhöhe bis zu 3 cm überschreiten.
Wesen fest, beherrscht, ausgeglichen, ohne Wildscheue, weder scheu noch aggressiv.
Kopf der Körpergröße und dem Geschlecht entsprechend. Kopflinien leicht divergierend (auseinandergehend).
Oberkopf flacher, nur an den Seiten leicht gerundeter Schädel, mäßig breit, deutlich ausgebildete Augenbrauenbögen.
Stop deutlich erkennbar ausgeprägt.
Gesichtsschädel – Nase der Haarfarbe entsprechend kräftig pigmentiert. Gut geöffnete Nasenlöcher.
Fang langer, breiter, kräftiger, tiefer Fang. Leichte Ramsnase.
Lefzen dicke, anliegende und nicht überhängende Lefzen. Gute, der Haarfarbe entsprechende Pigmentierung.
Kiefer/Gebiß/Zähne große Zähne. Kräftige Kiefer mit einem perfekten, regelmäßigen und vollständigen Scherengebiß, wobei die obere Schneidezahnreihe ohne Zwischenraum über die untere greift und die Zähne senkrecht im Kiefer stehen. Mit 42 Zähnen gemäß der Zahnformel.
Augen möglichst dunkel, weder zu tief gebettet noch hervortretend, mit lebhaftem, wachem Ausdruck. Am Augapfel anliegende, gut pigmentierte Lidränder.
Behang mittelgroß, hoch und breit angesetzt und nicht gedreht.
Hals mittellang, kräftig bemuskelt, leicht geschwungene Nackenlinie, trockene Halslinie.
Körper – Obere Linie gerade und leicht abfallend.
Widerrist ausgeprägt.
Rücken fest, gut bemuskelt.

Lenden kurze, breite, muskulöse Lendenpartie, breites Becken.
Kruppe lang und breit, leicht abfallend und gut bemuskelt.
Brust breit und tief mit ausgeprägter Vorbrust und möglichst weit nach hinten reichendem Brustbein. Rippen gut gewölbt.
Untere Linie in einem eleganten Bogen leicht aufgezogen nach hinten verlaufend, trocken.
Rute der Linie des Rückens folgend, möglichst horizontal oder leicht nach oben gerichtet getragen, nicht steil, weder zu dick noch dünn. Für den Jagdgebrauch zweckmäßig gekürzt. (In Ländern, in denen der Gesetzgeber ein Rutenkupierverbot erlassen hat, kann die Rute naturbelassen bleiben. Sie sollte bis zum Sprunggelenk reichen und gerade bzw. leicht säbelförmig getragen werden).
Vorderhand – Allgemeines von vorne betrachtet gerade und parallel, von der Seite betrachtet gut unter dem Körper stehende Läufe. Der Abstand vom Boden bis zu den Ellenbogen sollte etwa gleich dem von den Ellenbogen bis zum Widerrist sein.
Schultern gut schräg und nach hinten liegendes Schulterblatt, kräftig bemuskelt. Gute Winkelung von Schulterblatt und Oberarm.
Oberarm möglichst lang, gut und trocken bemuskelt.
Ellenbogen am Körper anliegend, weder einwärts noch auswärts gedreht. Gute Winkelung von Oberarm und Unterarm.
Unterarm trocken und senkrecht stehend, kräftige Knochen.
Vorderfußwurzelgelenk kräftig.
Vordermittelfuß gering nach vorne gerichtet.
Vorderpfoten ovalrund mit gut geschlossenen Zehen und genügend dicken, derben, widerstandsfähigen und gut pigmentierten Ballen. Sie fußen parallel, im Stand und in der Bewegung weder ein- noch auswärtsgerichtet.
Hinterhand – Allgemeines von hinten betrachtet gerade und parallel. Gute Winkelungen in Knie- und Sprunggelenken. Kräftige Knochen.
Oberschenkel lang, breit und muskulös, gute Winkelung von Becken und Oberschenkel.
Knie kräftig, mit guter Winkelung von Ober- und Unterschenkel.
Unterschenkel lang, muskulös und sehnig.
Sprunggelenk kräftig.
Hintermittelfuß kurz, senkrecht stehend.
Hinterpfoten ovalrund mit gut geschlossenen Zehen und genügend dicken, derben, widerstandsfähigen und gut pigmentierten Ballen. Sie fußen parallel im Stand und in der Bewegung, weder ein- noch auswärts gerichtet.
Gangwerk weit ausgreifend, guter Vortritt und guter Schub, in Vorder- und Hinterhand gerade und parallel; dabei gut aufgerichtete Haltung.
Haut straff, anliegend, ohne Faltenbildung.
Beschaffenheit des Haares drahthaarig hart, anliegend und dicht. Deckhaar ca. 2 bis 4 cm lang, dichte wasserabweisende Unterwolle. Die Umrisse des Körpers dürfen durch längeres Haarkleid nicht verdeckt werden. Es soll durch Härte und Dichte möglichst guten Schutz gegen Witterungseinflüsse und Verletzungen bieten. Die unteren Partien der Läufe sowie der untere Bereich von Brust und Bauch sollen kürzer, jedoch dicht, der Kopf und Behang kürzer und zugleich dichter, jedoch nicht weicher, behaart sein.
Betonte Augenbrauen und ein kräftiger, nicht zu langer, möglichst harter Bart unterstreichen den energischen Gesichtsausdruck.

Farbe Braunschimmel, Schwarzschimmel, mit oder ohne Platten, braun mit und ohne Brustfleck. Andere Farben sind nicht zugelassen.
Größe Widerristhöhe – Rüden: 61 bis 68 cm, Hündinnen: 57 bis 64 cm.
Fehler Jede Abweichung von den vorgenannten Punkten ist als Fehler anzusehen, dessen Bewertung im genauen Verhältnis zum Grad der Abweichung stehen sollte.
Schwere Fehler kurzer oder schmaler, auch spitzer Fang; schwaches Gebiß, Zangengebiß, partielle Zange; stark lose Augenlider; Senk- oder Karpfenrücken, überbaut, zu kurzes Brustbein; stark nach außen oder nach innen gedrehte Ellenbogen; kuhhessig, O-beinig oder enghessig, sowohl im Stand wie auch in der Bewegung; Paßgang, steifer oder trippelnder Gang; dünnes Haar, fehlende Unterwolle.
Ausschließende Fehler Wesensschwäche, Schuß- und Wildscheue, Vor- und Rückbiß, Kreuzbiß, fehlende Zähne außer P1, Entropium, Ektropium, angeborene Knick- oder Stummelrute, Pigmentfehler, unterschiedliche Augenfarbe.
N.B.: Rüden müssen zwei offensichtlich normal entwickelte Hoden aufweisen, die sich vollständig im Skrotum befinden.

Datum der Publikation des Originalstandards: 29.07.1994.

Der Deutsch-Drahthaar ist der am meisten verbreitete Vorstehhund in Deutschland. Er ist für viele Jäger *der* Vollgebrauchshund schlechthin. Es ist einfach keine Verbands-Zucht oder Gebrauchsprüfung vorstellbar, bei der nicht der Deutsch-Drahthaar zahlenmäßig dominiert. Das hohe Leistungsniveau bei Deutsch-Drahthaar ist gewiß ein Ergebnis des langen Kampfes der Drahthaarbewegung um Anerkennung. Man war zum Erfolg verurteilt und holte sich aus den oben genannten Rassen das Beste für die eigene Zucht, selektierte scharf und schuf so den heutigen Deutsch-Drahthaar auf anerkannt hohem Leistungsniveau auf allen Arbeitsgebieten des deutschen Vollgebrauchshunds.
Der Deutsch-Drahthaar ist als eine der ganz wenigen Rassen *inzuchtfrei* entstanden, eben durch die gezielte oder gewollte Kreuzung der verschiedenen Ausgangsrassen. Man hat damit eine große

Den Fuchs mit Schwung über den Graben bringen, für den DD überhaupt kein Problem.

DD beim Totverbellen...

genetische Breite erhalten, aber natürlich auch in Kauf genommen, daß man erst sehr spät (wenn überhaupt gewollt), zu einem völlig einheitlichen Typ kommt.

Die Schärfe in jeder Form gehört gewiß zu den herausragenden Eigenschaften des Deutsch-Drahthaar, die sicher nicht zu Lasten der Nasengüte geht, wie gelegentlich von manchen Jagdkynologen zu lesen oder zu hören ist.

Das wird von vielen Drahthaarigen widerlegt, die auf der Wundfährte und der Wundspur Überragendes leisten.

...und beim Apportieren von Federwild.

Deutsch-Drahthaar hat wie keine andere deutsche Jagdhundrasse bewiesen, daß Anerkennung und weite Verbreitung in der Jägerschaft letztendlich nur über *Leistung* zu erlangen sind. Das sollten jene bedenken, die für eine Jagdhundrasse Propaganda machen, für die weder ein Bedarf vorhanden, noch diese Rasse ihre Leistungsfähigkeit unter unseren Jagdverhältnissen bewiesen hat. Nicht Aussehen, Größe oder Farbe sind entscheidend, sondern was der Hund zu leisten imstande ist.

Dies sollten alle aus dem Erfolg der Deutsch-Drahthaar-Bewegung lernen.

Betreut wird der Deutsch-Drahthaar hierzulande vom »Verein Deutsch-Drahthaar e. V.«, der auch starke, dem Mutterverband eng verbundene Gruppen in Nordamerika und Kanada hat.

Die Zuchtzulassung wird bei DD auf den Zuchtprüfungen des JGHV erworben.

Alljährlich werden ca. 3500 Welpen in das Zuchtbuch eingetragen. Der Deutsch-Drahthaar ist somit der am weitesten verbreitete Vorstehhundschlag in Deutschland.

Braque français

FRANZÖSISCHE VORSTEHHUNDE

Wenn auch bei uns noch verhältnismäßig selten geführt, sollten die Französischen Vorstehhunde der Vollständigkeit halber in diesem Buche ebenfalls genannt werden.

Die Vorstehhundrassen Frankreichs sind gewiß ebenso alt wie die deutschen und haben mit Sicherheit parallele Entwicklungen zu unseren Hunden durchgemacht.

Kurzhaarige franz. Vorstehhunde (Braque)

- **Braque du Bourbonnais** – relativ kleiner Hund, Stummelrute, teilweise angewölft.
- **Braque d'Ariege** – auf heller Grundfarbe unregelmäßige braune oder hellbraune Platten.
- **Braque d'Auvergne** – schwarze Platten auf weißer Grundfarbe.
- **Braque Dupuy** – auf weißem Untergrund braune Platten
- **Braque français** – weiß mit gelben, hellbraunen, braunen oder dunkelbraunen Platten oder Sprenkeln.

Langhaarige französische Vorstehhunde (Épagneul)

- **Épagneul Français** – sieht dem Kleinen Münsterländer sehr ähnlich, lange Rute, weiß mit braunen Platten.
- **Épagneul Picard** – Pendant zum Deutsch-Langhaar, graubraun gesprenkelter Untergrund mit Platten.
- **Épagneul bleu de Picardie** – ähnelt stark dem Großen Münsterländer, schwarz-weiß gesprenkt. Er entstand angeblich durch Einkreuzung des Gordonsetters.

- **Épagneul Pont Audemere** – ähnelt stark dem Deutschen Wachtel, ist aber kein Stöber- sondern ein Vorstehhund. Farbe stets braun, entstammt Kreuzungen zwischen verschiedenen langhaarigen Vorstehhundrassen und dem englischen Wasserspaniel.

Rauhhaarige Vorstehhunde

- **Griffon Nivernais** – kurze Rute, wolfsgrau bis dunkelbraun mit roten Abzeichen, auch rehbraun mit schwarzer oder weißer Stichelung.
- **Barbet** – dem Griffon sehr ähnlich, relativ langes, gekraustes Fell, Farbe schwarz, schwarz-weiß, braun, weiß oder weiß-braun. Wasserspezialist.
- **Griffon a Poil Laineux-Boulet** – lange Rute und verhältnismäßig langes Haar, Farbe fahlgelb bis braun.

Zwei Zuchtvereine im JGHV haben sich der französischen Vorstehhunde angenommen:

Der Bretonische Vorstehhund (Epagneul Breton) wird seit 1977 von einem eigenen Zuchtverein betreut, dem Club für Bretonische Vorstehhunde.
Dieser (kleinste) Vorstehhund ist zugleich der weltweit am häufigsten geführte Vorstehhund überhaupt. Dieser Rasse ist daher ein eigenes Kapitel gewidmet.
Alle übrigen hier vorgestellten Rassen werden im JGHV vom »Verein für Französische Vorstehhunde« (VBBFL) betreut.

Die Zuchttätigkeit bei all diesen Rassen ist in Deutschland gering, nach VDH-Unterlagen sind es im mehrjährigen Mittel bei allen Rassen zusammen weniger als 20 Welpen pro Jahr. So muß angenommen werden, daß der größte Teil der bei uns geführten Hunde aus Importen stammt.

Braque d'Auvergne.

Braque du Bourbonnais.

Braque Saint-Germain.

Épagneul français.

Épagneul picard.

Épagneul bleu de Picardie.

Barbet.

Épagneul breton

Der Bretone stammt – der Name sagt es schon – aus unserem westlichen Nachbarland Frankreich. Er ist der kleinste Vorstehhund überhaupt und noch um einiges zierlicher als der kleinste »Deutsche«, unser Kleiner Münsterländer. Rund die Hälfte der Bretonen wird mit einer Stummelrute gewölft, der Rest wird kupiert. Er ist der einzige Vorstehhund mit Stummelrute, was gelegentlich zu Verwechslungen mit dem oft gleichfarbigen Springerspaniel führt.

Wie der Bretone entstanden ist, auch das liegt – wie bei so vielen Rassen – im Dunkel der Geschichte. Fest steht nur, daß er als Rasse sehr alt ist. Auf eine Querverbindung zu unserem Kleinen Münsterländer, wie FRIESS sie vermutet, habe ich bei der Beschreibung dieser Rasse schon hingewiesen.

Der Bretone ist ein ausgeglichener, aufmerksamer und intelligenter Hund, der ausgesprochen leichtführig und leicht abrichtbar ist. Kinderlieb und lammfromm im Haus, ein Energiebündel auf der Jagd – so läßt er sich wohl am treffendsten beschreiben. Dazu hat er wohl unter allen Vorstehhundrassen das günstigste »Größen: Leistungs«-Verhältnis.

»Höchste Leistung bei geringster Größe« ist denn auch das Motto seines deutschen Zuchtvereins.

Die Zuchtzulassung wird in Deutschland auf den Zuchtprüfungen des Jagdgebrauchshundverbandes erworben. Der »zuständige« Zuchtverein ist der »Club für Bretonische Vorstehhunde«. Alljährlich werden etwa 50 Welpen in das Zuchtbuch eingetragen.

STANDARD EPAGNEUL BRETON

Vorbemerkung der zur Zeit gültige Standard wurde am 9. 3. 1956 vom Club de l'epagneul Breton erstellt und am 18. 2. 1960 unter Nr. 95 a von der F.C.I. registriert.

Allgemeines Aussehen Größe: höchstens 51 cm, mindestens 46 cm. Idealgröße für die Rüden: 48 bis 50 cm. Idealgröße für die Hündinnen: 47 bis 49 cm. Kurz in den Lenden, rundlicher Kopf und Fang mit hochgezogenen Lefzen, mit eher kurzen und hochangesetzten Behängen, mit verhältnismäßig wenig gewellten Haaren, glatte Körperbehaarung, die Federn gewellt, aber niemals gelockt »Cob«-Typ, Rute ungefähr 10 cm lang; der Hund kann auch ohne Rute sein.

Nase Farbe entsprechend der dunkelsten Körperfarbe, je nachdem, ob der Hund weiß-orange, weiß-kastanienbraun, oder weiß-schwarz ist, gut geöffnet, etwas kantig. Fehler: geschlossen, pfeifenförmig, Pigmentmangel.

Lefzen rein, ziemlich hochgezogen, die obere Lefze überdeckt nur wenig die untere Lefze. Fehler: dick, zu abfallend.

Schädel von mittlerer Länge, abgerundet, Seitenteile betont und rund, Stop mit deutlicher Betonung, jedoch leicht abgeschrägt. Fehler: viereckig, spitzbogenförmig, schmal, rund, Stop zu senkrecht.

Augen dunkelbernsteinfarben in Harmonie mit dem Haarkleid, lebhaft und ausdrucksvoll. Fehler: zu hell, bösartiger Blick, Habichtauge.

Behänge hoch angesetzt, eher kurz als lang, leicht gerundet, wenig Fransen, ob-

gleich der Behang gut mit gewelltem Haar ausgestattet sein soll. Fehler: zu tief angesetzt, abfallend, breit und sehr gekräuselt.
Hals von mittlerer Länge, aber gut abgesetzt von den Schultern, keine Wamme. Fehler: zu lang, zu schlank oder zu wenig abgesetzt von den Schultern, zu schwer.
Schultern geneigt und muskulös. Fehler: steil oder zu schräg.
Oberarm muskulös und knochig. Fehler: zu feist oder zu schlank.
Brust tief, voll bis zum Niveau der Ellenbogen herabreichend, Rippen ziemlich abgerundet, von genügender Breite. Fehler: schmal, nicht tief genug, flache Rippen.
Vorderrücken kurz, Widerrist gut hervortretend, niemals Sattelrücken. Fehler: langer oder hohler Rücken.
Lenden kurz, breit und kräftig. Fehler: lang, eng und schwach.
Hüfte tiefer als der Widerrist, hervortretend und bis zur Rückenlinie reichend.
Kruppe leicht abfallend. Fehler: zu steil oder zu abfallend.
Flanken gut hochgezogen, aber nicht übertrieben. Fehler: fett oder abfallend.
Rute gerade oder gesenkt getragen. Falls der Hund nicht rutenlos ist: stets gekürzt auf ungefähr 10 cm Länge, häufig etwas gekrümmt und mit einer Haarlocke am Ende. Fehler: lang, ohne Haare.
Vorderläufe sehr gerade, Mittelhandknochen etwas gewinkelt, fein und muskulös. Gewellte Federn von geringer Länge. Fehler: zu steiler oder zu schräger Mittelhandknochen, falsche Beschaffenheit der Federn.
Hinterläufe breite Oberschenkel, sehr weit herabreichend, sehr muskulös. Sprunggelenk und Sitzbeinhöcker liegen in einer Vertikalen. Gut behost, gewellt bis zur Oberschenkelhälfte. Hintermittelfußknochen senkrecht stehend, Sprunggelenk nicht zu gewinkelt. Fehler: steiler Oberschenkel, ohne Hosen, Sprunggelenk zu steil oder zu gewinkelt.
Pfoten Zehen geschlossen, etwas Haare zwischen den Ballen. Fehler: breit, lang, dick, zu rund oder zu offen.
Haut fein, genügend lose. Fehler: dick oder zu lose.
Behaarung Körperhaare fein ohne Übertreibung und eher glatt oder nur sehr leicht gewellt. Fehler: gelockt oder zu seidig.
Haarfarbe weiß und orange, weiß und braun, oder aber weiß und schwarz, oder geschimmelt in der einen oder anderen dieser Farben.
Gesamtheit stämmig und gedrungen, kleiner eleganter Hund, dennoch sehr kraftvoll, mit energischen Bewegungen, mit intelligentem Gesichtsausdruck, bietet das Aussehen eines Vollblut-Cob.
Die Richter müssen alle Exemplare ohne Bewertung aus dem Ring schicken, die keine 46 cm Schulterhöhe erreichen oder die von 51 cm überschreiten.
Pigmentmangel ist ein Fehler. Pigmentmangel auf den Augenlidern ist ein ausschließender Fehler. Pigmentmangel auf der Nasentrüffel schließt das davon befallene Tier von der Note vorzüglich aus. Falls der pigmentlose Fleck nur winzig ist, kann das Exemplar die Note sehr gut erhalten.
Ein Einhoder kann weder auf einer Schau, noch auf einer Leistungsprüfung vorgeführt werden.
Die Schauklassen sind in zwei (Farb-)Klassen eingeteilt: 1. die weiß/orangen; 2. die andersfarbigen.

»Épagneul breton«, der kleinste und weltweit häufigste Vorstehhund.

An den sehr hoch angesetzten Behängen kann man den »Bretonen« gut erkennen.

Das Apportieren ist trotz seiner geringen Größe für den »Bretonen« kein Problem.

APPORTIERHUNDE
(Retriever)

Ihre Heimat ist England, wo die Retriever als lupenreine Apportierspezialisten neben den Vorstehspezialisten, den Pointern und Settern also, geführt wurden und werden.
Die Retriever apportieren alles, »was sich nicht wehrt«, auch und gerade aus dem Wasser und sind daher für die Wasserjagd prädestiniert. Mit ihnen geht kaum eine geflügelte Ente verloren, was der Retriever nicht findet, das ist nicht zu finden.
Hervorzuheben ist auch ihre gute Lenkbarkeit über weite Strecken, egal ob im Feld oder im Wasser.
Alle Retriever haben als Ahnherrn den »St.-Johns-Labrador«, dessen Wiege in Neufundland stand. Dieser Ur-Labrador war um etliches kleiner als der bekannte »Neufundländer«, hatte aber einen schon legendären Ruf als Schwimmer und Apporteur.
Wie der große Neufundländer haben auch die Retriever Schwimmhäute zwischen den Zehen.
Um das Ende vom 18. zum 19. Jahrhundert kamen diese »St. Johns-Labradore« nach England. Im Laufe der folgenden hundert Jahre wurden verschiedene Hunderassen – und nicht nur Jagdhund-

Bild oben: Die Retriever apportieren alles, »was sich nicht wehrt«.

rassen – eingekreuzt und so entstanden die verschiedenen Retrieverschläge: »Labrador«– »Golden« und »Flat coated« – Retriever.
Allen gemeinsam sind Wasser- und Apportierfreude, Wesenssicherheit und ein ausgeprägter Spieltrieb. Dem Wesen des Retrievers widerspricht jede Form von Schärfe, was seine Verwendbarkeit für das reine Apportieren und Verlorenbringen hinaus doch einengt. Hinzu kommt, daß der Retriever immer stumm jagt. So sind seiner *vielseitigen* Verwendbarkeit unter deutschen Jagdverhältnissen doch verhältnismäßig enge Grenzen gesetzt.

Die jagdlichen Prüfungen des Deutschen-Retriever-Clubs stellen folgende Anforderungen:

1. *Bringleistungsprüfung*
2. *Jagdgebrauchsprüfung* (vergleichbar der VGp des JGHV – ohne Vorstehen – mit Zusatzfächern Verlorensuche im Wald und Einweisen auf zwei Stücke Nutzwild).
3. *Spezial-Jagdgebrauchsprüfung* (Haarwildschleppe 500 m)
4. *Einweisen auf zwei Stück Federwild* – (Verlorensuche auf zwei Enten aus tiefem Schilfwasser. Einweisen auf 50 m Entenschleppe).

Labrador-Retriever

Der hierzulande am häufigsten jagdlich eingesetzte Retriever ist der schwarze oder goldfarbige, selten auch braune Labrador.
Seine Ahnen sind der Flat-coated Retriever, der Pointer und wohl auch der englische Foxhound, der es offenbar jedoch nicht »geschafft« hat, dem Labrador zum Spurlaut zu verhelfen. Aber vielleicht war der Spritzer Foxhoundblut doch zu gering, um hier etwas zu bewirken.
Der Labrador – aber natürlich auch die anderen beiden Retrieverschläge – sind die idealen Hunde des Wasserjägers, eine Jagdart, bei der Finderwillen und Wasserfreude gefragt und gefordert sind.
Seine fehlende Wildschärfe und der mangelnde Spurlaut lassen ihn für andere jagdliche Einsatzbereiche weniger geeignet erscheinen.
Gewiß reicht die Nasengüte für einen Einsatz auf der Schalenwild-Wundfährte aus. Verantwortungsbewußt kann er jedoch nur bei Nachsuchen eingesetzt werden, deren Anschuß klar und eindeutig ausweist, daß das beschossene Stück zum Zeitpunkt des Beginns der Nachsuche bereits verendet ist. Seine mangelnde, beziehungsweise fehlende Wildschärfe und seine »schweigsame« Arbeitsweise lassen ihn für eine eventuell notwendige Hetze am kranken Stück, das gestellt oder niedergezogen werden muß, kaum geeignet erscheinen. Die vielfach beeindruckenden Ergebnisse von Retrievern auf Verbands-Schweißprüfungen dürfen über diesen Mangel nicht hinwegtäuschen.

In Deutschland wird der Labrador durch zwei Zuchtvereine im JGHV betreut,
a) durch den Deutschen-Retriever-Club
b) durch den Labrador-Retriever-Club
c) durch den Verein Jagd-Retriever e.V.
Im Mittel werden in Deutschland zwischen 450 und 500 Welpen pro Jahr in die jeweiligen Zuchtbücher eingetragen.

STANDARD LABRADOR – RETRIEVER

Ursprungsland Großbritannien.

Allgemeines Erscheinungsbild kräftig gebaut, kurz in der Lendenpartie, sehr rege, breiter Oberkopf; Brust und Rippenkorb tief und gut gewölbt; breit und stark in Lende und Hinterhand.

Charakteristika ausgeglichen, sehr aufgeweckt, vorzügliche Nase, weiches Maul, begeisternde Wasserfreudigkeit, anpassungsfähiger hingebungsvoller Begleiter.

Wesen intelligent, aufmerksam und willig, mit großem Bedürfnis seinem Besitzer Freude zu bereiten. Von freundlichem Naturell, mit keinerlei Anzeichen von Aggressivität oder deutlicher Scheue.

Kopf und Schädel breiter Schädel mit deutlichem Stop, gut modelliert ohne fleischige Backen. Kiefer von mittlerer Länge, kraftvoll, nicht spitz. Nasenschwamm breit, gut ausgebildete Nasenlöcher.

Augen mittelgroß, dabei Intelligenz und gutes Wesen zeigend, braun oder haselnußfarben.

Behang nicht groß oder schwer, dicht am Kopf anliegend, hoch und ziemlich weit hinten angesetzt.

Gebiß Kiefer und Zähne kräftig mit einem perfekten regelmäßigen und vollständigen Scherengebiß, wobei die obere Schneidezahnreihe ohne Zwischenraum über die untere greift und die Zähne senkrecht im Kiefer stehen.

Hals trocken, stark, kraftvoll, in gut gelagerte Schultern übergehend.

Vorhand Schulterblätter lang und schräganliegend. Vorderläufe mit kräftigen Knochen und von den Ellenbogen zum Boden gerade, sowohl von vorne wie auch von der Seite betrachtet.

Gebäude Brust von guter Breite und Tiefe, stark gewölbter »fassförmiger« Rippenkorb. Gerade obere Linie. Breite, kurze und kräftige Lendenpartie.

Hinterhand gut ausgebildet, nicht zur Rute hin abfallend, gut gewinkelte Kniegelenke. Tiefstehende Sprunggelenke, Kuhhessigkeit im höchsten Masse unerwünscht.

Pfoten rund, kompakt; gut aufgeknöchelt und mit gut ausgebildeten Ballen.

Rute kennzeichnendes Merkmal, sehr dick am Ansatz, sich allmählich zur Rutenspitze verjüngend, mittellang, ohne Befederung, jedoch rundherum stark mit kurzem, dickem und dichtem Fell bedeckt, damit in der Erscheinung »rund«, dies wird mit »Otterschwanz« umschrieben. *Kamm* freundlich, sollte jedoch nicht gebogen über dem Rücken getragen werden.

Gangart/Bewegung frei, raumgreifend, dabei in Vor- und Hinterhand gerade und parallel.

Haarkleid kennzeichnendes Merkmal, kurz, dicht, nicht wellig, ohne Befederung, fühlt sich ziemlich hart an, wetterbeständige Unterwolle.

Farbe einfarbig schwarz, gelb oder leber/schokoladenbraun. Gelb reicht von hellcreme bis fuchsrot. Ein kleiner weißer Brustfleck ist statthaft.

Größe ideale Schulterhöhe: Rüden 56 bis 57 cm, Hündinnen 54 bis 56 cm.

Anmerkung Rüden sollen zwei offensichtlich normal entwickelt Hoden aufweisen, die sich vollständig in Skrotum befinden.

Der schwarze und der blonde Labrador, die Farben sind reine Geschmackssache und haben mit seinen jagdlichen Qualitäten nichts zu tun.

Golden Retriever

Der Golden Retriever ist fraglos der schönste der drei Retrieverschläge und das hat ihn wohl auch außerhalb der Jägerei so populär gemacht. Man trifft ihn häufiger in den Fußgängerzonen unserer Städte als im praktischen Jagdeinsatz.
Über seine Herkunft berichtet der Deutsche Retriever-Club, daß er vermutlich aus der Paarung eines Wavy-coated-Retrievers mit einem leberfarbigen Tweed Water Spaniel hervorging. Später wurde noch das Blut von Flat-coated-Retrievern, Irish-Settern und sandfarbenen Bloodhounds zugeführt.
Seit 1913 gilt der »Golden« als selbständige Rasse. Wie der Name schon sagt, ist der Golden Retriever goldfarben bis cremefarben, niemals schwarz.
Seine jagdlichen Qualitäten sind gewiß denen des Labrador vergleichbar, nur wird man länger suchen müssen, bis man einen Welpen aus tatsächlich *jagdlich durchgezüchteter* Linie bekommt. Die große Masse der Golden ist eben (leider) doch in das Lager der Form- beziehungsweise Schönheitszüchter abgeglitten.
Alljährlich werden in Deutschland etwa 500 Golden-Retriever-Welpen in die Zuchtbücher der JGHV-Zuchtvereine eingetragen.

Der »Golden Retriever« ist der fraglos schönste unter den bei uns geführten Retrieverschlägen. Die Schönheitszucht dominiert daher bei weitem, die nach jagdlichen Kriterien gezüchteten »Goldens« sind in der Minderheit.

STANDARD GOLDEN RETRIEVER

Ursprungsland Großbritannien

Allgemeines Erscheinungsbild symmetrisch, harmonisch, lebhaft, kraftvoll, ausgeglichene Bewegung; kernig bei freundlichem Ausdruck.

Charakeristika Wille zum Gehorsam, intelligent mit natürlicher Anlage zu arbeiten.

Wesen freundlich, liebenswürdig und zutraulich.

Kopf und Schädel ausgeglichen und wohlgeformt, breiter Oberkopf, ohne grob zu sein, gut auf dem Hals sitzend, kräftiger, breiter und tiefer Fang. Fang von annähernd gleicher Länge wie der Schädel, ausgeprägter Stop. Nase schwarz.

Augen dunkelbraun, weit voneinander eingesetzt, dunkle Lidränder.

Behang mittelgroß, ungefähr in Höhe der Augen angesetzt.

Gebiß kräftige Kiefer mit einem perfekten, regelmäßigen und vollständigen Scherengebiß, wobei die obere Schneidezahnreihe ohne Zwischenraum über die untere greift und die Zähne senkrecht im Kiefer stehen.

Hals von guter Länge, trocken und muskulös.

Vorhand Vorderläufe gerade mit kräftigen Knochen, Schultern gut zurückliegend, langes Schulterblatt bei gleicher Oberarmlänge, dadurch gut unter den Rumpf gestellt. Ellenbogen gut anliegend.

Gebäude ausgeglichen, kurz in der Lendenpartie, mächtiger Brustkorb, Rippen tief und gut gewölbt. Gerade obere Linie.

Hinterhand Lenden und Läufe kräftig und muskulös. Unterschenkel von guter Länge, gut gewinkelte Kniegelenke. Tiefe Sprunggelenke, die, von hinten betrachtet, gerade sind, nicht ein- oder ausdrehend. Kuhhessigkeit im höchsten Maße unerwünscht.

Pfoten rund, Katzenpfoten.

Rute in Höhe der Rückenlinie angesetzt und getragen, bis zu den Sprunggelenken reichend. Ohne Biegung am Rutenende.

Gangart/Bewegung kraftvoll mit gutem Schub. Gerade und parallel in Vor- und Hinterhand. Vortritt ausgreifend und frei, dabei in der Vorhand ohne ein Zeichen des Steppens.

Haarkleid glatt oder wellig mit guter Befederung, dichte wasserabstoßende Unterwolle.

Farbe jede Schattierung von gold oder cremefarben, weder rot noch mahagoni. Einige wenige weiße Haare, allerdings nur an der Brust, sind zulässig.

Größe Schulterhöhe: Rüden 56 bis 61 cm; Hündinnen 51 bis 56 cm.

Anmerkung Rüden sollten zwei offensichtlich normal entwickelte Hoden aufweisen, die sich vollständig im Skrotum befinden.

Flat-coated Retriever

Der Flat-coated Retriever ist der gemeinsame Ahnherr der beiden zuvor dargestellten Retriever-Schläge, er ist der unmittelbare Nachfahre des »St.-Johns-Labrador«, den die Engländer um 1800 von Neufundland auf ihre Insel gebracht hatten.
Er wurde zunächst wegen seines welligen Fells »Wavy-coated-Retriever« genannt.
Später wurden Setter, Sheep-dogs und Wasserspaniels und Collies eingekreuzt, der Name dann in »Flat-coated-Retriever« geändert und schließlich 1885 der Standard aufgestellt.
Der Flat coated Retriever ist in Deutschland der seltenste der drei Retriever-Varietäten.
Seine jagdlichen Qualitäten sind wohl am ehesten dem Labrador vergleichbar.

Der »Flat-coated Retriever« wird bei uns nur selten geführt.

Die Formzüchter haben sich seiner noch relativ wenig angenommen.
Die Zahl der in Deutschland alljährlich fallenden Welpen dieser Rasse ist unbedeutend.

STANDARD FLAT-COATED RETRIEVER

Ursprungsland Großbritannien

Allgemeines Erscheinungsbild ein aufgeweckter, reger Hund von mittlerer Größe mit intelligentem Ausdruck, zeigt Kraft ohne schwerfällig zu wirken, zeigt Rasse ohne dabei schmächtig zu sein.

Charakteristika rundherum ausgestattet mit den natürlichen Eigenschaften eines Jagdhundes, Optimismus und Freundlichkeit wird durch enthusiastische Rutenbewegung demonstriert.

Wesen: selbstsicher und freundlich.

Kopf und Schädel Kopf lang und ansprechend geformt. Schädel flach bei mittlerer Breite mit leichtem Stop in Augenhöhe, dabei in keiner Weise betont, so daß eine Konvergenz oder eine Divergenz nicht zu erkennen ist. Nase von guter Größe mit gut geöffneten Nasenlöchern. Kiefer lang und kräftig, dadurch im Stande, Hasen oder Fasane zu tragen.

Augen mittelgroß, dunkelbraun oder haselnußbraun, mit sehr intelligentem Ausdruck (ein rundes hervorstehendes Auge ist höchst unerwünscht). Nicht schräg eingesetzt.

Behang klein und gut angesetzt, dicht seitlich am Kopf getragen.

Gebiß kräftige Kiefer mit einem perfekten, regelmäßigen und vollständigen Scherengebiß, wobei die obere Schneidezahnreihe ohne Zwischenraum über die untere greift und die Zähne senkrecht im Kiefer stehen.

Hals Kopf gut auf dem Hals sitzend, wobei der Hals ziemlich lang und trocken sein muß, symmetrisch und schräg in der Schulter sitzend, dabei gut in den Rücken übergehend um ein leichtes Folgen der Spur zu ermöglichen.

Vorhand eine tiefe und ziemlich breite Brust an der sich die Ellenbogen frei und gleichmäßig vorbei bewegen sollen, deutlich ausgeprägtes Brustbein. Vorderläufe gerade, mit Knochen von insgesamt guter Qualität.

Gebäude die vordere Rippenpartie eher flach. Der Körper zeigt einen guten Rippenkorb, der sich erst allmählich gut wölbt, dann in der Mitte deutlich gewölbt ist und zur Hinterhand in der Wölbung abnimmt. Lende kurz und breit. Eine lange Lendenpartie ist höchst unerwünscht.

Hinterhand muskulös, gute, aber nicht übertriebene Winkelung der Knie- und Sprunggelenke. Sie soll gerade und parallel im Stand sein. Die Sprunggelenke sind tiefstehend. Kuhhessigkeit höchst unerwünscht.

Pfoten rund und kräftig mit geschlossenen und gut aufgeknöchelten Zehen. Ballen dick und kräftig.

Rute kurz, gerade und gut angesetzt, freundlich, jedoch niemals wesentlich über der Rückenlinie getragen.

Gangart/Bewegung frei und fließend, gerade und parallel, sowohl von vorne als auch von hinten gesehen.

Haarkleid dicht, von feiner bis mittelstarker Textur und guter Qualität, so glatt wie möglich. Läufe und Rute gut befedert. Eine vollständige Befederung unterstreicht die Eleganz eines erwachsenen, guten Hundes.

Farbe nur schwarz oder leberbraun.

Größe und Gewicht erwünschtes Gewicht bei harter Kondition: Rüden 25 bis 35 kg; Hündinnen 25 bis 34 kg.

Erwünschte Schulterhöhe Rüden 58 bis 61 cm; Hündinnen 56 bis 59 cm.

Jack Russel Terrier

Der Jack Russel Terrier (JRT) ist in den letzten Jahren dank der Rührigkeit mehrerer konkurrierender Zuchtvereine sehr populär und fast zu einem Modehund geworden.

Er stammt aus den gleichen »Wurzeln« wie der ebenfalls aus England kommende Foxterrier und verdankt Name und Entstehung dem jagdbegeisterten Pfarrer John (Jack) Russel, der um 1820 mit der Zucht dieses überwiegend weißen Arbeitsterriers begann. Nach seinem Tode wurden in den JRT noch Lakeland, Beagle und Bulldogge eingekreuzt. Erst 1991 wurde der Standard von der FCI anerkannt. Der heutige JRT ist um die 35 cm hoch (Stockmaß), hat ein harsches, rauh- oder glatthaariges Fell und ist entweder rein weiß, oder aber weiß mit lohfarbenen, gelben oder schwarzen Abzeichen an Kopf oder Rutenansatz.

Ein Zuchtverein für den JRT, der »Jack Russel Terrier Club Deutschland«, hat zwischenzeitlich die Mitgliedschaft im Jagdgebrauchshundverband erlangt. Leider wird jedoch auch in diesem JGHV-Mitgliedsverein züchterisch »zweigleisig« gefahren, d.h. es genügt zur Zuchtzulassung ein »gut« in der Form und ein Wesenstest.

Für die jagdliche Leistungszucht müssen beide Elterntiere zusätzlich eine Bauprüfung und eine weitere Anlagen- oder Leistungsprüfung bestanden haben. Die Prüfungsordnung des JRTCD ist im wesentlichen der des Deutschen Foxterrier-Verbandes angelehnt. Infolge seiner relativen Kleinheit und seiner Rassegeschichte ist der JRT ein idealer Bauhund (er diente und dient heute noch dazu, den von der Foxhoundmeute gejagten Fuchs aus dem Bau zu sprengen, wenn dieser dort vor der verfolgenden Meute Zuflucht gesucht hatte) und gewiß auch als Saufinder und Rotten-Sprenger sehr geeignet. Der JRT ist leider häufig nicht spurlaut, was seine Einsatzmöglichkeiten vor dem Schuß doch beträchtlich einschränkt. Sichtlaut alleine genügt eben nicht in den dichten Schwarzdorn- und

Ginsterverhauen, in denen hierzulande die Sauen ihre ersten Wohnsitze haben. Es ist schon von entscheidendem Nutzen, wenn die Hunde auch auf der Fährte des angejagten Wildes laut geben und somit das Wild »ankündigen«, als wenn dieses ohne Voranmeldung plötzlich aus der Deckung prescht. Es wäre dem JRTCD zu raten, sich des Spurlautes als Erbmerkmal, das für so viele jagdliche Einsatzbereiche zwingend notwendig ist, züchterisch besonders anzunehmen. Die Furcht, lockerer Spurlaut könnte mit einer Absenkung der Sensibilitätsschwelle und damit mit einem Verlust an Wesensfestigkeit einhergehen, ist sicher unbegründet. Der Deutsche Vetter des JRT, der »Deutsche Jagdterrier«, beweist eklatant, daß lockerer Spurlaut und Härte, gepaart mit stabilem Wesen, sich keineswegs gegenseitig ausschließen müssen.

Schwarzwildbracke

Slowakische Bracke – Slovensky Kopov

Die Schwarzwildbracke kam zunächst unter dem Namen »Slovensky Kopov« nach Deutschland. Der »Kopov«, wie diese Rasse in der Slowakei genannt wird, stammt aus der Tatra und ist somit eine nationale slowakische Rasse.
Nach dem 1. Weltkrieg begann in der Slowakei die planmäßige Zucht zum heutigen Typ, der 1963 von der FCI als Standard anerkannt wurde.

Die Schwarzwildbracke ist selbst für den Brackenkenner nur sehr schwer von der Brandlbracke zu unterscheiden, allenfalls ist sie ein wenig massiger und kompakter als die »Brandl«. Das Stockmaß beträgt für die Rüden 45 bis 50 Zentimeter, für die Hündinnen 40 bis 45 Zentimeter. Die Farbe entspricht vollständig der der Brandlbracke.

1991 wurde der »Schwarzwildbrackenverband (Slovensky Kopov) e.V.« gegründet, der derzeit (Stand 1995) etwa 200 Kopovs betreut. Die Gesamtpopulation in Deutschland beläuft sich derzeit auf etwa 500 Hunde dieser Rasse.
Eingesetzt wird der Kopov hierzulande in den Schwerpunkt-Einsatzbereichen »Stöbern auf Schalenwild – vorzugsweise Schwarzwild« und Schweißarbeit.

Der Schwarzwildbrackenverband prüft seine Hunde auf folgenden Prüfungen:
1. Anlagen-Zuchtprüfung:
Fährtelaut (Rotwild, Schwarzwild oder Hase)
Sichtlaut
Nase
Spurwille
Spursicherheit
Schweiß
Verhalten am Schwarzwild
Führigkeit
(Sichtlaute Hund erhalten max. den III. Preis)

2. Gebrauchsprüfung:
Vorsuche
Riemenarbeit (nach Verbandsschweißprüfungs-Ordnung!)
Totverbellen (fakultativ)
Totverweisen (fakultativ)
Allgemeiner Gehorsam
Verhalten bei der Waldsuche
Orientierung
Fährtelaut
Sichtlaut
Fährtenarbeit (Nase)
Verhalten am Schwarzwild
Führigkeit
(Nur sichtlaute Hunde erhalten auch hier nur max. einen III. Preis)

Die slowakische Bracke

3. Schweiß »Natur«:
Mindeststehzeit 4 Stunden
Mindestlänge 400 Meter
evtl. Hetze und Stellen
3 Richter
Nachsuche muß erfolgreich sein!
Keine Bewertung einer Nachsuche auf Rehwild

Bedingt durch ein absolutes Zuchtverbot während der Dauer des Aufnahmeverfahrens in den »Verband für das Deutsche Hundewesen« (VDH) muß sich die Zuchttätigkeit im Schwarzwildbrackenverband wieder reaktivieren, so daß eine Zahl über das jährliche Welpenaufkommen derzeit nicht genannt werden kann. Der Kopov ist kein Hund fürs Sofa und auch kein Hund für den Gelegenheitsjäger, der ihm nur ab und an Waldesluft bieten kann. Wie alle Bracken kann auch der Kopov seine ererbten Anlagen nur dann in Leistung umsetzen, wenn er täglich im Revier geführt und konsequent auf seine Aufgaben vorbereitet wird.

Laika

In den Taiga- und Tundrenregionen Europas, Asiens und Nordamerikas haben sich spezielle Hunderassen entwickelt, die unter dem Sammelbegriff »Nordische Hunde« bekannt wurden. Allen gemeinsam sind die rassetypischen äußeren Merkmale wie Stehohren, die über den Rücken getragene, gerollte Rute und das Fell.

1980 hat die F.C.I. die 3 Rassen: **Russisch-Europäische Laika, Westsibirische Laika** und **Ostsibirische Laika** anerkannt und die Standards geschützt. Die »Russisch-Europäische Laika« ist ein 50 bis 58 cm großer Hund in schwarzer, grauer, weißer oder »Pfeffer-Salz« Farbe, auch dunkelfarbig mit weißen Flecken oder weiß mit dunklen Flecken.

Die »Westsibirische Laika« ist von gleicher Größe in den Farben weiß, »Pfeffer-Salz«, rot und grau in allen Schattierungen und in schwarz.
Die »Ostsibirische Laika« ist geringfügig größer (bis 63 cm). Ihre Farben laut Standard sind »Pfeffer-Salz«, gefleckt, gesprenkelt, weiß, grau, schwarz, rot und braun in allen Schattierungen.
Alle drei Laikarassen werden vom »Laika-Club e.V.« betreut, der Mitglied im JGHV ist.
Die Laika ist sicher kein besonders »führiger«, sondern eher sehr eigenwilliger Hund, der an das Einfühlungsvermögen seines Herrn große Anforderungen stellt.
Alle drei Laikarassen jagen auf der Spur und auf Sicht stumm. Sie geben lediglich Standlaut, wenn das zuvor stumm gejagte Wild sich gestellt hat oder aufgebaumt ist. Dies ist sicher in ihrer Heimat sehr von Nutzen, denn wenn der Hund laut gibt, weiß der Jäger, daß sich das angejagte Wild gestellt hat und er sich anpürschen kann. Unter unseren deutschen Jagdverhältnissen ist das eher ein Nachteil – bei einigen anderen Rassen war ich schon darauf eingegangen – hier ist die »akustische« Anmeldung des angejagten Wildes durch lockeren Spurlaut oder doch zumindest sicheren Sichtlaut nahezu eine »conditio sine qua non«.
Dies schränkt auch die Eignung für die Schweißarbeit ein, denn das letzte Wundbett des nachgesuchten Wildes, aus dem dieses fortflüchtet, liegt nahezu immer in dichtesten Dickungen, und wenn der geschnallte Hund diesem stumm folgt, weiß ich nicht einmal, welche Richtung ich einschlagen muß, um den Standlaut zu finden. Dennoch: wer dies weiß und beim Einsatz seiner Laika berücksichtigt, der wird gewiß auch mit dieser Rasse waidgerecht jagen können.
Diese Rassegruppe stellt somit keine Konkurrenz zu den etablierten Jagdhundrassen in Deutschland dar, sondern eine interessante Alternative für den Freund dieser nordischen Hunde.

UNSERE JAGDHUNDE IN VERGANGENHEIT, GEGENWART UND ZUKUNFT

Aus einem Vortrag von Walter Helemann († 05.09.89) im März 1987 vor dem Süddeutschen Jagdgebrauchshundverein.

Ein Jäger, der zugleich Hundeführer ist (was heute leider gar nicht mehr so selbstverständlich sein kann, wie es das eigentlich sollte), gehört gleichzeitig mehreren Minderheiten in unserer Bevölkerung an: Er gehört erstens zu den rund 280 000 Jagdscheininhabern, die etwa nur 0,3 Prozent der Bevölkerung in der Bundesrepublik Deutschland (Anm. Red. Alte Bundesländer) ausmachen. Und er gehört zu den etwas mehr als drei Millionen Mitbürgern, die Hunde als Hausgenossen halten. Das sind immerhin so ungefähr 5 Prozent oder knapp jeder 18. Mitbürger. Damit stehen wir übrigens mit der Hundedichte in Europa an der dritten Stelle hinter England und den Niederlanden. So eine Statistik ist ja immer ganz aufschlußreich, um den eigenen Standort in der Gesellschaft zu beleuchten. Und natürlich sind auch alle unsere Jagdhunde zusammengenommen auch wieder eine Minderheit in dem großen Heer der Rassenvielfalt der Haushunde – schätzungsweise etwa 150 000 gegenüber fast vier Millionen.

Der Zustand, der sich in diesen Zahlen spiegelt, ist eine Folge der zivilisatorischen Entwicklung: das ursprünglich Normale, Selbstverständliche, ist in die Minderheit gedrängt: der Mensch als Jäger – der Hund als Helfer zu einem Gebrauchszweck, eben als Gebrauchshund. (Die übrigen Gebrauchs- und Diensthunde machen ja, ebenso wie unsere Jagdgebrauchshunde, auch nur einen kleinen Teil der gesamten Hundehaltung aus.) Sowohl der Mensch als auch sein ältester Begleiter aus dem Tierreich, der Hund, haben sich ihrem ältesten Lebenszweck entfremdet. Die Domestikationsgeschichte des Hundes ist ein Teil der menschlichen Kulturentwicklung, und die wieder ist ja eigentlich nichts anderes als die Selbstdomestikation des Menschen, die KONRAD LORENZ sarkastisch als Verhausschweinung des Menschen bezeichnet hat. Kein Wunder, daß sich daraus allerhand Probleme ergeben.

Wir leben heute in einer Zeit, in der die Wissenschaft so viel wie nie zuvor über die biologischen und ökologischen Zusammenhänge in unserer natürlichen Umwelt, über die Entwicklung des Lebens auf unserer Erde, über das Wesen und Verhalten unserer Mitgeschöpfe (und auch des Menschen selbst) erforscht und erkannt hat. Wir alle wissen aber, daß dadurch unser Leben nicht einfacher und leichter geworden ist –

eher im Gegenteil. Denn jede Erkenntnis wirft wieder eine Fülle von neuen Fragen auf (was den ernsthaften Naturforscher vor Überheblichkeit und Patentrezepten bewahrt), und alle objektiven Erkenntnisse helfen nicht weiter, wenn es nicht gelingt, sie in die Praxis unseres Handelns und Verhaltens umzusetzen – und eben da stoßen sich die subjektiven Interessen in unserer eng gewordenen Welt sehr hart, oft kurzsichtig und egoistisch im Raum. Das gilt im Großen wie im Kleinen; ob wir uns nun Gedanken darüber machen, wie es angesichts der technischen Möglichkeiten und politischen Unzulänglichkeiten mit unserem ganzen Globus weitergehen soll, oder ob wir uns fragen, welche Zukunft wir als Jäger in Mitteleuropa überhaupt noch haben können, oder ob wir uns Sorgen machen, unter den veränderten Bedingungen unsere Gebrauchshunde züchterisch gesund und leistungsfähig zu erhalten.

Etwas leichter zu bewältigen werden solche Fragen, wenn wir sie nicht allein gegenwartsbezogen als momentane Probleme sehen, sondern wenn wir sie als Glied einer Entwicklung begreifen, wenn wir sehen, wie sich im Lauf der Zeit vieles verändert und angepaßt hat und uns aus diesem Zusammenhang her überlegen, wie es denn weitergehen könnte.

Wie es angefangen hat mit unseren Hunden, liegt ja weit im Dunkel der Vorgeschichte. Ob wir den Beginn der Hunde-Domestikation wie bisher vor etwa 10000 Jahren ansetzen oder ihn nach neueren Vermutungen bis an die 15000 Jahre vorschieben, Tatsache ist jedenfalls, daß der Urahn des Hundes das allererste Wildtier war, das den Weg zum Haustier begonnen hat. (Kurz danach kamen dann Schaf und Ziege, viel später erst Rind, Schwein, Pferd und andere Haustiere.) So lang uns heute diese 10 bis 15000 Jahre anmuten, so stehen sie doch erst ziemlich am Ende der Entwicklung des Menschen. Viele Hunderttausende von Jahren sind die Urmenschen als Sammler und Jäger ohne vierbeinigen Begleiter ausgekommen. Es war offenbar bereits eine relativ hohe Kulturstufe notwendig, um zu erkennen, daß der Wolf mit seiner hohen sozialen Organisation, seiner Anpassungsfähigkeit und großen Lernbereitschaft ein dem Menschen wesensverwandtes Geschöpf ist, das zu mehr taugt als totgeschlagen und aufgegessen zu werden.

Das rätselhafte Wort aus der alten Überlieferung im Sanskrit: ›Durch den Verstand des Hundes besteht die Welt‹ ist wahrscheinlich so zu deuten, daß mit dieser Domestikation eine entscheidend neue Stufe in der Menschheitsentwicklung erreicht wurde, die den Menschen zum Herrscher über seine Mitgeschöpfe machte. Sehen wir von den allerneuesten technischen Errungenschaften der letzten 100 Jahre ab, so gibt es tatsächlich nur zwei hervorragende Entdeckungen, die den Menschen entscheidende Vorteile beim Überleben in der natürlichen Umwelt brachten: die bewußte Beherrschung des Feuers und die Domestikation von Haustieren und Kulturpflanzen. Alles, was danach kam, baute auf diesen Grundlagen auf.

Als Jäger sind wir gern geneigt zu glauben, daß es die Eigenschaft als Jagdgehilfe war, die unsere Waidgenossen in der späten Steinzeit dazu brachte, Jungwölfe zu zähmen. Das war aber vermutlich nicht so. Wir können das auch daraus schließen, daß alle Reste von alten Naturvölkern, die wir noch kennen (in Australien, Südamerika, Afrika), zwar primitive Haushunde haben, diese aber nirgends als eigentliche Jagdhunde verwenden. Die Hunde der Buschmänner, Urwaldindianer und Pygmäen halten sich im Lager auf und begleiten die Nomaden auf ihren Wanderungen, wirken dabei als Wächter und Warner gegen Feinde und Raubtiere, dienen teilweise auch als Lastträger – und werden, zumindest in Notzeiten, nicht selten geschlachtet und verspeist. Wo Viehherden gehalten werden, gewinnen Hunde einen weiteren Beruf zum Treiben, Hüten und zur Verteidigung gegen Raubwild. Diese Verhältnisse scheinen auch widerzuspiegeln, wie sich die Verwendung von Hunden historisch entwickelt hat: von der Nahrungsreserve und dem Wächter des Lagers über das Trag- und Zugtier (Schlittenhunde im Norden!), den Treib- und Hütehund dann weiter zum Kampfhund und zum eigentlichen Jagdhund. Jedenfalls finden wir in der Geschichte und auf allen historischen Darstellungen den differenzierten Einsatz von Jagdhunden immer erst bei kulturell hoch entwickelten Völkern.

Wenn wir uns solche historischen Darstellungen ansehen, können wir ermessen, welche Bedeutung der Einsatz von Jagdhunden in den vielen Jahrhunderten vor der Erfindung von Pulver und Blei hatte. Ob die assyrische Löwenjagd mit ihren starken Kampfdoggen, die Jagd der alten Ägypter auf Wüstengazellen mit windhundartigen Rassen, die Saupacker, die bereits die alten Griechen in ihrem damals noch dicht bewaldeten Land verwendeten, oder die uns schriftlich überlieferte, hochentwickelte Brackierjagd der Kelten mit den Vorläufern unserer Bracken – in allen Hochkulturen hatte die Jagd einen hohen Stellenwert. Zur ursprünglichen Aufgabe der Jagd als Nahrungsquelle war eine andere Funktion gekommen, nämlich die Abwehr der »wilden Tiere« als Nahrungskonkurrenten um Ackerland und Weidevieh. Und die sportliche und kämpferische Komponente der Jagd verselbständigte sich dann bei den herrschenden Schichten zum Kampfsport (Schiller: Des Kriegsgottes lustige Braut...) bis hin zur reinen Macht- und Prunkentfaltung. Eine solche Entwicklung ist in den verschiedensten Kulturkreisen feststellbar, sie muß wohl im Wesen des Menschen in seinem Verhalten gegenüber den Mitgeschöpfen begründet sein. Es ist ja auch eine allgemeine Erscheinung, daß kulturelle Entwicklungen von einer gesunden Basis aus zur Verfeinerung und schließlich – von der Basis allzu weit losgelöst – zur Entartung führen. Die Grenze zwischen Hochblüte und Verfall war und ist dabei schmal, wie wir ja ganz besonders aus unserer eigenen Jagdgeschichte wissen, die im 17./18. Jahrhundert mit den barocken Lustbarkeiten der Eingestellten Jagen, des Fuchsprellens und dergleichen eine solche Entartungsperiode durchgemacht hat.

Viele Gemälde in unseren Museen zeugen davon, und was immer wir heute von damaligen Jagdgepflogenheiten halten mögen – eines fesselt uns immer wieder neu: die dramatischen Darstellungen der Hundearbeit. Beides – die Jagd als schlichtes Handwerk wie auch als adelige Lustbarkeit – wäre ja ohne Hunde schier unmöglich gewesen. Hunde mußten das Wild in seiner Deckung aufstöbern und jagen, bis es sich in kunstvoll auf Zwangswechseln gestellten Netzen verfing und mit Schwert und Spieß getötet werden konnte. Nur starke, scharfe Hunde konnten es mit wehrhaftem Wild – Wolf, Bär, Keiler – aufnehmen, damit der Mensch ohne allzugroße Gefahr mit der blanken Waffe an den überlegenen Gegner herankam. Nur schnellfüßige Windhunde konnten auf weiter Ebene den Hasen einholen. Nur feinnasige, ausdauernde Laufhunde konnten auf Spur und Fährte so lange jagen, bis der berittene Jäger endlich dem zustande gejagten Hirsch den Fangstoß geben konnte. Der Mensch allein ist blind auf der Nase, lahm auf den Beinen und wehrlos mit den Zähnen. Die Schnelligkeit konnte er sich vom Pferd leihen, Feinnasigkeit und Wehrhaftigkeit nur vom Hund. Aber der Mensch brachte seinen überlegenen Verstand und sein scharfes Auge in diese Symbiose ein, und so entstand aus Mensch plus Hund sozusagen der Superjäger – ein Doppelgeschöpf, dem alle Wildtiere endgültig unterlegen waren.

Denken wir daran, daß Jagen ursprünglich nur das Verfolgen von Wild mit Hilfe von Hunden bedeutete. Ganz wie im Altgriechischen das Wort kynegetikos den Jäger bedeutete, wörtlich übersetzt aber Hundemann hieß! Die beiden anderen Methoden, ohne Hunde Wild zu erbeuten, hießen nicht Jagen, sondern Fangen und Schießen, und waren weit weniger angesehen. Das galt noch lange auch in der ersten Zeit der Feuerwaffen, die ja zunächst an Treffsicherheit und Wirkung den Jagdbogen und Armbrusten weit unterlegen blieben.

Das änderte sich erst, als die Vervollkommnung der Feuerwaffen es immer besser ermöglichte, scheues Wild auf größere Entfernung zuverlässig zu treffen, wehrhaftes Wild sicher zu stoppen und zu töten, und schließlich zuletzt mit dem flüchtigen Schrotschuß auch Flugwild zu erbeuten. Da wurden manche hochspezialisierte Hunderassen arbeitslos. Dazu kam – auch unter maßgeblichem Einfluß von Pulver und Blei – die Änderung der gesellschaftlichen Verhältnisse, die schließlich im 18./19. Jahrhundert zur Ablösung der Feudalherrschaft durch konstitutionelle und bürgerliche Herrschaftssysteme führte. Das Ende dieses Änderungsprozesses ist bei uns durch die bürgerliche Revolution von 1848 markiert. Das war die Geburt der bürgerlichen Jagd unter Rechtsverhältnissen, die im Grundsatz noch heute gelten. Auch in den anderen Staaten Europas verlief die Entwicklung ähnlich, nur daß in den meisten Ländern das Jagdrecht nicht wie bei uns an den Besitz von Grund und Boden gebunden ist, sondern vom Staat vergeben wird.

Beides – die technische Entwicklung der Feuerwaffen und die gesellschaftliche Ablösung der Feudalherrschaft durch Bürgertum und Demokratie – änderte die Jagdverhältnisse beachtlich, und damit auch den Einsatz von Jagdhunden, der uns hier besonders angeht.

Überflüssig wurden die schweren Packer und Hatzdoggen; überflüssig wurden die schnellen Windhunde – ihre Arbeit erledigte die Schußwaffe wirkungsvoller. Die Bauern, denen das Jagdrecht auf ihrem Grund und Boden wiedergegeben wurde, und die aufkommende wohlhabende Bürgerschicht, die als Jagdpächter in die Fußstapfen der Feudalherren trat, konnten sich auch keine nach Hunderten zählenden Meuten von Hirsch- und Sauhunden mehr halten, wie einst die fürstlichen Jägerhöfe. Es fehlte ja das großräumige Jagdrecht auf fremdem Grund und Boden soweit der Himmel blau war, es fehlten die zu Jagddiensten kommandierten Untertanen und die Mittel zur Unterhaltung eines so aufwendigen Jagdbetriebes. Das alles brach zusammen, darunter auch viel von dem Wissen und Können der alten Berufsjägerei im Zusammenhang mit der Meutejagd.

Wer damals gelebt hat, etwa als Jagdbediensteter eines Landesfürsten, hat bestimmt gemeint, das sei der Untergang der Jagd und besonders auch der Jagdhundführung. Für die herkömmlichen Formen stimmte das ja auch weitgehend, aber es ging weiter.

Die neue Jagd brauchte neue Hunde. Wo der Schrotschuß lediglich den Beizvogel oder das Stellnetz ablöste, behielten die kleinen Stöberhunde ihre Aufgabe. Großen Aufschwung aber nahmen jetzt besonders die Vorstehhunde. Vor ihnen brauchte das Flugwild, vor dem sie vorstanden oder vorlagen, nicht mehr umständlich mit dem Decknetz, dem Tyraß, bedeckt zu werden. Der Jäger konnte herankommen und das auf-

stehende Wild mit der Flinte schießen. Die Suchjagd wurde zur herrschenden Jagdart im Feld, der Hühnerhund zum Jagdhund schlechthin.
Anders in den Hochwildrevieren. Die Zeit der Parforcejagd mit großen Meuten war vorüber; nur für Schwarzwild hielten sich Saumeuten bis heute, allerdings in wesentlich kleinerem Maßstab. Aus den alten Leithunden, den besonders fährtentreuen Kopfhunden der Hirschmeuten, die zum Lancieren am Leitseil spezialisiert waren, entstanden aber allmählich unsere Schweißhunde – jetzt für die Nachsuche auf angeschweißtes Wild und nur mehr in zweiter Linie – wenn überhaupt – zum Bestätigen des gesunden Hirsches.
Etwas anderes war nämlich inzwischen auch noch eingetreten: eine allgemeine Bewußtseinswandlung in der Einstellung der Menschen zum Mitgeschöpf Tier. Der Tierschutzgedanke kam auf, als ein Gegengewicht zur zunehmenden Naturentfremdung einer Gesellschaft, die im Begriff war, mehr und mehr zu verstädtern und ihren Lebensunterhalt durch Handel und Industrie zu verdienen. Der Jäger nahm in diesem Prozeß von Anfang an eine zwiespältige Stellung ein: einerseits verdiente er sich den Wohlstand, der nun einmal dazu gehört, um sich auch eine bürgerliche Jagd leisten zu können, mit eben diesen naturentfremdenden und naturschädigenden Tätigkeiten; andererseits blieb er mehr als andere Menschen den natürlichen Zusammenhängen verbunden. Jäger, die dabei in romantischer Schwärmerei und Illusion stecken blieben, wurden damals von außen zwar nicht kritisiert, höchstens als Sonntagsjäger in Witzblättern karikiert. Denn in der breiten Bevölkerung gab es noch kaum ein fundiertes Naturverständnis, und naturkundliche Bildung beschränkte sich auf Fachgelehrte. Das hat sich heute bekanntlich geändert, und wenn wir an den Anfang auch dieser Entwicklung zurückblicken, ist es umso notwendiger daran zu erinnern, daß es gerade einige Jäger mit tieferem Naturverständnis waren (keineswegs die Jägerschaft allgemein!), die erste Vorkämpfer für den modernen Naturschutz waren. HERMANN LÖNS ist hier an erster Stelle zu nennen. Und wer heute als Jäger gegen den Naturschutz wettert, der sollte sein eigenes Naturverständnis zumindest an dem von HERMANN LÖNS messen, der immerhin schon vor 80 Jahren gelebt hat.
Doch zurück zu unseren Hunden und dem Tierschutzgedanken. Das Schießen mit Feuerwaffen brachte die Notwendigkeit, krankgeschossenes Wild nachzusuchen. Dabei trat neben das materielle Interesse an der Jagdbeute jetzt eben auch der Gedanke: verkürze ihm die Todesqual. Der Hund war nicht mehr allein Hilfsmittel zur Jagd, um Wild zu erbeuten. Er wurde benötigt, um nach dem Schuß unauffindbar verendetes oder krankgeschossen fortgeflüchtetes Wild aufzufinden.
So wurde, speziell bei uns in Deutschland, um die Jahrhundertwende die Gebrauchshundidee geboren, die Forderung nach einem brauchbaren Jagdhund, der so vielseitig veranlagt und abrichtbar ist, daß er alle Aufgaben leisten kann, die im Durchschnittsrevier sowohl vor als auch nach dem Schuß vorkommen. Unsere deutschen Vorstehhundrassen waren dazu prädestiniert, weil sie neben von Haus aus vielseitigen Anlagen auch die nötige Körpergröße mitbrachten, um zum Beispiel auch Winterhasen und Füchse im Gelände über größere Entfernung zuverlässig verlorenbringen zu können. Aufbauend auf der Abrichtelehre von C. E. DIEZEL, der ja noch in der feudalen Tradition wurzelte (1849), wurden dann OBERLÄNDER und HEGEWALD zu den bekannten Vorkämpfern dieser Gebrauchshundidee, die bis heute lebendig geblieben ist. Der

Jagdgebrauchshund als Verlorenbringer war ja etwas grundsätzlich Neues; eine Arbeitsweise, die erst mit dem Flintenschuß auf flüchtiges Niederwild aufkommen konnte. Daß dieser Aufschwung der Vorstehhunde und ihr breiter Einsatz als Verlorenbringer so schnell vonstatten ging, zeigt, wie gut sich eine so komplizierte Materie wie die Hundezucht in kurzer Zeit an geänderte Bedürfnisse anpassen konnte.

Neben den Vorstehhunden schlossen sich auch die Züchter anderer Rassen diesem Streben nach Vielseitigkeit vor und nach dem Schuß an, so vor allem unsere Stöberhunde als Waldgebrauchshunde, im Rahmen ihrer körperlichen Leistungsfähigkeit aber zum Beispiel auch Terrier und Bracken. Daneben behielten die Spezialisten ihren Platz, wobei sich gerade die Spezialisierung wiederum weitgehend auf eine Arbeit nach dem Schuß ausrichtete, nämlich die Schweißarbeit auf Schalenwild bei unseren Schweißhunden, Bracken und Teckeln. Verschwunden, weil nicht mehr benötigt, blieben im jagdlichen Bereich die Meutehunde, die schweren Packer und Hatzdoggen und die Windhunde.

Im Ausland lief die Entwicklung zum Teil etwas anders, indem je nach jagdpraktischen und jagdrechtlichen Verhältnissen weniger der Jagdgebrauchshund als Mädchen für alles angestrebt wurde, sondern für einzelne Einsatzzwecke verschiedene Spezialrassen verwendet werden – auch dort aber mit dem Ziel, dem Wild auch nach dem Schuß Leid und Qualen zu ersparen.

Mit dem leistungsmäßigen und organisatorischen Stand unseres Jagdgebrauchshundwesens, der uns ja allen vertraut ist, könnten wir eigentlich recht zufrieden sein. Doch einige Dinge machen uns Sorgen.

Einmal dürfen wir nicht vergessen, daß alle unsere stammbuchmäßigen Zuchten erst so um die 100 Jahre alt sind. In den Jahrhunderten vorher wurde ohne Formalitäten streng auf Leistung gezüchtet. Wenn schon nicht von vornherein ausgewählte Partner zur Zucht verwendet wurden (das mag eher selten gewesen sein), so wurden jedenfalls die – wenn auch mehr zufällig zustandegekommenen – Zuchtprodukte, das heißt Junghunde, unnachsichtig nach Leistung selektiert. Schon die Aufzucht und Haltung war naturgemäß, jedenfalls ohne Verweichlichung und künstliche Hilfsmittel. Und was sich dann nicht in der Meute behaupten konnte, den Jagdeinsätzen nicht gewachsen war, ging so oder so unter und schied aus der Weiterzucht aus. Wesenschwäche, Verhaltensstörungen und schwere körperliche Mängel hatten so keine Chance, sich zu vererben oder überhaupt erst zu entstehen.

Natürlich haben die Hochzuchten in den ersten Jahrzehnten große Fortschritte gegenüber den alten, kynologisch unbeleckten Landschlägen gebracht. Nicht nur im rassetypisch einheitlichen Aussehen, sondern auch in den Leistungen dort, wo gezielt darauf gezüchtet wurde. Auf der Kehrseite der Medaille aber haben sich eben die Nachteile eingeschlichen, die uns heute zunehmend Sorgen machen ... Auch hier können wir das Rad nicht zurückdrehen. Verzicht auf stammbuchmäßige Zucht und Ahnentafeln würde uns ja nicht mehr zu den rauhen, aber bewährten Zucht- und Aufzuchtmethoden unserer Ahnen zurückführen, denn diese naturgemäßen Verhältnisse existieren eben nicht mehr! Planung heißt bekanntlich, den Zufall durch den Irrtum zu ersetzen. Das gilt auch für die Zuchtplanung. Aber wenn wir sehen, daß wir uns da und dort geirrt haben, wäre es sicher verkehrt, aufzugeben und alles wieder dem Zufall zu überlassen. Um den Irrtum möglichst klein zu halten, müssen wir uns vielmehr fragen, wie wir mit unseren heutigen Mitteln jene alte Selektion bestmöglich nachahmen können. Dabei hängt die Frage nach der rechtzeitigen Erkennbarkeit solcher Mängel (Schlagwort: Welpentest) eng mit der Ehrlichkeit der Züchter zusammen und mit der Bereitschaft, die als nötig erkannte Selektion auch durchzuführen. Das gilt für den einzelnen Züchter ebenso wie für ganze Zuchtvereine – und es gilt auch für den einzelnen Jäger, jeden von uns, der sich ehrlich fragen muß, wie stark er denn überhaupt sich selbst und seinen Hund noch jagdlich fordert – wie oft werden die Grenzen der Leistungsfähigkeit, der körperlichen Ausdauer erprobt; wieviel Zeit wird überhaupt im Revier verbracht – und wieviel davon sind Jäger und Hund auf den Läufen und im Einsatz, nicht auf bzw. unter dem Hochsitz abgelegt oder gar im Auto?!

Die Holzhammermethoden werden ja allgemein durch Computerspiele ersetzt. Es dürfte aber sehr schwer sein, einen Computer so vollständig mit all den Parametern zu füttern, die zu diesem ganzen Komplex der wesensmäßigen und körperlichen Auslastung eines wirklichen Jagdgebrauchshundes gehören, daß er dann auf Knopfdruck eine brauchbare Zuchtempfehlung ausspuckt. Unsere Prüfungsergebnisse sind jedenfalls besser als nichts, aber als alleinige Krücke für fehlende Selektion durch die harte Praxis taugen sie wenig, sonst wären wir diese Sorgen ja längst los.

Und das ist ja überhaupt die Hauptsorge: Werden wir in Zukunft überhaupt noch mit unseren Hunden jagen können? Die Zeit der Selbstsicherheit und Selbstzufriedenheit ist vorüber. Wir können von unserer Sache nicht mehr mit dem Brustton der Überzeugung sprechen, für alle Zeiten auf dem richtigen Weg zu sein, wie er uns im nationalen Hochgefühl der Jahrhundertwende aus den Schriften von Oberländer und Hegewald entgegentönt. Wir sind bescheidener geworden.

Bescheiden geworden ist jeder einzelne begeisterte junge Hundeführer, der mit viel Eifer und Aufwand seinen Abrichtelehrgang besucht, kilometerweit fährt, um seinen Hund hier auf die Hasenspur, dort ans Wasser zu bringen, der froh ist, im Straßengraben einen überfahrenen Hasen für die Schleppenübungen zu finden und der neuerdings nicht einmal mehr einen Eichelhäher für die Federwildschleppe schießen darf. Bevor so ein Hund mit seinem Führer eine Prüfung absolvieren kann, die ihnen die jagdliche Brauchbarkeit bescheinigen soll, wurde mit Fleiß und Eifer viel genutzt, was heute für diesen Zweck zur Verfügung steht: Abrichtelehrgänge spielen bei allen Vereinen eine zentrale Rolle, und wenn sie gut geführt sind, lernt der Anfänger dort mehr, als Hundeführer in früheren Jahrzehnten lernen konnten. Denn das Wissen um den Hund, sein Wesen und Verhalten und die Folgerungen, die daraus für den Umgang mit ihm zu ziehen sind, haben enorme Fortschritte gemacht und stehen auch in guter Literatur jedem zur Verfügung. Nur – praktische Jagderfahrung und Jagdmöglichkeit hat das Gespann kaum kennengelernt! Und wird sie auch mit dem Brauchbarkeitszeugnis in der Tasche nur sehr spärlich kennenlernen.

Das ist doch, seien wir ehrlich, fast die Regel heute!

So richtet sich die Begeisterung eben immer mehr auf die Abrichtung und das Bestehen von Prüfungen. Dagegen ist an sich nichts zu sagen – im Gegenteil, aber bedenklich wird es, wenn die Prüfungen zum Selbstzweck werden (und dann auch noch als einzige Auswahlkriterien für die Zucht herhalten müssen).

Auf einem anderen Blatt steht, daß es daneben noch immer viele Jagdreviere gibt, die gute Hunde, Verlorenbringer und Schweißarbeiter nötig hätten, wo aber Fehlanzeige herrscht und auch kaum Bereitschaft besteht, sich von tüchtigen Hundeführern, die man einlädt, in die gezinkten Karten schauen zu lassen. Das ist ein Verteilungsproblem, mit dem sich vor allem die jagdlichen Organisationen mit ihrem ethischen Anspruch als Hüter der Waidgerechtigkeit zu befassen hätten, daneben in rechtlicher Sicht auch die Jagdbehörden. Unser Jagdgesetz bietet die ausreichende Grundlage dazu, aber es fehlt an Überwachung und Vollzug.

Solcher Nachholbedarf ändert aber im ganzen nichts daran, daß wir in einem Dilemma stecken: auf der einen Seite immer größere Mitgliederzahlen bei den Zucht- und Prüfungsvereinen, immer mehr Zuchtproduktion, immer mehr Prüfungen mit immer größerer Beteiligung – alles bei Mitgliederversammlungen erfreut applaudierte Fortschritte. – Auf der anderen Seite aber insgesamt immer weniger Einsatzmöglichkeiten für Jagdhunde.

Für die Zuchtvereine besonders bieten sich zwei Marschrichtungen: Entweder man bleibt bewußt klein in strenger, ausschließlicher Ausrichtung auf den Jagdgebrauch. Das geht nur, wenn die Zuchtkapazität beschränkt wird und die Züchter ihre Welpen ausschließlich an Jäger abgeben, und zwar nur an solche, die für den Hund auch genügend rassetypische Einsatzmöglichkeit haben. Das setzt vom Zuchtverein Einsicht und von den Züchtern Selbstdisziplin voraus. – Oder man öffnet sich der Massenliebhaberei (wie ich einmal ganz ohne negativen Beigeschmack sagen will), nimmt in Kauf, daß Prüfungen zum Selbstzweck werden, gibt Welpen unbesehen auch an Gelegenheitsjäger oder gar an Nichtjäger ab. Das ist zweifellos ein Ventil für viel Begeisterung, die sonst ganz abseits stehen müßte, und es braucht zunächst auch die jagdliche Qualität der Rasse nicht sehr zu beeinträchtigen – solange nur ein harter Kern von disziplinierten Leistungszüchtern den jagdlichen Anspruch hochhält und die Vereinsführung sich ehrlich an die Trennung von Leistungszucht und bloßer Liebhaberei hält. Wenn sie das nicht tut, läuft die Rasse Gefahr, zum Pseudo-Jagdhund zu werden, und die wenigen Leistungszüchter haben einen schweren Stand oder müssen in andere Zuchtlager überwechseln.

Für beide Extreme und zahlreiche Übergänge bieten Geschichte und Gegenwart unserer Zuchtvereine genügend Beispiele.

Klar muß bleiben, daß unser Jagdhundwesen, wie wir es in den Prüfungsvereinen und dem Jagdgebrauchshundverband vertreten, im Dienst der Jagd stehen muß, und zwar heute vorrangig im Hinblick auf die Arbeit nach dem Schuß als Forderung des Tierschutzes. Dafür müssen wir uns sowohl bei den Hunden als auch bei ihren Führern weniger um Quantität als vielmehr um Qualität bemühen. Quantität hat bestimmt keine Zukunft mehr; Qualität aber wird noch lange gefragt sein und ist nötig, um glaubhaft zu bleiben.

Unglaubwürdig würden wir mit unserem Anspruch, wenn wir umgekehrt die beengte Wildbahn, also das Wild und seinen Lebensraum, in unangemessener Weise für Aktivitäten in Anspruch nehmen wollten, die mehr einem Selbstzweck in verdächtiger Nähe zu sonstigem Hundesport dienen. Soweit darf es nicht kommen, und das wird nicht ohne weise Selbstbeschränkung gehen. wenn die letzten zehn Hasen in einem Revier an drei Wochenenden hintereinander von drei Zuchtvereinen für ihre Jugendprüfung zu je 8 bis 12 Hunden aus der Sasse gehoben werden, wenn der einzige Schilfweiher weit und breit in einer ausgeräumten Feldflur ständig als

Übungsgewässer beansprucht wird, so ist – auch wenn der Revierinhaber das duldet – die Verhältnismäßigkeit der Mittel nicht mehr gewahrt und die Kritik von außen bis hin zum Ruf nach neuen Verboten vorprogammiert.
Bei aller Freude, die wir daran haben, ist das Abrichten und Führen von Jagdhunden kein Selbstzweck, sondern steht im Dienst der Jagd. Und auch die Jagd ist kein Selbstzweck, sondern hat sich in den Rahmen zu fügen, den vernünftige Landnutzung, pfleglicher Umgang mit der Natur und die Notwendigkeiten von Natur- und Artenschutz setzen. Das schließt die ganz persönliche Freude und Liebhaberei an diesen Tätigkeiten ja nicht aus, verpflichtet aber zum Einhalten von Grenzen.
Daß diese Grenzen leider immer enger gezogen werden, ist eine Tatsache, mit der wir uns abfinden müssen. Zumindest in den Fällen, in denen die sachliche, wenn auch schmerzliche Einsicht uns sagen muß, daß es nicht anders geht. Und das sind eben die meisten Fälle; denn bürokratische Schikanen oder bösartig jagdfeindliche Tendenzen kommen zwar auch vor, sind letztlich aber doch nur Randerscheinungen auf dem Weg, der unsere freilebenden Wildtiere immer weiter von der Wildbahn weg und zum Schutzgebiet und Zoo hinführt und damit immer weniger Raum für wirkliches Jagen läßt. Die Gründe dafür kennen wir alle, wenn wir uns die technische, wirtschaftliche, politische, kurzum zivilisatorische Entwicklung auf der Welt betrachten. Das soll nicht nach Resignation oder nach uns die Sintflut klingen, sondern Einsicht wecken und dazu helfen, die uns noch gebliebenen Freuden ganz bewußt auszukosten, mit Verantwortung und Fingerspitzengefühl, und nicht den Kopf in den Sand zu stecken und uns in die eigene Tasche zu lügen.
Zum Schluß ein paar Beispiele für die Entwicklung von Jagdhunden im Lauf der Geschichte, wie sie hier bereits angeklungen ist:

- Da sind die schweren Panzerhunde, die Packer und Hatzdoggen, die einst durch wattierte und gepanzerte Jacken geschützt, den Bär und den Keiler zu fassen hatten. Andere ihrer Art wurden im Altertum als Kampfhunde sogar als Kriegswaffe eingesetzt. Sie wurden schon bald durch die Feuerwaffen arbeitslos. Nur als Wach- und Begleithunde blieben sie weiter erhalten, vertraut im Erscheinungsbild unserer deutschen Dogge oder der exotischen Molosser und Mastiffs.

Auf welchen verschlungenen Wegen eine Rasse wieder zu ihren Ursprüngen zurückkehren kann, dafür ist der Rhodesian Ridgeback ein gutes Beispiel. Als Mischung aus Packern, Bracken und Schweißhunden ist er entstanden, um den Siedlern in Südafrika als Jagdgehilfe gegen wehrhaftes Großwild zu dienen, als Löwenhund und auf der Büffeljagd. Heute ist diese Rasse zum Teil in die Heimat ihrer europäischen Ahnen zurückgekehrt, wo sie nicht nur als Schweißhund dient, sondern hie und da in einer Saumeute auch die Funktion der alten Packer in zeitgemäßer Abwandlung erfüllt.
Überhaupt ist es eine Erscheinung unserer durch Verkehr und Tourismus eng gewordenen Welt, daß manche ausländische, früher bei uns unbekannte Jagdhundrasse Liebhaber findet. Wenn wir es eigentlich auch nicht nötig haben, in die Ferne zu schweifen, weil wir des Guten genug im eigenen Land haben, so weitet es doch den Blick über die Grenzen und für die Entwicklungsgeschichte unserer eigenen Rassen, wenn wir die Vielfalt der bei unseren Nachbarn geführten Jagdhunde besser kennenlernen.

- Da sind die flinken Windhunde der Ebenen, Steppen und Wüsten. Nur wenige von ihnen üben in Arabien und Asien noch ihren alten Beruf als Gazellen-, Hasen-, Fuchs- und Wolfsjäger gemeinsam mit berittenen Jägern aus. Bei uns gelten sie längst nicht mehr als Jagdhunde; die Hetzjagd mit ihnen ist verboten, auch wo sie vom Gelände her vielleicht noch möglich wäre. Wäre es nicht schade, wenn die eleganten Erscheinungen dieser Rassen nicht wenigstens in der Liebhaberzucht erhalten geblieben wären? Glück haben vor allem diejenigen, die ihre angewölften Eigenschaften noch sportlich ausleben dürfen: auf der Rennbahn hinter dem rollenden Blechhasen, auf dessen Verfolgung sie abgerichtet werden. So hat auch der Hundesport durchaus seine Berechtigung, um neben der Erscheinung auch die Leistungseigenschaften weiter zu erhalten.

- Da sind die feinnasigen Meutehunde, die Hirschbracken, auch die kleinen Hasenbracken, die seit dem Verfall der Meutejagd zum Begleiter des Einzeljägers geworden sind. Bei der Arbeit am Schweißriemen haben sie ihren neuen Beruf gefunden, die Schweißhunde als neue Spezialisten sind aus ihnen entstanden.

Ein anderes Beispiel für die zeitgemäße Wiedergeburt eines Spezialisten: Die in Großbritannien einst sehr beliebten Otterhunde, jene rauhzottigen Abkömmlinge aus Wasserpudeln, Terriern und Vorstehhunden für die Jagd auf den wehrhaften Wassermarder, sind mit dem Verschwinden des Otters fast arbeitslos geworden. Bei uns ist es nun gerade die Aktionsgemeinschaft für den Otterschutz, die sich dieser traditionellen Jagdhundrasse angenommen hat. Nicht, um die letzten vorhandenen oder die ersten wiedereingebürgerten Fischotter zu bejagen, sondern um ihre Pässe und Unterschlupfe an den Ufern der Gewässer sicher zu bestätigen und zu erkunden. – Ein Gleichnis dafür, wie jagdliches Spezialkönnen heute mehr und mehr in den Dienst der Erhaltung und Erforschung selten gewordener Wildtiere tritt – eine Zukunftsperspektive, in der wiederum mehr Qualität als Quantität gefragt ist!

Wenn wir die Bindung unseres Jagdhundwesens an die Jagd betonen, müssen wir auch erkennen, daß die Erhaltung alter Haustierrassen eine Kulturaufgabe ist, auch wenn der ursprüngliche Verwendungszeck erloschen ist. So können wir den hundesportlichen Tendenzen, den oft so ärgerlichen, sogar etwas Trostreiches abgewinnen: Wer weiß, wenn es nichts mehr zu jagen gibt, werden noch immer Schweißhunde auf der Kunstfährte in Wettbewerb treten, Vorstehhunde vielleicht den mit künstlicher Wildwitterung getränkten Balg suchen und das Auge durch ihren Arbeitsstil begeistern, so wie heute die Windhunde auf der Rennbahn hinter dem Blechhasen ihre begeisternde Schnelligkeit entfalten, oder Schlittenhunde auf der Rennpiste statt auf der Eisbärenspur ihre Fähigkeiten zeigen.

Das wäre für unsere Hunde die Parallele zum Schicksalsweg der Wildtiere von der Wildnis zum Zoo. Ob es soweit kommt oder ob wir Menschen selbst vorher noch an unserer eigenen Überzüchtung und Wesensschwäche zugrunde gehen – und ob wir dabei die belebte Welt mitreißen oder aber einer neuen Wildnis mit einer neuen Evolution eine Chance lassen – das ist uns verschlossen.

Zwei Millionen Jahre Menschheitsentwicklung – 15 000 Jahre Domestikationsgeschichte des Hundes – 2000 Jahre Kulturgeschichte seit den germanischen Urwäldern – 100 Jahre technische Zivilisation samt planmäßiger Tierzucht – vielleicht ist das alles demnächst zu Ende, wenn es in diesem Tempo weitergeht. Die Schicksalsgemeinschaft alles Lebendigen und die Verantwortung des Menschen ist uns so klar geworden wie nie. Wenn Einsicht und Gefühl etwas ändern

können, dann haben Jäger und Hundefreunde den meisten anderen Menschen etwas voraus, weil sie innerlich den Ursprüngen noch näher geblieben sind. Und auch wenn wir am großen Weltenlauf nichts ändern können, bleibt uns die Freude am Umgang mit unseren Hunden. Diese ganz private Freude wird dadurch nicht verdorben, wenn wir uns an den Größenordnungen und Zeitläufen, die ich skizziert habe, klarmachen, wie unbedeutend unser persönliches Schicksal in diesen Abläufen ist. Die kleine Freude kann nur größer werden, wenn wir sie uns nicht durch Ärger über andere Nichtigkeiten vergällen lassen.
Wie immer die Zukunft der Jagd und des Jagdhundwesens auch aussehen mag – ein Hund als Hausgenosse und das gemeinsame Jagen in vertrauensvoller Meutegemeinschaft ist das beste Mittel, bei allem berechtigten Pessimismus das innere Gleichgewicht zu bewahren und frohe Augenblicke zu erleben. Und das ist wohl das beste, was wir uns wünschen können.«

Eine gewiß seltene »Meute«-Zusammenstellung: Hannoverscher Schweißhund, Jagdterrier und Beagle.

Jagdhundzuchtvereine im Jagdgebrauchshundverband e.V.
Stand 1995

Jagdgebrauchshundverband e.V.
Geschäftsführer
Dr. Lutz Frank
Neue Siedlung 6
15938 Drahnsdorf

Jagdhundzuchtvereine:
Präsident/Vorsitzender
Verein Deutsch-Drahthaar e.V.
Frh.v.Redwitz
Wendelsteinstraße 25
83071 Stephanskirchen

Griffon-Club e.V. Worms
Bernhard Elsemann
Markusstraße 1
46149 Oberhausen

Verein Pudelpointer e.V.
Manfred Seibert
Helwigstraße 14
64521 Groß-Gerau

Verein Deutsch-Stichelhaar e.V.
gegr. 1892 Sitz Aurich
Ludwig Grimm
Landstraße 54
26524 Lütetsburg

Deutsch-Kurzhaar-Verband e.V.
Claus Kiefer
Germersheimerstraße 148
67354 Römerberg

Weimaraner-Klub e.V.
Verein zur Züchtung des Weimaraner Vorstehhundes Sitz Fulda
Dr. Werner Petri
Konradin-Kreutzer-Straße 15
76185 Karlsruhe

Verein Ungarischer Vorstehhunde e.V.
Heiko Bormann
Birkenweg 28
29308 Winsen/Aller

Club f. Bretonische Vorstehhunde
Harald Fath
Lauterbachstraße 79
91541 Rothenburg

Deutsch-Langhaar-Verband e.V.
Sitz Hannover
Günter Gerwin
Fhs. Schmidtmühle
36396 Steinau

Verband Große Münsterländer e.V.
Bruno Oelmann
Fhs. Flaesheim
45721 Haltern

Verband für Kleine Münsterländer Vorstehhunde e.V.
Ottohans Thiel
Am Hofacker 13
97708 Bad Bocklet

VBBFL (Französische Vorstehhunde) e.V.
Max O. Weindler
Köstlerring 4
91275 Auerbach

Verein für Pointer und Setter
Jürgen Gibramczik
Intweg 2
27612 Loxstedt

Verein Hirschmann zur Zucht und Führung des Hannoverschen Schweißhundes
Dr. Georg Volquardts
Bahnhofstraße 16
24783 Osterrönfeld-Rendsburg

Klub für Bayerische Gebirgs-Schweißhunde 1912 e.V.
Andreas Mayer
Waldbahnstraße 3 a
83324 Ruhpolding

Irish-Setter-Club Deutschland e.V.
Bernd Kleine
Berg 1
58540 Meinerzhagen

Gordon-Setter-Club Deutschland e.V.
Peter Reiser
Feldstraße 49
45549 Sprockhövel

English-Setter-Club-Deutschland e.V.
Klaus Peter Färber
Hauptstr. 51
55437 Nieder-Hilbersheim

Deutscher Pointer-Club e.V.
Karl Wolff
Borntor 2
35274 Kirchhain

Deutscher Retriever-Club e.V.
Hans-Jürgen Gese
Revierförsterei
29348 Eschede

Jagdspanielclub 1907 e.V.
Dr. Peter Beyersdorf
Berrenrather Straße 381
50354 Hürth-Efferen

Verein für Deutsche Wachtelhunde e.V.
Siegfried Sassenhagen
Wildbahn 20
29345 Unterlüß

Deutscher Bracken-Club e.V.
Heimo van Elsbergen
Egbertstraße 38
40489 Düsseldorf

Verein Dachsbracke e.V.
Hubert Kelle
Fhs. Thomasmühle
96365 Nordhalben/Ofr.

Deutscher Bracken-Verein
(Verein für Brandl- und
Steirische Hochgebirgsbracken)
Rainer Ludwig
Kühlerstr. 15
85125 Kinding-Haunstetten

Deutscher Jagdterrier-Club e.V.
Hans Schindl
Waldstraße 31
64683 Einhausen

Verein Jagdgebrauchsspaniel e.V.
Bernd Krost
Kniephofstraße 26 a
12157 Berlin

Deutscher Foxterrier-Verband e.V.
Dr. Helmut Pleßke
An der Siedlung 8
07751 Isserstedt

Deutscher Teckelklub e.V.
Wolfgang Ransleben
Am Friedenshain 3
42349 Wuppertal

Vereinigung der Meutehalter im
Deutschen Reit- und Fahrverband
Günther Dörken
Heilenbecker Straße 50
58256 Ennepetal

Beagle-Club Deutschland e.V.
Wolfgang Ellissen
Im Neugrabener Dorf 80
21147 Hamburg

Verein Jagd-Beagle e.V.
Jürgen Herbst
Hatzevennstraße 27
52156 Monschau

Labrador-Club Deutschland
Heinz Meller
Klinkenweg 12
50189 Elsdorf

Verein für Jagd-Teckel e.V.
Gorch-Peter Nolte
Müdichstraße 35
67105 Schifferstadt

Klub Tirolerbracke
Wolfgang Korfmann
Am Friedenshain 103
42349 Wuppertal

Jack-Russel-Terrier-Club Deutschland
Adelhaid Behmann
Domäne
37699 Fürstenberg

Schwarzwildbracken-Verband
Peter Knüpfer
Oberellerstraße 85
99819 Förtha

Laika-Klub
Jürgen Ziehn
Str. d. AWG 03
03226 Vetschau

Verein Jagd-Retriever e.V.
Dr. Wilhelm Wöhrle
Staffelseeweg 14
70378 Stuttgart

Züchterische Grundbegriffe

Inzucht	Paarung von Hunden, die vom ersten bis zum sechsten Grad miteinander verwandt sind.
Inzestzucht	Paarung von Geschwistern untereinander, von Eltern mit ihren Kindern oder Großeltern mit ihren Enkeln.
Inzuchtdepression	Der Inzucht als Zuchtform angelastete degenerative Erscheinungen bei den Nachkommen, z. B. Nachlassen der Fruchtbarkeit, Häufung degenerativer Erscheinungsformen, sie holt diese nur aus der rezessiven Erbmasse hervor, wenn beide Elterntiere diese rezessiven, degenerativen Merkmale in ihrer Erbmasse aufweisen.
Fremdzucht	Paarung von Hunden einer Rasse, die nicht näher als im sechsten Grad miteinander verwandt sind.
Familienzucht	Paarung von Hunden einer Rasse, die weitläufig miteinander verwandt sind.
Kreuzung	Paarung von Hunden verschiedener Rassen mit dem Ziel, erwünschte Eigenschaften beider Ausgangsrassen zu kombinieren. Beispiel: Pudel x Pointer = Pudelpointer.
Einkreuzung	Zuführung von Blut einer anderen Rasse, um bei weitgehender Wahrung des form- und leistungsbezogenen Erscheinungsbildes der Stammrasse diese um wenige, ihr fehlende Eigenschaften zu verbessern. Beispiel: Einkreuzung der Tirolerbracke in den Bayerischen Gebirgsschweißhund, um Haar und Laut zu verbessern.
Reinerbig	Reinerbig ist eine Eigenschaft, die sowohl im äußeren Erscheinungsbild, als auch in der Erbmasse identisch ist. Alternative Möglichkeiten innerhalb der Rasse können nicht mehr vererbt werden. Beispiele: die hirschrote Farbe ist beim Hannoverschen Schweißhund reinerbig. Hirschrote Hunde können keine gestromten Nachkommen mehr haben, auch wenn sie in Inzestzucht auf gestromte Vorfahren eingezüchtet würden. Das »Langhaar« ist beim Weimaraner reinerbig. Aus Langhaar-Weimaranern können keine Kurzhaar-Weimeraner mehr fallen, auch wenn man sie auf gemeinsame Kurzhaar-Vorfahren einzüchten würde.
Spalterbig	Spalterbig (Mischerbig) ist eine Eigenschaft, die im äußeren Erscheinungsbild und in der Erbmasse unterschiedlich ist. Beispiel: stummes Jagen ist reinerbig, spurlautes Jagen hingegen nahezu immer spalterbig. Aus spurlauten Eltern können durchaus auch stumme Nachkommen fallen, aus stummen hingegen keine spurlauten mehr.
Dominant und Rezessiv	Dominante Eigenschaften unterdrücken rezessive Eigenschaften, ohne daß letztere aus der Erbmasse verschwinden würden. Dominante Eigenschaften sind meist spalterbig, während rezessive Eigenschaften häufig reinerbig

	sind. Beispiele: die gestromte Farbe beim Hannoverschen Schweißhund ist dominant, aber spalterbig, während »Hirschrot« reinerbig und rezessiv ist. Aus gestromten Eltern fallen sehr wohl hirschrote Nachkommen, aus zwei hirschroten Eltern jedoch niemals mehr gestromte Welpen. Aus spurlauten Eltern können sehr wohl stumme Nachkommen fallen, aus zwei stummen Eltern jedoch niemals mehr spurlaute Welpen kommen. Einfarbigkeit ist immer dominant gegenüber Mehrfarbigkeit, die schwarze Farbe beispielsweise immer dominant gegenüber anderen Farben. Die Paarung rein-brauner Deutsch-Drahthaar mit Schwarzschimmel-Drahthaar würde immer reinschwarze Nachkommen hervorbringen, daher ist diese Kombination - da unerwünscht - nicht erlaubt.
Zuchtwertschätzung	Der Zuchtwert ist ein Zahlenwert, der die Erwartungen für ein bestimmtes, vererbbbares Merkmal in der Zucht beschreibt. Hierzu werden sowohl die Informationen des Einzeltieres, wie auch die seiner Verwandten herangezogen und auf eine Punkteskala aufgetragen. Der (angenommene) Mittelwert ist immer 100. Ein HD-Wert von 120 beispielsweise läßt auf ein sehr hohes HD-Risiko bei den Nachkommen des mit 120 bewerteten Tieres schließen - egal wie seine eigenen Hüftgelenke aussehen. Ein Wert von 90 läßt eine nur geringe HD-Belastung bei den Nachkommen erwarten.
Degeneration	Degeneration ist das Auftreten von mehreren, gesundheitlich nachteiligen ererbten Merkmalen in einer Rasse oder in Teilen einer Rasse. Degeneration tritt häufig dann auf, wenn freiwillig oder gezwungen Inzucht als Zuchtform angewandt wird. Dies ist jedoch nicht der Inzucht als solcher anzulasten. Die Inzucht hat lediglich diese degenerativen Merkmale, die in der Erbmasse verborgen vorhanden waren, zutage gefördert und sichtbar gemacht (vgl. Inzuchtdepression)
Formzucht	Zucht auf ausschließlich körperliche Merkmale - in aller Regel auf Schönheit - (oder was eben manche Zeigenossen für »schön« halten), auch noch auf Erhalt oder Verbesserung des rassetypischen Wesens.
Leistungszucht	Zucht auf anlagen- bzw. leistungsbezogene Merkmale (die in der Regel auf entsprechenden Prüfungen vor der Zuchtverwendung erbracht sein müssen). Die körperlichen Merkmale sind demgegenüber zweitrangig, wenn auch in allen Jagdhund-Zuchtvereinen ein Hund nur dann zur Zucht zugelassen wird, wenn er dem Rassestandard entspricht und keine groben körperlichen Mängel aufweist.
epistatisch	Überdeckung einer Erbanlage durch eine nicht verwandte andere Erbanlage

Leistungszeichen und häufig gebrauchte Abkürzungen und Symbole

BRACKEN

DBr	Deutsche Bracke	StBr	Steirische Rauhhaarbracke
WDBr	Westfälische Dachsbracke	ADBr	Alpenländische Dachsbracke
BrBr	Brandlbracke	Bg	Beagle
TBr	Tirolerbracke	Fh	Foxhund
Kop	Kopov (Schwarzwildbracke)		

SCHWEISSHUNDE

HS	Hannoverscher Schweißhund	BGS	Bayerischer Gebirgsschweißhund

STÖBERHUNDE

DW	Deutscher Wachtel	SpSp	Springerspaniel
CSp	Cockerspaniel		

TECKEL

KT	Kurzhaarteckel	LT	Langhaarteckel
RT	Rauhhaarteckel		

TERRIER

FT	Foxterrier	DJT	Deutscher Jagdterrier
JRT	Jack-Russel-Terrier		

VORSTEHHUNDE

DK	Deutsch-Kurzhaar	Gr	Griffon
W	Weimaraner	P	Pointer
DL	Deutsche-Langhaar	ES	English-Setter
GM (GrM)	Großer Münsterländer	IS	Irish-Setter
KlM	Kleiner Münsterländer	GS	Gordon-Setter (schottischer Setter)
DSt	Deutsch-Stichelhaar	EB	Épagneul breton (Bretone)
DD	Deutsch-Drahthaar	UK	Ungarischer Vorstehhund – Kurzhaar
PP	Pudelpointer	UD	Ungarischer Vorstehhund – Drahthaar

APPORTIERHUNDE

LR	Labrador-Retriever	FCR	Flat-coated-Retriever
GR	Golden-Retriever		
LK	Laika		

ZUCHTVEREINE

VDD	Verein Deutsch-Drahthaar	DLV	Deutsch-Langhaar-Verband
GC	Griffon-Club	VGM	Verband Große Münsterländer
VPP	Verein Pudelpointer	VKM	Verband Kleine Münsterländer
VDSt	Verein Deutsch-Stichelhaar	VBBFL	Verein für Französische Vorstehhunde
DKV	Deutsch-Kurzhaar-Verband		
WK	Weimaraner-Klub	VPS	Verein für Pointer und Setter

VUV	Verein Ungarischer Vorstehhunde
CBV	Club für Bretonische Vorstehhunde
GSC	Gordon-Setter-Club
ESC	English-Setter-Club
DPC	Deutscher Pointer-Club
DRC	Deutscher Retriever-Club
JSC	Jagdspanielclub
VDW	Verein für Deutsche Wachtelhunde
DBC	Deutscher Bracken-Club
DBV	Deutscher Bracken-Verein
KTB	Klub Tirolerbracke
VD	Verein Dachsbracke
JRTCD	Jack-Russel-Terrier-Club Deutschland
VH	Verein Hirschmann
CBG	Club für Bayerische Gebirgsschweißhunde
ISC	Irish-Setter-Club
DJC	Deutscher Jagdterrier-Club
VJGSp	Verein Jagdgebrauchsspaniel
DFV	Deutscher Foxterrier-Verband
DTK	Deutscher Teckelklub
DRF	»Meutehalter im Deutschen Reiter- und Fahrerverband«
BCD	Beagle-Club-Deutschland
VJB	Verein Jagd-Beagle
LCD	Labrador-Club Deutschland
VJT	Verein für Jagd-Teckel
VJR	Verein Jagd-Retriever e.V.
LK	Laika-Klub

DGStB	Deutsches Gebrauchshund-Stammbuch
VJP	Verbandsjugendprüfung
HZP	Herbstzuchtprüfung
VGP	Verbandsgebrauchsprüfung
VSwP	Verbandsschweißprüfung
BP/JEP	Brauchbarkeitsprüfung/Jagdeignungsprüfung (keine Verbandsprüfungen, sondern einfache Prüfungen der Jagdbehörden)

\	(Spurlautstrich)	nachgewiesener Spurlaut auf der Hasenspur, bei Vorstehhunden auch lautes Stöbern
/	(Härtestrich)	im praktischen Jagdbetrieb nachgewiesenes Töten von wehrhaftem Raubwild
–	(Totverbeller)	nachgewiesenes Totverbellen
I	(Totverweisen)	nachgewiesenes Totverweisen

FORMWERT/HAARWERT/TYP-NOTEN

v	vorzüglich	gen.	genügend
sg	sehr gut	m	mangelhaft
g	gut	ugd.	ungenügend

In Verkaufsanzeigen:

3,4 Welpen	der Wurf besteht aus 7 Welpen, davon 3 Rüden und 4 Hündinnen

Literaturnachweis

RUDOLF FRIESS: »Unsere Jagdhunde«; mündl. sowie briefl. Mitteilungen
LUDWIG BECKMANN: Geschichte und Beschreibung der Rassen des Hundes, 1894
KONRAD ANDREAS: Hirschmannbriefe und mündl. Mitteilungen
HERBERT STEGMANN: Jagdreiten
Standards und Rassebeschreibungen der verschiedenen Zuchtvereine im Jagdgebrauchshundverband e.V.,
Mitteilungsblätter der Zuchtvereine im JGHV,
Informationsmaterial über die betreute(n) Rasse(n) der Zuchtvereine im JGHV.

Für fotographische Unterstützung danke ich:
allen Zuchtvereinen im JGHV, Dr. Rolf Brunk, FD Heimo van Elsbergen, Erich Marek, Hans-Jürgen Markmann, Manfred Reuper.

Für die Standards danke ich dem VDH.

Bildnachweis der übrigen Fotos

Schwarzweißfotos
K. Borgsmüller 205
H. Hofmann 19
B. Krewer 80, 97, 117, 125, 213
E. Marek 80, 92, 152, 173 u.
C. B. Thiermeyer 88, 100, 168
W. Wiesner 35, 136, 181, 185

Farbfotos
H. Gabriel 67, 134, 135, 138 u.
U. Grimm 174
Herbst 79
Holthaus 63
P. Konrad 126 o.
B. Krewer 58, 74, 78, 82, 83, 99, 178, 179
D. Kuhn 131
E. Marek 71, 75, 86, 90/91, 94, 106, 107, 110, 114, 115 u.r., 123, 126 u., 147, 155, 186, 198, Umschlagvorderseite
W. Nagel Umschlagrückseite
R. Reininger 171
M. Reuper Umschlagvorderseite
K. Schulz Umschlagvorderseite
G. Seilmeier 87
C. B. Thiermeyer 127, 146, 150, 166, 167, 194 r., 199
K.-H. Volkmar 194 l.
W. Wiesner 59, 115 o., 138 o., 170, 182